not only passion

not only passion

SM愛愛

The Joy of SM

許佑生 著

dala sex 024

SM愛愛
The Joy of SM

作者：許佑生

插圖：蔡虫、Vienna

責任編輯：呂靜芬、郭上嘉

企宣：洪雅雯

美術設計：楊啟巽工作室

法律顧問：全理法律事務所董安丹律師

出版：大辣出版股份有限公司

　　　台北市105南京東路四段25號11F

　　　www.dalapub.com

　　　Tel：（02）2718-2698　Fax：（02）2514-8670

　　　service@dalapub.com

發行：大塊文化出版股份有限公司

　　　台北市105南京東路四段25號11F

　　　www.locuspublishing.com

　　　Tel：（02）8712-3898　Fax：（02）8712-3897

　　　讀者服務專線：0800-006689

　　　郵撥帳號：18955675

　　　戶名：大塊文化出版股份有限公司

　　　locus@locuspublishing.com

台灣地區總經銷：大和書報圖書股份有限公司

　　　地址：242台北縣新莊市五工五路2號

　　　Tel：（02）8990-2588　Fax：（02）2990-1658

　　　製版：瑞豐製版印刷股份有限公司

　　　初版一刷：2008年11月

　　　定價：新台幣 450 元

Printed in Taiwan

ISBN：978-986-6634-06-2

SM愛愛

歡迎搭乘SM雲霄飛車

身為一個性學家，長期透過個案訪談、田野調查、數據研究、趨勢追蹤，我很清楚現代伴侶的性生活樂趣普遍在下降中。

以前有「七年之癢」的說法，婚前的新鮮感、熱勁還能維持七個年頭，但現在砍了一半還嫌長，不少伴侶在一起不算久，有的還在婚姻保鮮期，就裂出程度不等的「性」致缺缺縫隙了。

原因當然不一而足，經濟不景氣的負擔擴大、精神壓力的病識感提高、虛擬網路改變了人際的實質親密關係，諸多因素造成了夫妻、情人、性對象之間的慾火由旺轉疲。

在這當兒，有苦惱的人不是該做點什麼嗎？整天埋怨現況，卻不採取任何「添薪加柴」的行動，那口性愛爐子裡的慾火怎會燒旺起來？

該是行動的時刻了，經過我深入地解讀、研究、判斷，從SM當中擷取精華，過濾掉一般人較難消化的重口味，保留「甘鹹到剛好」的口味，開發出一條通往性愛桃花源的捷徑。

人們玩SM，從中獲得樂趣與活力，這是發生在全世界各地的性活動，我們無法否認，也不該以鴕鳥心態逃避，假裝它不存在，或斷定「它不該存在」。

我們唯有面對這個事實，教導人們既情趣又安全的SM遊戲，大家才有希望改善情慾品質，並把關安全，造福自己與親愛的人。

《SM愛愛》這本書不是在跟你推銷SM，而是希望給你一個「在閨房裡找來找去遍尋不著」的答案。

你心中曾否出現過這樣的問號：「我要怎樣做，才能讓開始變得單調、缺少刺激的性生活恢復生氣，提升樂趣呢？」

《SM愛愛》就是要回答你這個問題，並且提出解決方案：「嘿，你猜怎麼著，試試SM遊戲或許有效喔！」

本書介紹的SM遊戲，跟時下一些專業人士玩的SM很不一樣。我把它篩選過後，重新定義在所謂「閨房情趣」，取代了重口味SM族群的「地牢情趣」。而「閨房情趣」的SM適合任何人，任何一位希冀在性生活have some fun的人。

你可能對SM毫無概念，或憑著媒體印象心有反感，不管是哪一種，先來聽聽暢銷全球近千萬本的權威性典──《性愛聖經》怎麼說？

作者艾力克・康弗（Alex Comfort）具體地指出，「人們多多少少都帶著攻擊性，好的性愛可以狂野激烈，但絕不殘酷。些許的驚嚇感，對某些人會有相當程度的幫忙。」

其中這句「好的性愛可以狂野激烈」，換個角度，所指的不正與SM標舉的精神是同一件事？等於說，他明白地為這場情慾遊戲背書，掛保證。

實情也的確如此，SM裡有許多催情玩法，可狂野，也可激烈，但不必殘酷，如果挪到閨房裡大大發揮，絕對裨益床戲更有互動、更加同歡共樂。

很多性愛專家也說過，試想一場作愛（就算加上前戲）最長能做多久？不過一旦加點SM遊戲的元素，炒熱性樂子，性戲的過程就能拉得較長，雙方也有較多機會去開放自己，探索慾望、體驗多重高潮。

可惜的是，一直以來SM都蒙著神祕面紗，遊戲者也祕而不宣，甚至帶著罪惡感偷偷地玩，本來是一場能正面激起情慾的性遊戲，卻弄得彷彿神祕組織在搞儀式，讓外人更起疑，一口咬定SM是群怪胎的祕戲。

於是，人們以四不一沒有的態度，擱置了SM豐富的情慾資源不用，徒然浪費了它可以為閨房貢獻的潛力。

. . . .

我有一個很有意思的發現，人們改善性生活品質的態度，頗像平常選擇吃冰淇淋的習慣。

譬如，吃冰淇淋時，很多人懶得選擇，最簡單就是點一客香草口味。在還沒開發出那麼多口味之前，香草，是冰淇淋中的老大哥。後來陸續有許多口味，但香草仍然坐大，比方香蕉船的三粒冰淇淋組合，其中一味依舊少不了香草。

香草冰淇淋香則香矣，卻沒啥變化，在其他點心裡也都吃得到香草口味，吃久了總會膩。

於是，英文口語開始有了「香草式性愛」（Vanilla Sex）這種用法，意指「例行公式的性愛」，通常是說只玩基本的那幾招做愛方式，沒什麼花樣，跟坐在餐廳裡，不假思索直接點香草冰淇淋一般。

但相對地，也有批人吃膩了香草冰淇淋，他們採取行動，搭配其他口感的冰淇淋，或指定在上頭澆一些巧克力醬、花生碎片、五彩糖粒、草莓汁，不管味覺、視覺、感覺都增加不少誘惑，吃起來有趣多多。

在性愛上，同樣有一批不甘只吃香草口味的人，會想玩些新鮮有趣的床戲花招，尋求刺激、提高玩興。

網路發達後，人們接收開放的性愛資訊，漸漸不再只甘於玩「香草式性愛」了。據調查，過去男性前三名

性幻想為：「與陌生人做愛、2P至多P、迫使女人發生性關係」，不過現在發生急遽變化，以往從未出現像「抽我幾鞭」的受虐滋味，已名列前茅了。

「Bondage.com」網站主持人說過，還沒玩或剛玩SM的人都會焦慮、恐慌和害怕。他認為這就像坐雲霄飛車前的心情，如果你沒感到情緒劇烈起伏，那坐雲霄飛車又有何樂趣？

剛開始想玩SM的人，有點想又有點怕，心情就像面對一座九彎十八拐的雲霄飛車。在地面排隊時，你已感覺心跳加速、手心冒汗，想打退堂鼓，但看見身旁同儕，那副瘋狂期待狀又使你好奇。豁出去吧，你心裡想，搞不好還很刺激呢。

許多SM族都從這種矛盾心理出發，鼓起勇氣搭上第一座雲霄飛車，事後慶幸還好沒臨陣落跑，同時也覺得不過癮，此後開始征戰各地的雲霄飛車。

每個成人都有玩SM的潛力，只要確信遊戲是安全、好玩，相信很多人會掃開心頭陰影，願意去認識SM的真面目，並樂於跳下來玩。

我在寫作《SM愛愛》時，完全支持這樣的先設條件。我的方式是以愉虐遊戲的三大最高原則「安全、清醒、知情同意」為標準，細心嚴選繁多的SM玩法，去蕪存菁，把SM的遊戲法則與閨房情趣結合，提供適合於一般人如夫妻、情侶、性伴侶藉以調情、撩慾的「全套SM菜單」。

過去，國人對SM認識很少、偏見很多，所以華文出版市場迄今仍無一本SM指南書，完整呈垷「how to」

的教戰守則。不過，好奇想玩的人還是照玩不誤，唯因找不到指導性的參考書籍，只能憑直覺且不懂篩選地玩，竟導致玩出麻煩、意外，喜劇變悲劇。

不管人們再怎樣誤解SM，或加以抹黑，都無法否認一件事實——終究還是有人不斷加入SM陣營。與其大家瞎子摸象，亂摸一把，倒楣被大象慘踢一腳，不如一起面對這個現實與趨勢，市場上的確需要一本可信賴的SM指南。

《SM愛愛》還有進一步的積極企圖，希望把安全好玩的SM遊戲，帶入每一間尋常的閨房，讓床戲從此生氣蓬勃，好戲連台！

《SM愛愛》是針對普羅大眾而寫，沒有深奧的術語，沒有危險的遊戲，沒有模稜兩可的建議，沒有走鋼索的誘惑。全書收錄的SM必須符合以下要求：刺激的要領、遊戲的核心、安全的提醒、創意的開發，對SM資淺玩家或剛入門的新手，這本書應該有其參考價值。

我曾在深夜接受警廣訪問，有位男性聽眾call in 提出一個問題：「我想跟我老婆玩SM，不知道可不可以？」

從語氣與口音判斷，我猜應是運將，一般說的藍領階級。他這一問，讓我感觸很深。原來SM早已變成很多人玩的遊戲，但資訊不通的他還很顧慮，擔心自己是不是變態，不敢玩SM，希望身為專家的我，能給他一個permission。

這正是我寫作《SM愛愛》的重要原因之一，要將本書獻給不分階級的所有需要被情慾滋養、撫慰、鼓舞的人，尤其是那些沒有知識資源的人。

自寫作以來，我出版了五十本書，《SM愛愛》是我創作生涯中最大的挑戰，整整耗了兩年時間去收集、

消化、整理、觀察、訪問、請教、體驗、書寫，處處
不敢掉以輕心。

作為性學家、作家，我的寫作素材一向有個原則，
挑選很重要卻又少人關心的題目。例如上一本《口
愛》，我察覺口交在人們性生活扮演何等重要的角
色，但在華文界還沒有一本口交專書，才發奮寫作。

《SM愛愛》也基於同樣的出發點，請寬容它還有不
完美的地方，這才只是SM普及化、閨房化的第一步，
我們仍有共同成長、努力的很大空間。

好，準備要搭SM雲霄飛車了嗎？睜大眼珠子，抓牢
護桿，放聲歡呼大叫吧！血脈賁張的亢奮之旅，這就
上路了！

致謝

在這項艱鉅的寫作任務中，我要向很多人表達謝意：
美國「人類高等性學研究學院」校長Ted Mcilvenna博士和教務
長Janice Epp博士、舊金山最大規模的SM組織「Janus」。
中央大學何春蕤教授、甯應斌（卡維波）教授、「性能學園」
創辦人陳羿茨、輔仁大學心理研究所講師曾寶瑩、「性別人
權協會」，和「皮繩愉虐邦」資深SM專家十夜女王、端爺、
Hanmatt、小鬼。
SM資深玩家酷眼、老唐、黑川、路西華、賴正哲、小馬、陳
姐、平靖、Tom、Benn、Robert、小謨，與許多不便具名的熱心
人士。
還有相當難得書中多位來與自國內、海外的受訪者，他們提供
寶貴、精彩、私密經驗，豐潤了整本書。
最不能遺忘的是大辣出版社勞苦功高的編輯群，沒有他們，這
兩本書就失色了。

contents

SM，閨房的強力春藥

《色戒》打開ＳＭ一扇春光

李安導演的《色戒》，這部電影到底企圖奉勸世人「戒」些什麼？可能沒人知道，甚至也沒多大興趣探究。但「色」的戲份，以華人主流電影的尺度，卻引起轟動，也開了不少觀眾的眼界，是大家最想看的焦點。

除了情色畫面令觀眾眼睛一亮，更受到矚目的是，《色戒》打開了一扇SM大門，門後人影幢幢，春光無限旖旎，逗得人心癢癢。忽然間，過去名號叫得雖響，卻不太知曉葫蘆裡賣什麼的SM，這下叫許多人怦然心動了。

在《色戒》的情慾戲裡，由梁朝偉扮演的易先生狂暴地撕爛了王佳芝的旗袍，把她抓去撞牆，再推至床上，用皮帶當成鞭子抽打，還將她雙手反綁在後，毫不遲疑挺起性器，由後插入。

這是華語片難得一見的SM鏡頭，李安靈活地呈現了這一男一女既是敵對，又是激情的雙重關係交織。

他們一個是為了洩慾而打，一個是為了革命目的而受打，雖然前者出於內心，後者出於偽心，但雙方幾次在蠻力、扯鬥中愛慾纏綿，是敵抑或是愛的界線開始模糊了；另一方面，激情卻不聽使喚地逐漸升溫……

愛情本身就是ＳＭ

就定義、功能而言，SM分為兩個區塊：生理性、心理性。

生理性的SM，包括綑綁、肉體紀律（調教）、遭受劇烈刺激、神經警覺、感官被剝奪等；心理性的SM，指感覺被羞辱、被瞧不起、湧起不確定感、憂慮、焦急與害怕等。

通常，一般人認識生理性的SM，遠多於心理性的SM。但事實上，人們常陷入內心的SM遊戲裡，互相折騰卻未必知悉。

譬如，電影《2046》中梁朝偉扮演一位長年租住飯店的男子，與飯店老闆女兒章子怡維持了一段戀情。兩人明明互相喜歡，卻又不願多表態，似乎懼怕誰多示愛一些，誰就輸了主導權。

但兩人居住於同一間飯店，知道彼此的作息，逃不掉相互監視。她會刻意帶男人回來，他也會帶女人回來，互別苗頭。

當時，章子怡已陷在心理性的SM關係裡，她抓不著梁朝偉的內心想什麼？對她抱著什麼情感？諸多不確定感，使她就像天底下許多情人之間沒有承諾那般，被不安全感團團包圍，心情七上八下，飽受折磨。

愛情，廣義地講，不就是一場愉虐戀嗎？牽腸掛肚，百般縈繞，費煞思量，甚至疑東疑西，忽喜忽悲；若還滲入嫉妒、愛恨交纏等情緒，這些總加起來，不都算是自我折磨，或是磨人？

很多學者看清了這個真相，站出來為世人指證歷歷。如英國作家伯爾登（Robert Burton）說：「一切戀愛，都是一種奴隸現象。」

性心理學家哈夫洛克・靄理士說：「戀愛者就是愛人的僕役，他必須隨時應付種種困難，遭遇種種危險，完成種種難堪的任務，為的是要侍候她，取得她的歡心。」

每 個 人 其 實 都 玩 過 S M

不少人在閱讀SM定義、範疇時，回頭去檢視性生活，會發現原來自己早已經在玩SM遊戲了。

只不過，他們不知這些玩法屬於SM領域，更不知每一種玩法都有名稱。有些名稱雖聽過，不過並未特別留意。譬如，做愛時的「愛咬」（love bite）就是最好例子。這種風情古已有之，北方人稱「情摯印」，江南人稱「撮俏痧」。它也解釋了古時男女私下定親，為何稱為「嚙臂盟」。

「愛咬」有偏好部位，《雲謠集》裡的「胸上雪，從君咬」，談到閨房行樂，丈夫吸吮咬嚙妻子乳房，留下泛紅印記。又如男人喜歡在女人頸部像野獸般狂吻，留下咬痕，微疼又帶著麻麻的癢，今日俗稱「種草莓」。

根據金賽報告，55%女性與50%男性反映，對「咬或被咬」會感到性興奮。除了「愛咬」，人們在性行為中，不常也藉由輕微掐捏、擠戳，造成生理的局部快感？

其實，這些動作都已算是SM情趣了。SM只不過是將這門情趣升級，發展成更細緻、更講究的互動模式。

什 麼 是 S M ？

近年來，SM一詞，透過報紙、網路等媒介，知名度早已越來越高。儘管，SM名氣響亮，但到底什麼是SM，恐怕多數人都說不出所以然。

一般人甚至以訛傳訛，把SM當成「性虐待」、「性變態」、「性侵害」的同義字。加上媒體慣以偷窺方式，提供許多不了解SM的人所玩出的錯誤示範，誇

大、扭曲其黑暗面，大眾更無從認識SM真正的堂奧。

　　長期以來，東、西方都一樣，「性虐待」（sexual abuse）確實存在。人們常為滿足一己之慾，透過階級、力量、資源優勢，向相對弱勢的一方進行「性虐待」。

　　當時人們還未發展出「痛感、羞辱可以帶來性歡愉」的概念，也沒想過居然有所謂「雙方自願，分攤施虐、受虐」這種遊戲規則。過去歷史上進行長久的「性虐待」，是一場罔顧受虐者意願的剝削與壓榨，僅單向滿足了施虐者。

　　現代人稱為「閨房情趣的SM」，則必須遵守「安全、清醒、知情同意」三原則，係以角色扮演、「轉虐為愉」為基礎設計的性遊戲，讓雙方都能從中獲得滿足。因此，「性虐待」與「閨房情趣的SM」風馬牛不相及，絕不可混為一談！

舊版本的SM

　　多數人聽到SM，直接從字面解讀，認為是slave和master合稱，指在性遊戲中，產生主人、奴隸兩種名份，大玩階級的對應關係。

　　這樣說也不算錯，SM，本身的確是一種權力遊戲。慾望與權力，本來就水乳交融。在SM遊戲裡，利用主人、奴隸關係，把情慾那種欲拒還迎、似要又不要的曖昧情狀，表達得淋漓盡致。

　　但在專業學術上，SM另有其解：

　　SM一詞，是「Sadomasochism」的簡稱，代表一種虐待、受虐的性愛形式。最早係由精神病學家克拉夫特‧艾賓（Krafft-Ebbing）在1886年創造了這個詞彙，用來形容那些藉由虐人、被虐而獲得快感的人。原文

乃「sadism」（施虐）與「masochism」（受虐）之連結。

「sadism」衍生於薩德（Marquis de Sade），他是法國侯爵，寫作驚世駭俗的《索多瑪120天》，對虐待形式的慾望與愛憎有深入描述。

「masochism」衍生自薩榭‧馬索克（Leopold von Sacher-Masoch），他是奧地利作家，作品有大量的受虐情節。

當時人們界定的SM，是一種精神、肉體的虐待與受虐，充斥變態、血腥、暴力、情緒失控、殘酷等色彩。

不可否認，從很早時期開始，當SM以性愛的方式在世間流行，很多都與權位連結，形成有權者對無權者、位高者對位低者的各種情慾剝奪、糟蹋、侵犯。施虐者隨便高興就折磨人，或死纏活賴別人來折磨自己，完全是不平等關係。

新版本的SM

現代的SM不再是折磨，而是透過折磨取樂的一種情趣遊戲，有相當嚴謹的範疇。總體上，它必須符合以下條件：

在具有自主權的成人間，經由相互同意下，以安全的方式，所行使的一種結合疼痛、屈辱感覺，同時能引起雙方性刺激，或性高潮的滿足行為。

以上嚴格定義，缺一不可。換言之，SM一定要發生於成人間，且出於雙方自願，由兩人達到默契，進行一場以權力為中心而設計的情慾遊戲，彼此都在其中

獲致精神、肉體的快感。

SM今昔大不同了，為了避免人們被字面誤導，近年專家就建議將SM從傳統的「虐待狂」或「受虐狂」，改頭換面成「愉虐戀」，或簡稱「愉虐」（註）。「愉」字的加入，確實讓SM觀感有了變化。「愉虐戀」強化當事人主動介入、自願追逐歡愉的那一面，大大降低了「變態才會沒事找罪受」的刻板印象。

談到愉虐，多數人只聽了一半，也往往只說了一半，但其實在名頭較響的SM前面，還有一個BD。

完整的說法應該是「ＢＤＳＭ」四個字母：B（Bandage）代表綁縛；D（Discipline）代表紀律；S（Sadism）代表施虐；M（Masochism）代表受虐，合稱在一起，就是召集四大精髓玩法，呈現出這個另類情慾遊戲的豐碩內容。

BDSM是全稱，但為了口頭方便，多數還是只稱SM。也正因此，人們想起愉虐活動，都僅知道施虐、受虐，而遺忘了綁縛與紀律，不過後兩者在主奴遊戲裡，一樣非常重要。

現在人們玩的SM，應視作激發閨房情趣的「強力春藥」，它為平淡、單調的性愛生活，引進了劑量適中的催情藥效，產生多重的身心刺激。如果能明瞭SM的精神、創意、遊戲和安全規則，務實執行，那麼從歷來許多人參與後的經驗，都證實藉由SM玩樂，的確能喚醒昏昏欲睡的苦悶閨房。

為何有人對ＳＭ情有獨鍾？

根據研究，當人的生理（也有來自心理）感覺痛楚時，腦下垂體會採取因應之道──分泌腦內啡（endorphins），這是一種負責產生愉悅、幸福感受

註：台灣將SM翻譯成「愉虐戀」、「愉虐」，大陸譯為「虐戀」，香港則是「戀虐」。

就 愛 抓 緊 他 屁 股

我對SM的印象都來自報紙，全是醜聞，因此心存鄙夷。

但有天在美容院裡，閱讀到女性雜誌介紹SM，提到很多床戲其實都有SM蹤跡。我才想到當老公趴在我身上抽送，我不就愛抓緊他的翹臀嗎？

事後，他還轉屁股給我看，滿是泛紅抓痕，嘲笑我是不是在玩SM，好像他那一根還不夠，非要把他整個人塞進我陰戶似的。

只要被他這樣說，我都有點羞惱。他後來學乖不敢講了，但會技巧地裝作無意讓我看見他的屁股抓痕。

讀完這篇報導，我忽然釋懷了。如果這也算是玩SM，那有什麼大不了的？我拋開了罪惡感後，現在不但掐他屁股，還以指甲輕刮他的背。尤其在他快射精時，一抓背，他的射精動作竟像渾身被電到，劇烈抖動，我感覺他的陰莖前所未有地插到底，讓我下體發脹。從前不呻吟的他，現在叫得可壯烈呢。

休兵後，他拚命謝謝老婆大人，說當我抓他背時，微微的疼痛開啟了射精樞紐，樂不可支地提議上網去多找些SM把戲。我們後來在網路上驚奇大發現，原來我們當初對SM的誤解都很幼稚。

（女性受訪編號055）

的酵素，其結構與麻醉劑中的嗎啡相似，能克服痛感、飢餓感，也能釋放腦內的性賀爾蒙。腦內啡一發揮出來，會讓身體起平衡功用，撫慰當事人盡快度過生理、心理的折磨。有些使用過海洛英的人，形容服用的感覺非常接近腦內啡產生的放鬆、隨浪飄逐的體驗。

文獻指出，有人在牙齒快脫落時，一直以舌尖去挑弄，讓牙齒搖搖欲墜，以便連續刺激微疼的感覺。為什麼會有這種行為呢？他們可能不明所以然，只能隱約察覺，如果維持像這樣一點痛，就一直有飄飄然的微醺錯覺。

原由無他，因適度的痛，能激發出腦內啡。這是有人

獨鍾SM的第一個生理原因。

第二個生理原因，是當肌肉勞損時，會轉化出乳酸，乳酸再去刺激肌肉中的化學感應器產生興奮，傳至大腦皮層，遂變成了快感。

第三個生理原因，當人在面對緊張、壓力時，身體會刺激分泌腎上腺素，帶來高興的感覺。

SM原理，就是將這套理論逆向操作，主動以玩遊戲的方式，去製造肉體疼痛，催發腦內啡、乳酸、腎上腺素，接收到快感。

除了肉體外，SM的快感也來自心理上的屈辱，根據「美國精神協會」指出，SM成因多半起於童年，例如受到父母處罰，留下肉體與心理的疼痛記憶，而朦朧地結合了某些身體的敏感知覺。

那種渴望討好權威（父母）、懷念當小孩的特權（接受處罰變成回復為小孩子身分的代價），都使SM的性愛形式令人蠱惑著迷。

重 先 界 定 「 痛 」

SM分為施虐、受虐兩部分，前者人們還可想像，出手讓對方痛，自己耍威風，也許還有些樂趣。但一般人難以理解的是，「為何有人喜歡受虐」？被打、被折磨難道都不怕痛？被人屈辱難道不難受？

傳統的痛，純粹只有肉體受苦，除了宗教以自我受虐當作精神昇華的手段外，絕大多數天性怕痛使然，應該都是避而遠之。

但SM所追求的痛，絕非傳統的痛，而是一種透過遊戲形式醞釀出來的「愉悅之痛」（pleasure pain）。請謹記，這兩個字必須相連，缺一不可。若沒有「pleasure」在前開道，僅有後頭「pain」落單，這種

痛即使多數的SM族群也不會有興致追尋。

為何SM所玩的痛，不像平常想的痛那麼痛，而且還可能在心理上產生愉悅呢？原因如下：

1. 當事人心中早已準備受痛，也明白這是為了開發性愛樂趣而「假裝作戲的受罰」。痛，在預期下出現，就不難忍受了。

2. 既是遊戲，便可溝通受痛的程度，限制在自己能忍受的範圍。讓那些折磨似乎是痛，卻不至於痛到難過。

3. 遊戲參雜了「角色扮演」，演的是別人，有時必須裝腔作勢，加上身體的注意力一半被分心，沒那麼專注在受痛。

SM 的 遊 戲 本 質

SM之妙哉，不僅限於痛楚、痛快知覺的開發而已，它的吸引人也在於可以玩遊戲。銷魂的性愛本來就不該嚴肅，要帶著幾分調情、幾分演戲的心情，性愛才會有勁。

SM的遊戲本質，主要是「主人」與「奴隸」兩個角色的呼應。而SM的樂趣向來就在於此：透過遊戲中這兩個角色，暫時地獲得個性的解放。

比方，一向自認膽小的人，在遊戲裡學習怎樣當主人角色，一開始，怎樣下命令、講重話都不會，甚至可能連「請」都脫口而出。但漸漸地，主人捉住要領，知道如何擺權威，利用遊戲規則中賦予主子角色的特權，好生對待奴隸。最後，甚至能像榨檸檬一樣，把對方「擰出汁」呢。

同樣地，SM樂趣也發生在扮演奴隸的角色。平時，一個人也許到處受禮遇、尊敬；但到了遊戲中，特權

（或僅是一般平等權）被拔除了，只能低聲下氣給人使喚，「體內那根深藏不露的賤骨頭終於被搔著癢處」。不知怎地，明明被罵得臭頭，應該挺身生氣，卻反而卑下地沒有自我呢？而且，更奇的是，心裡還感到有點去它的開心？

若是兩情相願，當主人也好，當奴隸也行，彼此歡喜甘願，就算有人樂於被踩在腳下當奴才，那也是遊戲，也是情慾趣味。

除了上述主人與奴隸角色，SM的架構還奠基於「角色扮演」遊戲。有許多角色可以挑選，像走進道具間，在掛滿了令人眼花撩亂的戲服裡，隨喜愛挑，「活脫生旦淨末丑」，充滿遊戲趣味。

在SM遊戲中，每個人鑽入「角色扮演」，都不必苦心顧慮形象了，反正這角色不是「我」，是別人，沒有什麼好矜持了，全把它豁出去吧。

多點獸性，少點理性

每個人都「允文允武」，有理性一面，也有獸性一面。每一個面向有其擅長之處，也各有該現身效力的時刻。譬如，從事性愛時，獸性多一點會帶來較高的玩興。

反之，如果把太多理性帶上床去，會從當事人變成在旁觀看的評審，為自己和伴侶的床上表現打分數。不必用到SM繩索，這時當事人已自我綁手綁腳了，哪還能玩得爽？

以斯文、野蠻區分，SM是一場野蠻遊戲，斯文那套使不上力。SM遊戲不管是扮王或作奴、鞭打或摑臀、綑人或被綁、施虐或受虐，都是生理上的實體接觸，不太需要腦子思量。

角色扮演，幫老婆死魚復活

我的女友來自保守家庭，剛發生性關係的階段，在床上她像具木頭美人，我彷彿一個人在做愛。她的身體在那裡，但都神遊太虛去了。

為此我苦惱了很久，後來在一次喝得半醉下，跟我一位很有交情的男性友人訴苦。他竟說他老婆本來也是死魚一條，經過「調教」，現在已能跟他乒乓球對打了。

當初他也是經過一番苦熬，最後姑且一試，去情趣店買了一套法國式女傭服，就黑衣白領還圍上白兜兜那種，央求他老婆穿上。第一次，她只是從一條死魚變成一位死女傭，沒啥差別。

他很快發現癥結所在，不能穿好制服就上床，一定要先演出一段情節。他設計自己是男主人，提早回家發現女傭偷懶，看電視吃零嘴，家事全沒做。

他裝成氣呼呼，把女傭按倒在沙發上，打她屁股。當時她邊笑邊討饒，終於有點炒熱情調了，他一不做二不休，乾脆將老婆的雙腳架開來，當場做起愛。

大概凡事起頭難，有了第一次，反正彼此那副鬼樣子都曝光了，打破內心的慣性懶惰，他老婆總算演出「死魚復活記」。

我那朋友一再強調這叫「角色扮演」，兩人如果都不好意思先打破氣氛，最簡單的方式就去買一套制服，裝成扮演制服代表的角色，假戲真做。

等互相玩得活潑起來，那份害羞感會神奇地自然消退，到時玩什麼把戲，都當成是角色在玩，與自己無關，勇氣就來了。

（男性受訪編號041）

假使你覺得在性愛中老玩不盡興，納悶原因出在哪裡？不妨先問自己是不是以下兩種人：

第一種，理性太強的人，每做一個動作都要盤算，判斷該或不該、想或不想，很慢做決定。這是用腦子做愛，而不是用身體做愛。

第二種，潔癖太強的人，沒洗澡不玩、沒刷牙不玩、接吻可以但不要弄得滿臉唾液、不要舔耳朵免得等一

下聞到口水臭味。

　　理性和潔癖，都是不錯的優點，擁有它們是好事。但若強烈到讓當事人在床上放不開，可就吃大虧了。

　　那一些平常享受性愛，甚至爽歪歪的人，到底是何方神聖？他們其實一點也不神聖，只是一堆敢釋放野性的凡夫俗女。

　　放不開的人，要靠自己打破藩籬是沒法度了，只好藉由SM遊戲規則的設計，例如扮奴者必須遵照主人指令，「被迫」去做某些性愛舉動。

　　做愛沒別的竅門，該舔時盡量舔，該咬該嗅該磨該撞，通通來沒關係。人家說「嫌髒就不要進廚房」，萬一潔癖過重，上床時恐怕得逼自己壓制一下，日常生活可以有潔癖，既然上床後，就勞駕你暫時關掉過敏的鼻子，拜請舌頭老大出馬。

　　人群中很多人屬於這兩類，SM為他們帶來福音，因SM玩法是直接體罰、羞辱，可幫助理智太強的人腦子關機，只玩身子。也可促使有潔癖的人被迫讓步，暫時撩落去。

做 愛 與 S M ， 哪 個 呼 喚 你 ， 就 跟 哪 個 走

　　SM有一個流行的理論：SM追求之目的往往不是性交，而是過程中的施虐、受虐樂趣。

　　以上那句話意思是說，只玩SM，嚐完了施虐與受虐，就到此為止，莎唷娜拉了？不夠！不夠！光玩這樣怎麼會過癮？

　　沒錯，是很不過癮！這本書也從不打算建議你光玩這樣。你無須「僅僅只玩SM遊戲」，而杜絕了性愛情趣，那是本末倒置。

　　這裡有一個最棒的建議：玩SM，可以單獨玩，獨立

享受；更可以把SM當成前戲，跟sex結合在一起。SM
與做愛，互相關連緊密，兩場性遊戲好像開關，任憑
當事人心情決定，一下開燈，一下關燈；忽而玩SM，
忽而玩做愛。

不要把SM跟性愛拆開，他們不是兩條沒有交集的岔
路。SM可以跟性愛互補，相通有無。只要在玩遊戲過
程中，隨時看到「接點」，時機對了，情緒來了，馬
上從SM轉換到做愛，或從做愛轉換到SM，讓兩條線打
出火花，爬上慾望顛峰。

本書所談的SM，都是在為性愛服務，在SM遊戲之
中，雙方性慾一旦被撩起，還等什麼？趕緊跨越SM藩
籬，二人抱著滾進稻草堆裡，幹得風雲變色，日月無
光吧。

不僅男對女如此，女王給男奴的待遇也該一樣，見
好就「騎」。在我受訪個案裡，有位受訪者是一位女
王，她把男奴綁成「大」字形，急急如律令為他強
迫取精。眼見男奴的陰莖又脹又粗，色相誘人，她的
慾望被勾上來了，顧不得其他，立即騎上去，自己抽
送。這從未做過的侵略性動作，讓她爽到空前。

打開 S M 大門， 歡迎光臨

SM如果放在一個面對性文化態度成熟的社會，自有
資訊管道可以學習，甚至有同好組織可以共樂，切磋
精進。

多年來，SM在西方社會已發展成一門精緻的性愛藝
術，還有各種專門設計的情趣道具、刑具。另外也有
SM酒吧、用品專賣店，同好間組成俱樂部，相互切磋
共樂；坊間亦不乏相關出版品，如指南型書籍、進階
錄影帶、DVD，甚至還有專人開班授課，再再顯示了

這塊性愛領域百花齊放。

我們大多數都非玩SM經久的老手，也不是專職的SM表演行家。恐怕一開始連SM是啥也搞不懂，只覺得前戲、做愛應該要有更好玩的方法，才會走進來SM，希望把不同的花樣帶進閨房，為親密關係注入活力。

這也是本書的宗旨：細膩地過濾SM，從中挑選出「平民化SM」，以安全方式帶入一般尋常夫妻、情人、性伴侶的閨房裡，為性生活添加精彩、生動、新鮮。

本書是一本SM入門指南，包括講究安全的「how to」，屬於初級程度，適合給以下的人閱讀：

1. 不喜歡在媒體看見驚悚SM新聞，只想試試看「刺激又不會太刺激」的SM遊戲。

2. 過去玩過一點SM，略知皮毛，希望玩得更上一層樓。

3. 過去有過SM經驗，但不甚愉快，希望能學習更多，改善技巧。

4. 從未玩過SM，但耳聞大名，打算有機會為閨房添加情趣，卻無人可討教、無書可指導。

你若是上述其中之一，歡迎進入這座SM花園，準備接受時時湧出的驚喜吧。

Chapter 1

Top

臣服吧！我是主人

為主之道

主 人 之 典 範 ──瑪 丹 娜

「在錄音室裡，我說自己流鼻水、打噴嚏，大概感冒了；她二話不說，立即從皮包內取出針筒，以命令口吻要我脫下褲子，完全不容商量，我只好照辦。她手法好俐落，一針就打下去。這個女人就是瑪丹娜，歌壇獨一無二的娜姐。」

「當她一臉平靜看著我，叫我『脫掉』！我不知道你們是怎麼想的，我只能立即照辦。」

「大家都問我跟瑪丹娜共事到底是什麼情形，她是不是真如大家說的有控制癖，我告訴你們，一點兒也沒錯。」

這一席話是2008年搖滾音樂名人堂頒獎典禮上，偶像歌手賈斯汀邀請瑪丹娜出場的致詞。

儘管內容形同爆料，但歌迷似乎也不驚訝，因為放眼流行音樂圈，有這種威嚴讓乖桀不馴的壞男孩賈斯汀乖乖脫褲子、不吭聲挨一針，也唯有瑪丹娜了。

瑪丹娜在新專輯《Hard Candy》裡，展現一副SM女王的悍美氣質。歌迷們都深信瑪丹娜的說服力，為她散放出來的權力光芒目眩神迷。不僅這支MV如此，瑪丹娜自出道以來，一直以獨立、幹練、麻辣、強勢的主宰者造型，橫掃全球歌迷芳心。

過去，娛樂界塑造的金髮美女，只能被當性感尤物，給男人玩弄於股掌間。但瑪丹娜徹底推翻了這套法則，她創造了新的流行圖騰──誰說金髮美女不能擔任教主？誰說金髮美女不能充當馴獸師？誰說金髮美女

不能舞著鞭子，叫男人屈膝投降？

她的不斷示範，到後來演變成：誰說女人不能當主人？誰說我不能當主人？一個「主人ism」的時代來臨了。

瑪丹娜確實活出了SM的「主子大人」角色，多年來她利用流行音樂無遠弗屆的感染力，成功傳達了SM主人那份自信、威嚴、深諳挑逗的魅力，廣植群眾心裡。幾乎可以說，即便沒有玩過SM的人，看了瑪丹娜穿著束胸、高跟長靴，以及一臉「臣服我吧」的表情，大概也可猜出SM情慾遊戲的內幕一二。

任何人無須具有瑪丹娜的優越條件，只要成年，不分男女、老少、種族、社會背景、性傾向，誰都可以依照興致扮演SM遊戲中的主人，叱吒風雲。

主奴的稱呼

在SM領域中，「主人」正式稱呼是「dominant」，簡稱「dom」；「奴隸」則是「submissive」，簡稱「sub」。

但這兩字有點冗長拗口，一般人習慣用口語稱「主人」為「top」；稱「奴隸」為「bottom」。簡單又好記，在上位者就是主宰者，在下位者就是受人宰制者。

男主人male dominance，簡稱maledom；女主人female dominantce，簡稱femdom，在中文裡常稱作「女王」。

為了增加豐富性，玩家也另扯出一長串的替代名稱，讓人依據情境稱謂。如「主人」又可稱作：master、sadist、Sir、mistress、owner、trainer、teacher、daddy、mommy。「奴隸」又可稱為：slave、masochist、boi、doggies、horse、captive、victim。

雖然「dominant」與「sadist」都指施虐的主人，「submissive」與「masochist」都指受虐的奴隸，彼此間仍有差異。「sadist」、「masochist」這兩個源自歷史人物的詞彙，較傾向於肉體的處罰；「dominant」、「submissive」較傾向於精神上的控制。

或許，一般人不懂去分辨這四個詞有何異同；但行家一聽便懂，當你自稱是「dominant」或「sadist」時，他就知道你玩哪一套了。

目前網路上最常用的稱呼，是以「sadist」（施虐者）的S字首代表主人，以「masochist」（受虐者）的M字首代表奴隸：男S→男主人、女S→女主人，男M→男奴、女M→女奴。

誰來掌權做主？

　　扮演主人角色，個人偏好的原因不同，有的一開始就自知有這個癮，有的在偶爾嘗試下，意外發現新大陸。

　　有人只鍾情主人角色（即從不扮演「奴隸」），享受當主人特權，專注於主人技巧，越磨越靈光。也有人偏愛有時扮主人，有時扮奴隸，雙邊好處都撈，不放棄哪一邊的樂趣。

　　定義上，主人是遊戲中握有操控權的一方，樂趣來自對奴隸發號施令、嚴加調教、羞辱折磨。整個過程中，權力的滋味最令人著迷。日常生活裡，「充分擁有一樣東西」已經不過癮，SM提供「充分擁有一個人」才夠味。

1. 有強烈控制慾者

　　第一類主人具有強烈控制慾，平常就喜歡彰顯意志，企圖影響別人。當他的意志獲得伸張，才有成就感。

　　當他進入SM遊戲當主人，碰上演對手戲的奴隸，完全奉獻自己，與他一搭一唱，簡直像抽中了大獎。因為SM，簡言之，就是「權力極端放大」的主人與「權力極端縮小」的奴兩造在玩遊戲。

　　在現實生活裡，有強烈控制慾的人未必都能如願，搞不好還惹人嫌，人緣可能不佳。然而，玩SM遊戲可不一樣，主人角色本來就被賦予權力，所以玩控制慾不僅不會被嫌，還被鼓勵盡力發揮。

　　喜歡控制別人，其實是「好主人」的必備條件之一，畢竟沒有控制慾的主人，缺乏企圖心，就不會興致盎

然，動腦筋想出好玩的「整人遊戲」。少了主人的控制慾熱量，雙方玩興也就不易燒出高溫。

2．有虐癖傾向者

第二類主人有點虐待癖傾向，透過SM遊戲，若搭配正好享受虐的奴隸，真是天作之合。

事實上，每個人多少有虐待潛力，不過有的淺到無自覺，有的深悉存在。此處所說的虐癖有前提，一定需懂得自我節制，明白「虐」只是一場遊戲裡的刺激元素而已，與社會新聞中的暴力犯罪或家暴完全兩碼事。

在性愛中，這種人偏愛製造一點痛，或喜歡某種形式的羞辱對方。例如，男人狂吻女友的唇，有股慾念衝動，強到想把女友的唇吸進口似的，與自己連結不分。或者換個場景，當性交時，女人以指甲尖猛抓男友背部，巴不得在上面抓出永不褪去的愛痕。

這種男人、女人並不孤單，他們的一部分就活在我們的身體裡，愛與虐有時以孿生子面目出現，只是我們瞧不出異狀。

3．挑戰個性者

第三類主人如果依照自己個性，大概不會想扮主人。因他們沒有支使別人的慾望，性格偏於被動，在人群中不想強出頭，對他人配合度高。若一堆人意見分歧，他往往最不堅持己見。

但也許被SM遊戲對手趕鴨子上架（例如兩人說好輪流扮演角色），或也許在不夠主動的內心深處，仍藏有一絲「硬著頭皮姑且一試」的好奇，於是粉墨登場

扮主人。

　　起先，這個菜鳥主人一頭霧水，不會下命令、耍威嚴、飆訓話、搞體罰，通通狀況外。但就像新兵訓練會結訓，菜鳥也總會熬過尷尬階段，從鬧笑話漸漸磨出心得。

　　畢竟，每人都有控制慾潛力，連不愛與外界相爭的人也不例外。他的控制慾不是沒有，只是平常被擔心、憂慮壓在底下，不見蹤影。一旦控制慾的權柄自動送上來，那情況發展又不同了。

　　主人角色，像一個表演舞台，台下只坐著一個觀眾，就是奴隸。不管台上表演得怎樣，為人奴者不會發出噓聲、喝倒采，唯一能做、該做的是不斷鼓掌。

　　你說，就算原本再怎麼推辭的人，難道不會想登上這種神奇的舞台？

扮 主 人 有 什 麼 快 感 ？

訓練奴隸成色胚子，享受成就

　　主人調教奴隸時，常設法藉著懲罰，將奴隸在情慾方面的潛質逼出來。

　　過程裡，奴隸可能會歷經很多生平的第一遭，如被強剝衣服、被命令完成各種「羞恥責」（針對羞恥心而進行的體罰）動作，儘管含羞吞辱，但一回生兩回熟。

　　在這趟訓奴過程中，主人就像一位教練，一路見證奴隸如何自剛玩的初階起步，逐漸被調教升級；等於一路陪伴著奴隸探索自己的身體、慾望。主人看著奴隸成長，一再被挑戰情慾底線，關關難過關關過，終於成功調養成了色胚子。

　　這一切主人都看在眼裡，好像完成一件滿意的作品，

特別是如果他的奴隸一開始不色，最後被訓練得很色，那真是天大的成就。

奉遊戲之名，遂行性幻想

如果主奴選擇玩的SM版本，是可以跟性掛勾的那種，主人就可趁機「拿雞毛當令箭」，把性幻想五鬼搬運出來，假裝是一道道命令，規定奴隸配合，但實際上是在演他的性癖好。

很多人從小一碰到性的問題，大人反應都是「不准問這種問題」、「不准做那種事情」、「不准被人家給怎樣了」，所有記得關於性的印象都是「不准！不准！」。

這樣的小孩長大成人，心裡對於性仍充滿了許多「不准」，儘管不再需要大人批准了，但他本身就變成那個大人，繼續對自己說「不准」。心中對性感到罪惡、內疚、惶恐的那個小孩，並沒跟著年紀「轉大人」。

於是在一般時候做愛，他只敢選普通的事做，除以一、兩個常用的體位性交，其他花樣都不敢玩。但扮演起SM的主人，奉「遊戲」之名，他大可以把自己的性幻想、性癖好包裝成為命令，目睹它被奴隸實現。主人不妨認為自己是A片導演，而把奴隸當成女優、男優支配使喚。

輪流扮主奴，樂趣更多

在SM遊戲中，主人、奴隸是全然不同角色，各有挑戰與樂子。有人自認天生個性較適宜扮演主人，有人自覺較適宜扮演奴隸。但兩個角色並非固定無法變動。
我的建議是：不要給自己設框框，兩種截然不同的角色，有機會就跟伴侶輪流扮看看，體驗一下滋味各殊的痛快。

扔掉乖老婆外殼，菜鳥變女王

我跟老公結婚三年了，從生第一胎後，我們的性生活就進入冰河期。我不怪他，因為是我自己先對性變冷淡的。

有次，老公租了一支SM的日本A片，剛開始我還不太想看，覺得有點變態。但老公似乎看得滿起勁，後來我倒頭睡覺，他繼續看，當我漸漸入睡時，感到床鋪搖晃，隱約中猜想他在自慰。

過了幾天，正巧是我的生日。他神祕兮兮拿出一份禮物，拆開一看，竟是前幾日我在A片裡看到的那種鞭子。

我的反應驚大於喜，問他：「你不會是要我拿這個打你吧？」

我忽然想起那一夜他看A片，後來以自慰了結，心中湧上內疚。這顯然是他的期盼，當晚我便答應跟他玩鞭子。

老公要我模仿A片中那位女主子，拿鞭子打他的背。他說任憑我擺佈，要我盡量修理他。我平常不是一個作風強勢的人，從唸書到出社會都習慣藏在群眾裡，上課不發問，上班也是最規矩的那一類。

當我拿起鞭子，真想逃掉，跟老公說不玩了。但一看老公早已脫光，躺在床上期待好事發生的樣子，我又不忍了。我舉起鞭子抽打他幾下，老公竟還要求重一點。我還是不太敢用力打，這實在不是我的風格。

我有點怨他陷我於此地步，出手用力多了，老公居然說對了對了，就是這樣！那天就到此為止，但下次老公想玩更進一步，要我繼續扮演女王，他樂意聽命。

後來，我們又玩了幾次，一次次累積經驗，每一回我都鼓勵自己把膽子練大一點，學習叫囂、威脅、辱罵。這些以往被我視為禁忌的壞行為，都一一被破壞了。

我感覺心中那個始終怕怕的自我，已經閃遠了，取而代之的是一個新的自我，有點勇氣去使壞，這讓我興起了前所未有的異樣快感。

（女性受訪者編號017）

是「調教」，而非「虐待」

SM門外漢總以為主人好狠，一路凌虐奴隸。但實情並不全然如此，沒錯，表面上主人對奴隸施以身體、語言懲罰。但SM遊戲的設計，與其說主人在「虐待」奴隸，倒不如說在「調教」奴隸。身為主人，必須很清楚這一點。

調教，是「主奴」遊戲主要的精神。主人一個口令一個動作，制訂要求，並採取一些懲罰，但那些都是手段，目的在「訓練」奴隸。

調教，有兩層意義：行為糾正、犯錯處罰。

當主人下達指示，奴隸必須無條件完成。一旦奴隸無法達成要求，主人就有義務糾正。另外，當奴隸犯錯時，主人也責無旁貸，必須不假辭色處罰。

這個比喻或許不中聽，實施調教，有點像訓練動物。主人要明白在他嚴格規定、體罰、辱罵下，留給奴隸思索的空間很小，只夠奴隸的動物性發揮出來，不必多想，照著第一反應行動。

這裡所稱的「動物性」，指本能地因畏懼處罰而不敢亂來，並從經驗裡學習，「我要照命令切實做到，討主人歡心」。奴隸像一隻「巴夫洛夫狗」（註），透過身體受罰、精神受辱，可能累積了難堪卻又混合愉悅的祕密快感，所以每當進行調教時，他過往累積的經驗會無意識地反射出來，將快感喚醒。

在調教中，主人常採緊迫盯人，不容許奴隸保有自主思考，只讓他跟著命令行動。這推翻了人類希冀自我作主的天性，「高等動物」去串演「低等動物」，回到原始動物本性。

說也奇怪，偶爾當一隻不用大腦的獸，反而有意思。

註：1904年，知名俄國神經學家巴夫洛夫（Ivan Pavlov）發現實驗衣會讓實驗室裡的狗流口水，原來每次餵食他都穿這套衣服，狗已產生「實驗衣＝食物」的聯想力。後來，他改用「鈴聲＋餵狗」的新組合，同樣地，當一搖鈴，狗就流唾液的效果，這便是「制約反應」。

調 教 , 也 要 調 情

很多人玩SM,十分講究調教,認為主人必須充分發揮威嚴,一絲不苟進行調教。這是一種典型的SM玩法,主人與奴隸角色一板一眼,區隔分明。他們中間沒有調情的縫隙,奴隸不喜歡主人放水,對他越嚴厲越好,一切玩真的。

但玩這種方式的人大多已玩SM很久了,屬資深級,主是主,奴是奴,奴甚至以只當這個主人的奴為榮,並培養長期固定關係,有極強的互信基礎。

可是,在這本書裡,我建議SM新手不要被這種嚴格規定綁死。除非你和玩伴就是喜歡「100%調教」,非這樣玩不可。本書提倡的SM,最終目的還是在藉著遊戲形式,提高sex的興致、增加sex的多樣化、強化sex的滿意度。

夫妻、情人、玩伴若在SM過程中,玩到笑場、打情罵俏,或者臨時慾望湧上,立即中斷SM動作,直接進行性行為,「誰曰不可」?只要雙方玩得盡興,規矩是人定的,隨時可改,天底下沒有「一定要遵守的SM規定」。

調教,是主人、奴隸的基調關係,但若你們不想把軍訓場搬進閨房,覺得打是情,罵是愛,那就混合「調教、調情、調劑」,三聖一體吧!

溝 通 , 安 全 的 保 障

雙方遵守適當的方式,循序漸進,SM是安全的。最怕新手主人不懂規則,或玩昏了頭,只在乎自己快活而忽略對方,將出現安全漏洞。所以遊戲開始前,主人與奴隸有必要溝通,全程掌握安全因素。溝通,正

是安全的保單。

主人不要忘了，SM遊戲之所以感人，因牽涉信賴，那是一種「把自己交給對方」的100%信賴，非同小可。主人需切記並感謝奴隸的信任，告誡自己對奴隸負有完全責任。

奴隸交代了自己的身心狀況，而主人的任務便是牢記這些交代，在過程中不踏紅線。遊戲的不安全有時來自主人輕忽，如不顧現實下錯命令；也有來自奴隸逞強，如過分想討好對方而硬撐。這兩種都不對。

口頭溝通，是一種方式，但如交代時間占太多，老實說，也挺煞風景，玩興都洩了。下一章有一份「奴隸溝通清單」（見P82），由奴隸勾選作答，過程容易，節省時間，也免了口頭提到某些細節的尷尬。

主人瀏覽這份清單，不僅要記得奴隸哪些禁忌不能越界，也要記得奴隸哪些性幻想需要被滿足。

履行性幻想，本來就是SM情慾遊戲的重頭戲；甚至可以說，人們想玩「主奴」遊戲，就是希冀藉遊戲設計，使當事人能理直氣壯將性幻想搬演出來。

上述強調事先溝通之重要，但也有人不愛這套，喜歡出其不意的驚奇。

「到時你隨便怎麼對待我都好，由你決定，那才像真的在玩SM。」

「哪有一直問人家『我這樣對你好不好』？什麼都客客套套的，還有SM的樂趣嗎？」

溝通太多，的確會使有些人覺得一切經過設計，嫌假假的。畢竟，很多人愛玩SM或「主奴」遊戲，就是愛它的霸道、耍狠、出乎意料，若什麼都慢條斯理事先討論，又未免太斯文。總之，要溝通或不要溝通，是兩種截然不同的風格，必須由雙方去調整。

選擇角色，鋪陳情節

在SM遊戲中，常需要一個東西，叫做「情節」（scenario），也可稱「腳本」。雙方先設計出一個故事，才能各據其位演下去。

這些「情節」往往靠主人帶頭去鋪陳，但如剛從菜鳥起家，不見得有師父帶入門，自己也生不出什麼點子。沒關係，多玩幾次後，人性喜歡捉狹別人的那一面自然會冒出頭，越用越老練。到時，你會驚訝每個人在「整人」這件事上多有開發潛力呢。

設定「情節」，跟選擇「角色扮演」習習相關。角色一旦選好，大概故事就呼之欲出了。大致上，主人挑選的角色應屬強勢人物，即「掌握權力者」，如軍官、警察、老師、教練、老闆、醫師、學長或學姐等。以此對照，奴隸扮演的就是新兵、壞蛋、學生、職員、病人、學弟或學妹等。

攤開以上名單，軍中老鳥長官怎麼整菜鳥、老師怎麼罰學生、老闆怎麼訓職員等，大家在電視、小說看多了，「情節」大概都有點概念，不難自己編劇。

編劇的第一步，就是編出懲罰奴隸的理由，譬如行為不檢、達不到要求、犯規、不聽話、出紕漏。主人接下去會採用的訓斥和體罰，都是「順藤摸瓜」——依照這些罪名擴散發揮。

腳本定了，已成功一大半，還剩一些細節仍須決定：

1.要不要有性行為？

有些人玩「主奴」遊戲，搞體罰，又搞差辱，還得盡職扮演角色，耗去了全副精力，但已撈到樂趣，故不

覺得有必要發生性行為。但也有些人把「主奴」遊戲當作前戲，玩了一陣後，慾火變旺，便將精力轉去進行性行為。

玩遊戲前決定一下：雙方要不要有性行為？答案要或不要，將牽動遊戲的走勢。若只想專注玩遊戲，那就全力投入；若最後還想有性交壓軸，就需保留點體力。

2.穿衣或裸體？

每人玩SM遊戲，對待裸體的態度不太一樣，大約可歸納為四種方式：

- 有的喜歡主人、奴隸都穿著衣物，甚至會故意挑選特定行業制服，強化性幻想。
- 有的喜歡主人、奴隸都裸體上陣，維持視覺色情。
- 有的喜歡主人穿衣，奴隸裸體，形成強勢與弱勢的對比。
- 有的喜歡遊戲開始時雙方都穿，但在過程裡，主人飭令奴隸脫光，或強行把奴隸剝光，使之受辱。

以上四種方式，都自有趣味，端看遊戲者所好。在遊戲之前，從四種選項裡挑其一，決定後遊戲方向自然就出來了。

至於奴隸的衣服由誰脫？以下兩種方法，製造不一樣的氣氛：

- 奴隸自脫——主人最好挑床鋪或椅子坐下，好整以暇，用有色眼光欣賞奴隸脫衣服。
- 主人強脫——主人可以慢條斯理地代脫，享受奴隸身體逐漸曝光的偷窺快感；或以蠻力強脫，假造一絲暴力氣息。

羞辱，重頭戲登場

玩主人、奴隸角色的過程中，羞辱，常是遊戲重心。

很多肥皂劇出現過這種台詞：「你這個賤骨頭，不罵（打）不痛快啊！」確實，一部分人在某些狀況下，是真的「犯賤」，受了辱不但不生氣，反有幾分暗爽。原因並不難懂，因多數人都容易壓抑，好像被一天24小時運作的攝影機監視，隨時怕犯錯，擔心受責備。這是我們從小的教育，深植於心。

不過，到了玩SM遊戲時，當我們遭受體罰或被謾罵，固然感到羞辱；但另一方面，也覺得如釋重負。

那是因我們一向擔心受罰或挨罵，可是一旦被罰被罵，反倒感覺「哇，解放了，繼續罰，繼續罵吧，我的畏懼被戳破了，沒什麼好憂慮了，你越罰越罵，我的解脫感就越強！」

當然，這也是由於我們知道眼前的體罰、辱罵，都是遊戲之一環，不必憂心後果。「對方不是真的對我不滿，也並非當真在踐踏我的人格。」奴隸必須很清楚這一點。

為何有人喜歡被羞辱？

SM遊戲所玩的羞辱，叫做「情慾羞辱」（erotic humiliation），意指利用羞辱來刺激情緒，造成主奴同感亢奮，完全不是一般講的那種「侮辱人」。

日常生活中，受辱絕非愉快經驗，但場景若換成SM遊戲就大大不同了。當事人明白「受辱」是設計好了的情境，對方絕非惡意，自己大可豁出去，浸淫在頭皮發麻的窘態中。

每個人都自認「有尊嚴」，但說來怪哉，人的天性裡又躲藏著「我就是賤，你要怎樣」的自我貶抑、自我壯大之矛盾體。如果我們在真實生活中被人罵賤，必然不爽，唯有在「連罵人也是經過設計」的SM遊戲中，才能放心被人當賤東西。

這便是在SM中相當普遍的「遊戲情境式羞辱」，一場沒添加羞辱元素的SM，像麻辣火鍋沒放辣椒。

羞 辱 遊 戲 ， 區 分 等 級

　　每人受辱就像受痛，接納程度不一樣。羞辱程度可分
三等級，僅列數例參考：

初級難度

・被罰跪

・迫戴狗項圈

・被滴蠟燭

・被摑耳光

・被對著臉大聲斥責

・被刮陰毛

・命令學動物或嬰兒爬行

・被迫穿上可笑的衣物（如男性穿上女性蕾絲內褲）

・被對方的性器用力壓在臉上

・被對方的陰毛蓋住鼻子猛磨

中級難度

・遭對方顏射

・被吐口水在身上

・踩進浴缸，強迫尿在內褲裡

・被坐在臉上

高級難度

・舔主人腳趾或皮鞋

・被吐口水在臉上

・吊刑

・被尿在身上

・被灌腸

以上僅是一份簡單的參考清單，羞辱花樣百出，玩家盡量腦筋動一動，挖掘創意。像《鐵軍的野蠻性史》這本書中，寫過一個有意思的例子，當事人將迴紋針拉直，彎成一個環狀，缺口剛好夾住鼻孔，他自覺變成了一條牛，體會到強烈的奴性。

　　日常生活中滿多道具俯拾可得，主人花腦筋想想還有什麼點子，可讓奴隸受罰、受辱，本身就是一樂。

處罰，遊戲的高潮

　　主人加諸奴隸的羞辱，分成兩大類：口頭羞辱、身體羞辱。

　　口頭羞辱，指對奴隸施以語言暴力，包括嚴格訓令、出言威嚇、斥罵，使其感覺難堪、失去自尊。

　　身體羞辱，指對奴隸施以身體暴力，俗稱體罰，或另一種形式——逼迫奴隸做出不雅、不堪的動作而備感受辱。

　　在SM遊戲裡，主人要善用這兩種羞辱方式，對奴隸交叉使用。

　　體罰，是SM遊戲的高潮之一，像鞭打、綁縛、打屁股三大經典懲罰，讓身體感到疼楚、拘束、難受。體罰不見得都指肉體的痛楚、不舒服，也包含肉體的羞恥，譬如強制暴露、刮除陰毛、指驗肛門等，當事人因此受辱，日文稱之「羞恥責」。主人應善加活用「羞恥責」的刺激，它是閨房SM的天字第一號武器。

　　為何這麼說？

　　因為普通情況下，人們在性行為裡都或多或少為自己設置了「警戒區」，刻意保持距離，一靠近心裡就會

鳴笛示警，不敢跨雷池一步。妙的是，這些所謂「警戒區」往往正是我們心底最不堪（或不敢）面對、卻最受誘惑的性快感來源。

例如，有人偷偷地想過被強暴的滋味、被舐肛門的滋味、被當玩物的滋味、被特定行徑猥褻的滋味……等。但他們在進行性行為時，從不敢讓對方知道，也不敢請對方幫忙實踐。即使親如配偶、情人、固定性伴侶，都無法啟齒，因為這些「滋味」都被世俗當成一種恥。

所以，在玩閨房SM時，主人祭出「羞恥責」刑罰褻玩奴隸，其實是讓奴隸有一個好理由，表面上被「逼」，實際上是主人在「幫」奴隸，半推半就地闖入了自設的「警戒區」，面對羞恥。

羞恥，換句話說，就是「壓抑之下的快感」。主人善用「羞恥責」，即是一舉打破奴隸的壓抑，讓藏在深層的快感泉湧而出。

這裡頭的學問主人要細細體會。例如，主人也許會以為一下子將奴隸脫光光很羞恥，但實情是只把內褲扯到大腿、足夠露出下體更令奴隸羞恥。兩者的差別，自己去感受吧。

處 罰 的 名 目

處罰名目很多，未必適用於每個人，也不是無底線。

夫妻、情人、性伴侶玩SM，都希望能添增閨房情趣，處罰在他們眼中，甚至變成「調情佐料」，沒有人會打這種算盤：「好哇，終於給我逮到機會了，看我怎樣罰到你求饒！」

既然夫妻、情人、性伴侶玩的SM有許多調情成分，那處罰項目不妨參雜一些黑色幽默，就算小兒科也無

所謂，反正這樣的處罰就是俏皮嘛，些微難堪又不會太不堪、有點搞笑又不會變笑話。

　以下列出幾招，麻辣鍋等級的SM玩家大概會不屑玩，但正適合清淡鍋等級的SM新手，當成熱身之用。這些只是方向，其餘的請自行接手，用點創意，把它發揚光大。

　要求奴隸雙手雙腳著地，軀體保持水平，假裝是一張咖啡桌。（任何家具都可入戲，如衣帽架、馬桶等。）

　要求奴隸學動物走路、模仿動物的叫聲。（例如，模仿「天鵝湖」裡跳芭蕾舞的天鵝。）

　規定奴隸頭頂著書本，不能落地，否則接受懲罰。

　規定奴隸光屁股夾住一張A4紙，為時半分鐘，提早掉下來也要受罰。

　若是男奴，可要求他穿上高跟鞋罰站。（穿高跟鞋這項，可替換穿女裝、畫花臉、頭套內褲、戴狗項圈。）

體罰的工具

　主人體罰奴隸，可使用以下三種工具：

親自出手

　這個方法最簡單，就是使用手，不花錢，而且「隨身攜帶」，力氣也較能精準掌控。新手扮主人角色時，用手即可，等玩順手了，可晉級到第二階段的「刑具」侍候。

親自出手懲罰，包括：

‧以手輕摑耳光

‧以手指彈耳朵

- 以手打屁股
- 以手推腦袋（注意，並非每個人都接受這個動作）
- 以手指輕抓頭髮或陰毛、腋毛
- 以手指拔陰毛或腿毛
- 以手指捏臉頰或大腿等肉多之處
- 以手指用力捏、以指甲掐乳頭
- 以手拉扯、撥弄性器官
- 以拇指頂觸、插入肛門
- 以指甲輕刮身體，尤其背部與屁股
- 以手搔癢全身各處
- 以拳頭揍屁股等肉多之處
- 雖不算手的項目，但以腳拇趾、第二趾掐人也很痛

活用日常工具

　　使用SM工具是一門學問，東西是死的，端看主人如何活用。主人若想善用處罰工具，提高玩興，必須發揮創意；或該說具有實驗精神製造出好玩意，且有辦法將「本來就是」的刑具，結合「修改後也可以是」的刑具，靈活使用。

　　家中可用物範圍很廣，就看你是否情人眼中出「刑具」：
- 捲起的報紙或雜誌
- 皮帶
- 書籍
- 梳子背面
- 乒乓拍
- 長尺
- 雞毛撢子
- 愛的小手
- 曬衣夾

專業刑具助陣

當然，有些人為了玩得更逼真、更入味，也會購買SM情趣品當刑具。

這些體罰的情趣工具雖號稱刑具，但不必畏怕，它們只是「長相猙獰」，小心使用都不具危險。

很神奇，當你採取克難方式，手持捲起的報紙充當刑具，打奴隸屁股就是「少一味」；但當手中拿著真鞭子打在奴隸身上，立即有模有樣，氣氛陡變。

交 叉 使 用 工 具

有些玩家很懂得「善其事，利其器」，將上述三種工具交叉運用，在奴隸身體上製造百「感」齊發，包括痛、癢、刺、麻，甚至各種無法歸類的又怪又爽的感覺，這就成功了。

此外，主人需對各種刑具有基本認識，不能沒搞懂啥玩意，就把奴隸當實驗白老鼠。使用任何新刑具，主人要先打在自己身上，試試痛感指數，才能控制打在奴隸身上的力氣。

還有體罰前，主人要檢查一下刑具，有無扎人的尖銳之處？有沒有可能反彈傷人，或滑手脫落？在情趣店購買的刑具都有一定安全係數，但如從家裡隨手取來的工具，使用前就務必謹慎檢查。SM刑具能帶來樂趣，也可能帶來傷害，端看主人的把關功力。

維 持 嚴 厲 ， 也 不 妨 釋 放 溫 柔

依照所謂「正統」的SM規則，主人在整個過程中應冷靜，嚴酷、兇悍、不假辭色，不能對奴隸流露一絲慈悲。我知道有些主人、奴隸自遊戲起，就堅持清一

工 具 齊 上 ， 讓 老 公 變 「 硬 」 漢

有一次，我被姊妹淘拉去逛情趣店，大家起鬨每人要挑一件。我買下了一對鐵製夾乳器，是用螺絲慢慢扭轉的方式夾緊乳頭，兩個鐵夾之間還有一條鍊子相連，精巧可愛。

回家後，我試都沒試，也沒跟老公提，把它束之高閣。直到有天，老公發現了，問我那是什麼東西。他手上正握著那個我已遺忘的夾乳器，好奇地要我幫他夾夾看。

結果，效果不錯，老公的兩粒乳頭被牢牢鎖住後，居然堅挺了，連下面也硬起來。我們都嗅到了性的氣息，決定選期不如撞期，打算就來試試看人家說的SM。

我的職業跟人體復健有關，對身體感覺比一般人了解，馬上靈機一動，拿出平常消除肩膀酸痛的按摩棒，去觸碰夾乳器的尾端。老公的乳頭接受到震動，表情似笑非笑，表示挺刺激的，居然問我還有什麼玩意？

全屋子尋一遍，我拎了幾樣東西進房。首先，我以手心打了他的屁股幾下，然後換成洗澡的刷子，翻過來，以木頭那面來繼續打。我注意到，他的老二依舊很挺。

趁他不注意，我拿起一塊沒用過的菜瓜布，輕輕摩擦起他的整片屁股，彷彿在打蠟。他的身子一震，發出驚奇聲，說感覺好怪，但又不是不好的那種怪，反正他說不上來。

我以為他不舒服停下手，他立即抗議，叫我別停。他解釋雖是說不上到底是什麼滋味，但他滿喜歡。

（女性受訪編號024）

色玩施虐與受虐，不加一丁點溫柔、情挑。

這種玩法沒什麼不對，但本書賦予SM一個新定位——「閨房的刺激情趣」，鼓勵夫妻、情人、性伴侶下場嘗試，為性生活注入活力。以他們的關係來玩，SM不僅是調教，當然也可以夾帶一點調情，因此我不認為「嚴峻」是主人角色的死標準，其實可以變通。

主人在適當時機，對奴隸角色的嚴厲裡，滲入一點溫柔反而有彈性，玩起來也更具變化。就像這個比喻，嚴厲，是一層底色；溫柔，則像水彩筆沾了別的顏色，用力一揮，點點滴滴濺在底色上。有了溫柔的點綴色澤，這幅畫才有層次感。

主人無須一路硬心腸到底，如遊戲玩到一個喘息段落，威嚴的主人自己喝口水時，何不也允許奴隸喝水？其中有「法外施恩」的意思，這一絲溫柔並不會讓主人自滅威風。

如中途不休息，一樣可使出溫柔手法。在歷經體罰後，奴隸身體處於繃緊狀態，主人如忽然出手，在其肌膚上輕飄遊走，類似愛撫，奴隸會有才喝了苦茶又嚐蜜的滋味。

奴隸意外被主人撫慰一下，會感到錯亂，「我是被罰，或我是被愛？」這是一種陶然的錯亂。

主人折磨奴隸一陣後，應變換手法，不妨故意觸摸奴隸臉頰、頸子、下巴，或胸部（如女生則是乳房、乳頭）；也可直搗黃龍，愛撫性器官，讓奴隸在感到痛的同時，又受到性慾刺激，「前後包抄」。

如果是男奴，建議主人可用手指輕磨龜頭，或用指甲輕刮陰囊表皮，讓他更受刺激。

有的男奴興奮時，馬眼會流出些許黏液，主人不妨以食指摸摸，勾起一絲亮在他眼前，以譏諷口吻問：「這是什麼？」

如果主人還想更「bitch」的話，就將食指上的黏液塗在男奴臉頰，冷冷地嘲笑：「你這色鬼！」跟你打賭，在這種情況下被罵「色鬼」的男生，通常還覺得這羞辱滿爽的呢。

以上只是遊戲對白的一例，讀者可自行發揮。總歸一句，原則不離「給奴隸一點挑逗、一點難堪、一點揶揄、一點折騰、一點色誘的混合體」，讓奴隸百感交集，羞赧與慾望融於一身，就對了！

當主人上下其手，使盡手技到一個程度，從奴隸肢體語言判斷，的確撩到了爽點。好，「壞心肝」的主人這時可住手了，之前給予奴隸所有的溫柔，「都是不安好心眼」，只為了此刻讓奴隸渴望更多而不可得，經歷另一種煎熬。

重視「口頭羞辱」技法

很多人玩SM這齣戲，都把它當啞戲演，大大遜色，很可惜。不管主人或奴隸都應善用聲音，創造聽覺刺激，如同啟開360度環繞的杜比音響，挑動情緒。

製造SM的聽覺效果，把握一個原則：

主人說的話必須表現強勢，奴隸出的聲音必須表現弱勢，遊戲中彼此不斷發出聲音、說出言語，拉抬這種「強勢vs.弱勢」的對比情緒。

台灣SM主人樣樣都能玩，不輸西方同好，唯一居下風就是不太會使用「口頭羞辱」技巧，常跟奴隸悶著頭幹。

這自然跟民族風氣有關，即使普通做愛，西方人的「出聲率」也比我們高，不論呻吟、叫床也好，或配

你 不 乖 ， 換 你 當 奴 隸

　我是個天生有領袖慾的男生，個頭大，好相處，老師從小要挑選帶頭者，點來點去還是我。

　我跟第一任女友結婚。她個子小，嬌嬌的，不管形式或精神上，我都是她的護花使者。她會撒嬌，但不會耍賴；她喜歡我的保護，但不依賴。

　有次我出差到日本，飯後跟著一堆男同事到歌舞妓町看表演，居然是SM，日本人的A片活生生在眼前上演。我當晚看得很入神。

　回到台北，一晚，我約她外出用餐，地點其實我早規劃好了。餐後我假裝跟她輕鬆逛街，逛到了我預先設計的目標──情趣商店。

　我當然走向擺放SM道具的角落，拿起每一樣玩意給老婆欣賞。我提議買幾樣回去實驗時，老婆有點吃驚，但終究沒阻止我。

　除情趣玩具，我還買了一本國外版的SM指南。回家後，立即跟老婆研究。翻了幾頁，我很猴急，央求就來玩吧。我故意讓她當「主人」，她說不要。正中我下懷，我原本就是想當「主人」，只不過禮數總要先做到。

　靠著那一本指南書惡補，我要老婆趴在我的雙腿上。她穿著牛仔褲趴在我腿上，我以手拍了她的臀部兩下，啵啵地好似在打棉被。於是我將她的褲子脫下來，連內褲也不留。

　老婆鮮嫩的屁股就圓滾滾地亮在眼前，以前我沒機會從這角度看過她，覺得十分性感，尤其股間往後突起肉瓣，露出神祕的一條縫，裡面鮮紅欲滴。

　我舉起手啪一聲打下去，聲音清脆，老婆還唉唷回應，挺有意思。啪啪啪，我這次換了那支在情趣店買的木板拍子，打起來果然很順手。

　這個過程中，我一直以適中的力氣拍打她的屁股，保持某些疼的感覺；但我也不時以撩起性慾的手法在她小穴裡摳，不時對她的熱屁股吹氣。

　最後，我問她乖不乖？老婆大概被打得太足夠了，一把抓住我的老二，反問我乖不乖？我當然辯稱自己乖啊。她突然來一招陰的，用力掐我的陰囊，使我幾乎彈起來，不得不改口說我不乖。

　老婆站起身，臉上一抹陰險的笑。那句話我仍記得很清楚，她說：「我想通了，你既然不乖，就換你作奴隸。」

（男性受訪者編號003）

上口白「你喜歡這樣是吧」、「用力一點」也好，總之不像我們沉默是金。

然而，玩SM遊戲可不能一味沉默。因為，愉虐效果很多透過羞辱而來，偏偏台灣不少扮演主人者不擅長「口頭羞辱」，缺少一股咄咄逼人氣勢。相較於其他不同的性愛情趣，SM傾向於張牙舞爪、情緒爆炸型，而非韜光養晦、情緒內斂型。它需要聲音刺激，也需要聲音來湊熱鬧。

不少奴隸反映，當他們聽見主人拿起鞭子揮在空中，或打在床鋪、沙發等物上，發出「磨刀霍霍」響聲，就讓他們渾身哆唆，湧出驚喜戰慄。

當刑具打在奴隸身上，也會伴隨響亮或低悶的聲音，同樣令部分奴隸聽覺飽受刺激，感覺體罰更煞有其事。

除刑具發出聲響外，主人的下令聲、恫嚇聲、斥責聲、挑剔聲、辱罵聲也是遊戲音效的重要來源。

培 養 強 勢 的 口 頭 威 力

多數主人的語言暴力都「氣短不長」，好不容易脫口一句，就遲遲沒下文了。主人欲改善「口拙」情形，可按以下步驟補強：

1. 正確心理建設：有些主人開不了口去罵奴隸，因他們認為做愛、情趣遊戲時講一堆對白很蠢，感覺做作。

這種主人需先克服心理障礙，玩SM遊戲講對白乍聽有點蠢，乃因耳朵跟嘴巴還未習慣，其實並沒那麼蠢。天底下許多事在沒做以前，都曾被我們視為蠢，但做了之後常是另一番局面。

就算剛開始有點蠢，但撐過一段時間就會習慣了。主人需打從心裡認知，語言羞辱跟肉體羞辱一樣，都能讓奴隸感受凜然，身心為之一「震」，也讓彼此更能入戲。為了應用這項法寶來熱絡遊戲，暫時蠢一下沒關係啦。

2. 敲定扮演的角色：主人確認扮演什麼角色後，開始以想像力，去草擬該角色會說出口的對白。

譬如，主人扮演教練訓斥學員，需先想一下：通常教練為何會對學員不滿？原因不外表現懶散、未達要求水準、不守規定等。然後，再想第二個問題：當要責備這些行為時，教練大概會說什麼話？

經此二部曲，多少可推敲出一個譜，根據這個譜填上一些誇大字句，對白就出來了。

3. 抓住命令語氣：主人說話沒有「請」、「麻煩」這些勞什子的客套話，好主人是不怒而威，眼神一瞪就叫奴隸發毛。

但遊戲中總有主人說台詞的機會，把握一個原則，講任何話都要用「命令句」，譬如「你馬上給我去房間跪好，我待會就進來修理你！」

「你給我…」、「我叫你…」這兩句起頭很管用。

4. 玩起審訊心理戰：警察抓住犯人後，一定帶進訊問室審問。熱門影集《CSI犯罪現場》教了我們不少這方面常識。

主人可以跟奴隸玩審訊遊戲，也是心理戰。主人模仿幹練警探以嚴厲口吻拷問，雖然不是罵，但有時冷酷的話語會把人逼到角落，讓奴隸有受挫感。

預先想一些拷問奴隸的理由，甚至可玩拷問刑求特務

的遊戲，有主題，也就容易想台詞了。

5. 備妥基本台詞：主人平常就該準備一些基本台詞，臨場時傾囊而出。將那些基本台詞當成基礎，每次看當時情況「略作剪輯」，就能湊出應景的好對白。

6. 私下練習訓人語氣：很多人講話客氣，天性無法待人無禮。要他們轉變成訓人口氣，一定結巴或語塞。

想扮好主人，這樣的人必須花功夫私下多模擬，自言自語，練習自己訓話口氣、掌握訓話節奏感。當習慣了這種講話方式，臨場就自然流露，不會沒自信，老懷疑自己怪腔怪調。

有一位受訪的主人經驗很特別，他去買兩尊布袋戲玩偶，獨處時沒事就雙手搬演。把玩偶之一當主人，另一當奴隸，都由他配音。這樣多練幾次，習慣了「主人式說法」，保證真人出場時，「金光閃閃，驚動萬教」。

7. 多參考他人範本：主人除自練武功，更應多效法他山之石，提高武功火候。方法很簡單，多搜尋SM網站、部落格，觀摩人家寫出來分享的對白，覺得不錯、適用的內容，就記下來當參考。

「夢幻的SM調教」部落格（目前暫時關站），其中有一段出色對白，即是很好的示範。在這則範本裡，網站版主扮演女監獄管理員，對著男囚犯叱喝：

「你現在入監服刑，我給你一個編號4469，這就是你這裡的刑號，對我只有服從。現在開始，4469你不准比我高，講話前要低頭，不可以直視我，聽到了沒有？」

接著，女管理員要囚犯脫光衣服檢身：「兩腳張開，

雙手舉高，趴在牆上。」

囚犯脫光後，女管理員檢查到他的性器官居然勃起，怒斥道：「你好大的膽子，竟然起了色戒！你犯了我規定任意勃起，4469，你給我站好，彎腰，手伸直，屁股翹高。」

然後，女管理員拿藤條揮打男囚的臀部。「4469，你以前在社會上自以為是，大男人主義，今天就要你為以前所做的事情贖罪，聽到沒有？」

對奴隸因才施「罵」

SM避免不了口頭暴力，但主人不能以統一標準對待所有奴隸。

「言語羞辱」跟「行為羞辱」同樣鋒利，前者不僅觸發情緒，還可能牽動較深層的個人情感。若超越了當事人承受界線，可能引爆反彈，必須謹慎。

原則上，「明顯牽涉人身攻擊」就是語言羞辱的底線，如女性在意乳房大小、性器官顏色；男性在乎陽具尺寸、性能力、禿頭、陽痿、早洩，這些敏感議題盡量不要碰。

不過，如果是夫妻、情人、性伴已熟到可以豁出去大鳴大放，或者碰上一定要重話才有點感覺的奴隸，那又另當別論，主人可隨便開罵，「周瑜打黃蓋，願打願挨」。

儘管頂著奴隸身分，每人對語言暴力接受度分為兩種：第一種奴隸對語言暴力不設限，生冷不忌，主人罵得越凶、越難聽，越感亢奮。第二種奴隸對語言暴力有限度接受，基於個人因素，各有不一樣的禁忌，希望主人不去踩那些地雷區。

光 說 「 雞 巴 」 ， 就 已 經 很 色 了

我老公是留日的，他除了拿到學位，還帶回一堆對日本A片的研究心得。結婚前，他大概怕我嚇著都沒洩露。婚後，當我們前戲時，就會不時聽見他建議玩這個玩那個，全是一些基本入門的SM玩法，他開始帶我進入一個新奇世界。

他第一次叫我「蕩婦」時，我還摸不清頭緒在叫誰。直到他挺著龜頭在我陰戶磨來磨去，癢得我難受，卻又不頂進來，一直挑逗：「說！說『我是蕩婦，我是淫婦。』。」

他要我逐字跟著念，起初真是羞愧，念得很結巴。但不知為什麼，當我自稱「蕩婦」，或聽他說「妳這蕩婦，我肏給妳爽！」，明明是受辱，竟有股快感。

前戲進行中，他喜歡握住堅挺陽具，像一根棍子棒打我的臉。小時，我們受教育都說臉不能給人打，那是尊嚴的重地。但在閨房裡，我可一點也不在意被老公那根看起來肥美的陽具打臉蛋。

他還會要我趴著，抬高屁股，模仿母狗發春，令我拚命搖屁股，引誘他這隻公狗。我可以想像這姿勢極為猥褻，他還要求我雙手伸到後面，將兩片陰唇扒開，規定我必須厚顏地叫：「快把雞巴放進來！」

我慢慢被他訓練，做出許多日本A片裡女人極盡淫態的動作。他就會加重口味，讚美我又騷又浪。

從小到大，我沒講過色情字眼，婚後老公變成我的「國文老師」，他說挑戰自己尺度，大聲說出色情字眼，其實很爽，便不斷教我各種淫穢新詞。生活中，女生講這些髒話會被視作自貶身價，但越講不得，我在床上說出口時就越有刺激感，老公的理論還挺有道理。

我對「雞巴」最有感覺，這兩個字很神奇，光是叫得出口就很色了。

（女性受訪者編號044）

對待吃重鹹奴隸，狠話全出籠：第一種奴隸吃重鹹，被罵到狗血淋頭最好，如「畜生」、「賤人」、「奴才」，甚至超低級的性器官用語或髒話，他們才覺過癮。對他們而言，普級、輔導級的辱罵不痛不癢。要嘛，就來限制級、X級的水準。

這種奴隸不全是男性，也有女人喜歡被罵「bitch」（母狗）、「slut」（蕩婦）。她們知道SM是遊戲與演戲，既然玩了，難得被罵，要罵就罵狠一點。有不少女生喜歡在遊戲中被叫「妓女」、「騷貨」、「淫賤」、「壞女人」，不過罵女生這些字眼前，你一定要有把握她們的接受度。

人們常說：「沒那個屁股，就不要吃那個瀉藥！」相信我，這些吃重鹹的人絕對有那個屁股！所以，主人放手一搏，瀉藥儘管加吧。

不過，即使這種奴隸甚麼話都聽得進去，主人未必都說得出口。若遇上這種奴隸，主人如實力旗鼓相當最好，不然也只能盡力幹譙。不妨自我解嘲，就當是參加「說髒話比賽」吧。

起初說不出重話的主人不必氣餒，多玩幾次，暗中鼓

網交電交，SM無遠弗屆

沒空與奴隸見面，或顧慮安全而不敢相約，不妨利用「電交」、「網交」，來個遠距SM。

電交，是指利用各種通訊設備，以聲音的交流互相挑逗，激發性慾，達到高潮。

網交，多稱視訊，係利用網路連結，有的只通聲音，有的連聲音與畫面都一起進行。

這時，主人的口語能力變得很重要，他要能完全通過視聽器材訓話、罵人、下指令，大玩聲音遊戲。至於奴隸的說話量也會比真人的實際遊戲時增多，因主人下完指令後，會不斷詢問奴隸做出什麼回應的動作，他必須以口頭描述代替視覺。

以電交或網交玩SM？沒聽過嗎？很新鮮，有機會試試看吧。

勵自己，硬著頭皮，終於擠出一些平常絕不敢罵出來的話，其實沒那麼糟，就當是「一吐為快」。

對待吃淡味奴隸，拿捏羞辱程度：第二種奴隸仍放不開，被辱罵OK，但對太鹹的重話「承擔不起」。

主人在瀏覽「奴隸溝通清單」，問卷上有「承受口頭羞辱的程度」這道問題，如奴隸勾選「中間偏輕」、「輕量」，主人的辱罵需適可而止。

辱罵語言直接從日常生活裡挑，如一些大家比較聽慣了的罵人話。不要人身攻擊，但可針對奴隸的動作去挑剔、責備，傾向對事不對人。

這類奴隸面子薄，即便主人只是逐一摸其性器官，令奴隸說出名稱（國語、台語都要），就足夠他／她羞到臉紅了。

許多女生都屬於這類，她們終究比男生含蓄、怕丟臉，要放下自尊比男生難。一般來講，責罵女性特別留意有「四不」政策，絕不能提「胖」、「醜」、「老」、「笨」。

聽不慣重口味狠話的奴隸對外界批評，容易想成是衝著自己而來，主人最好注意以下提醒：

‧避免批判奴隸的身材、面貌。

‧不要趁機把以前的舊帳翻出來碎碎念。

‧不要提及「我殺了你」、「我要把你折磨到死」這類威脅性很強的對白。（搞清楚這是調情遊戲，不是演恐怖電影。）

‧不要提及智商問題（你這頭笨豬啊、你IQ幾分啊）

‧不要批評賺錢能力（你真沒用，才賺那麼少）

‧不要扯到性傾向（喂，我看你有點像同志喔）

‧不要扯到宗教信仰（什麼？你不信上帝啊）

‧不要牽扯雙方家人（妳家人看起來都那副死德行）

對待女奴的特別叮嚀

許多男人喜愛女人扮奴，就是欣賞她們柔者更柔、順者更順那份惹人憐惜的模樣。即便是男人綑綁、責備、處罰她們，偽裝兇惡，仍帶著幾分溫柔。

基於男女的體格、性格、形象差異，主人面對男奴或女奴，對付技巧都不該一樣，需有區隔。

對待女奴，請注意以下兩項：

折騰動作不宜粗俗

主人有時故意整奴隸，讓奴隸盡失顏面，算是一種心理的SM。

譬如，主人下令奴隸跪下，把頭低得幾乎可以吻到地面，卑微地舔他的鞋子。

像這種動作毫無尊嚴，對某些男奴就算不易下嚥，但男人通常較有本事發揮「一皮天下無難事」，只消臉皮厚一點，自我解嘲一下，難堪的差事撐一撐就過去了。

恭請「女王」

「主人」角色絕非男性專利，女性也能扮演。若由女生來扮，有個專屬名稱「女王」（dominatrix），或稱「女支配者」（Mistress），也有簡稱「Ma'am」。因女士領導統御的方法不同於男性，故有專門稱呼。

通常，扮演女王面對的都是男奴，顛覆了傳統社會「男尊女卑」那套兩性法則（別以為這一套遠矣，仍有許多男女有意識、無意識地奉行不違）。扮演女王之樂，在於推翻長期以來男性作主的優勢，改由原本處於弱勢的女性掌權。

由弱轉強的竅門之一，外表製造震懾作用很管用。這是為何女王都很重視外觀效果，例如穿一身神祕的黑，像黑皮革緊身束腹，將胸部拱起來，增加威嚴感。

另外也顧及下半身黑皮褲，或牛仔短褲配吊帶黑絲襪，加上一雙高跟鞋或長統靴，表現女性硬底子氣質。

冷酷與性感，是女王最欲傳達的意象。

而且，某些扮奴的男人，本來就愛受辱，命令他去做「面子何以堪」的動作，他不僅不抗拒，其實正投其所好。

但不要以為換成女奴，也能以此類推。相比之下，女人普遍比男人怕丟臉，對自己的形象也很在意。如果主人命令她做不雅的粗俗舉動，除非是相當有經驗的女玩家，不然一般女生都會心生疙瘩。

對待女奴的態度可帶著些許粗魯（比較是霸氣的意思），但不宜過分而變成粗俗。

肉體懲罰要放水

女奴並非一律都是嬌嬌女，有些也跟男奴一樣，體罰時咬牙關，挺脊樑。

但無論如何，女性皮膚比男性細嫩，骨架子小，肌肉也沒男性結實。主人在體罰時要技巧地放水，對女奴不宜出手太用力，要「有點痛，又不會太痛」。把本來打在男生身上的力氣，自動減三分。

落幕時，主奴感性收尾

SM戲到結尾，還是有章法，絕非幕幃拉下了，大家鞠躬下臺。

在最後一幕，主人的戲分較吃重。如果，奴隸有戴眼罩，主人別讓他自己扯開，或自行雙手綁縛隨意掙脫，然後一臉呆若木雞，無法回過神來。這是最糟的「落幕人去」！

主人與奴隸都需參與「落幕戲」，當制服裝扮換下了，雙方就恢復成另一條好漢、淑女，此時必須有完

善的「情緒落幕」。

奴隸在SM戲中動輒得咎，行為受限，還得想盡辦法討好主子，整晚心情都像搖著尾巴的小狗，當幕就這樣謝了，奴隸心境可能尚處於「是，遵命」、「我會乖乖照辦」、「不曉得這樣你開心了嗎？」的台詞與氛圍。

最好收尾法，要靠主人心細，他有義務照料奴隸尚處迷惑、還沒回現實的心情。或許，這種時刻不宜講太多話，但主人可拍拍奴隸的肩膀或背部，如果兩人本就是夫妻或情人，更應該擁抱一下，親一個，在彼此懷裡短暫休憩，喘口氣，互表嘉許。

高興的話，就大方地讚美嘛：「今晚玩得還挺刺激的」、「對啊，我們搭配得不錯」。落幕時，雙方溫情鼓勵、真誠感謝，雖非SM遊戲者都這麼做，但只要氣氛不彆扭，又何妨不來一套SM的「必要bye bye禮節」？

不論如何，主人都要帶頭表示「這是一個happy ending」，為閨房SM遊戲畫下精采句點。

Chapter 2

Submissive

「疼」我吧！
我是奴

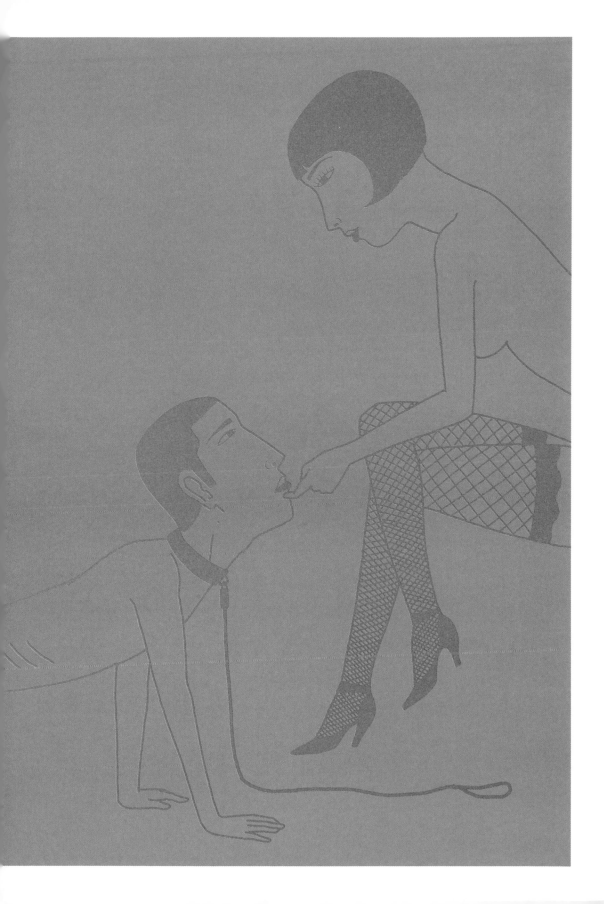

閨房裡的「震撼教育」

　　賴利是華爾街的操盤高手，五十歲出頭，前鬢角泛白一半，跟他的小主管身分滿搭的。他工作起來像拚命三郎，手上抓住幾個「大台柱」客戶，奇貨可居。

　　每個月，他固定兩次到曼哈頓中城一棟辦公大樓，向翡冷翠夫人報到。因是老手，程序駕輕就熟，當他被領進一間私人房間後，開始脫西裝、襯衫，連內衣褲也剝了，在衣櫃裡找道具服。

　　道具服裝還挺不少，任君挑選。賴利決定今晚要扮成運動選手，拿起了一條白棉布運動型三角褲，把陽具塞入前面那一片小布塊裡，曲線格外突起，添增性感；三角褲背後全都露，只有兩條鬆緊帶連接腰帶，等於光屁股示人。

　　然後，他穿上運動員的長襪，就進入「戰備狀態」——面向門口，老實地跪在地毯上，等待他的女主子現身。

　　今晚是他最喜愛的瑪琳達小姐出馬，一身光滑發亮的黑皮革、束腹、長褲與高跟長靴，真棒，她右手拿著一支木板長拍，不斷朝左掌心啪啦作響，似乎預告好戲即將上演。賴利每回聽見刑具響，就心跳加速。

　　「你今天乖嗎？小賴利。」瑪琳達嘬著紅唇，語氣溫柔中帶著些許恐嚇。

　　「我不乖，我今天上班遲到了。」賴利始終低著頭。

　　「遲到？又再找藉口。老規矩，你知道該怎麼做！」瑪琳達口氣越來越不友善。

　　賴利二話不說，自動趴在地毯上。瑪琳達一腳踩上他的屁股，以高跟擠壓他的臀，左右轉幾圈，彷彿在踩熄煙蒂，要讓高跟印烙深一點。

接著，她斥責道：「你這個壞男孩，老犯同樣的錯，怎麼也改不掉，是吧？今天非要好好修理你！可惡，可惡！壞壞壞！」

她連珠炮開罵，手揮木板拍打向賴利臀部。賴利像豬在叫，試圖爬開，卻被瑪琳達的高跟靴子釘住屁股，哪裡也去不了。

一個小時過去了，閨房裡人豬大戰結束。嬌汗淋漓的瑪琳達在賴利的臉頰上啄個吻，放下了悍婦身段，甜蜜地說：「壞東西，兩個禮拜後再見囉。」

以上情節並非小說、電影片段，是發生在紐約曼哈頓的真實故事。

根據《紐約》雜誌報導，人類的性愛以十年為一個世代，有不同發展趨向。1974年叫「自由的性」，1984年叫「安全的性」，1994年叫「嚴厲的性」。

「嚴厲的性」原文「mean sex」，係指帶著嚴厲意味的情趣玩法，例如SM。雜誌報導中分析了這門情色行業在紐約變得時尚，找上門來的男性來頭都不小，不是高級企業主管，就是老闆。

在工作場合，這些人位高權重，一呼百諾。根據調查，職位越高高在上的男人，他們在私領域中的情慾越渴望逆向操作——「骨頭犯賤」，希冀被折磨、被支使、被下令，「被作賤到爽」。

這行特殊服務業精挑細選女性員工，允當大權在握的女王。她們穿著講究，如高筒又高跟的皮靴、皮衣束腰，綁馬尾，一身幹練，還手持鞭子、板拍各類刑具，顯得虎虎生風，一出場就震驚四座。

有的女員工走辦公室女主管路線，穿著套裝，戴黑框眼鏡，頭髮往後梳得光滑整齊。她們眼神冷峻，一臉鐵面無私，令人望而生畏。

上門男性顧客大多數選擇扮奴隸，少數則要當主子，挑選女奴聽候差遣。男奴自願當禁臠，期待接受一位權威的女主子斥責、差辱、貶抑、威嚇、體罰，盡量給玩弄踐踏。

　　這些男性高級主管上門，點的都是同一份套餐：

　　「今晚我不作板著嘴臉的主管了，我是一頭在強悍女主人身邊的溫馴寵物」。

奴 隸 祖 師 爺 ， 有 例 在 先

　　賴利的例子一點也不足為奇，早在這之前，19世紀奧地利作家薩榭・馬索克，就以在小說、現實生活中都渴望被女性支配、虐待而聞名。

　　馬索克十分入戲，活在現實與戲劇無法分辨的錯亂裡。1869年，他與皮斯托（Fanny Pistor）夫人訂下了一項合約，充當她六個月的奴隸，心甘情願任憑處置。

　　合約裡明文規定，除了受虐，還希望滿足他的戀物癖：「……同意作為他的女主人，要經常穿著貂皮服裝，尤其是在她對奴隸施加殘忍行為時。」

　　簽約後，自願陷入奴隸狀態的薩榭・馬索克狂喜地說：「我願意讓妳統治我啊，並把這一切變成法律，我將在妳面前沒有絲毫保護自己的能力。這是多麼愉快的事，當女神施恩時，奴隸獲准親吻她的櫻唇，而他的生死就取決於她的櫻唇，這是多麼幸福的事啊。」

　　可以想見，一位嚴厲慓悍的女主人搭配皮草登場，對他極盡虐待，是何等讓他慾火狂燒。

　　薩榭・馬索克在其代表作《披皮草的維納斯》（La Venus a la fourrure）中，化身男主角，就像隻馴良的寵

物，窩在披皮草大衣的女王腳畔。在現實中，薩樹‧馬索克也是如此，交歡時如沒有女人鞭打或羞辱，他便無法達到高潮。

像賴利、薩樹‧馬索克這種人叫做「submissive」，就是中文的「順從者」、「服從者」。更多人把它譯成口語的「奴隸」，或一個單字「奴」。

到底，外頭還有多少像賴利這樣的人呢？當然，絕不只白種壯年男性熱中此道，這類粉絲比比皆是，不分性別、年紀、種族、社會背景、性傾向，分布於世界各處。

SM過去受環境、資訊影響，難以開拓人口，如今透過網路推波助瀾，局面大為改觀。現在只要滑鼠在手，隨時隨地都能潛入全球各種SM網頁，知識大門一開，新觀念吹拂，玩SM遊戲的人不再被視作怪胎。

在一些較有情慾傾向的網路論壇、聊天室、布告欄，常出現「找奴」、「有奴嗎」、「主子需要一個奴」等代號，表明了在尋找哪一類的幽會對象。一般而言，男奴多，女王以稀為貴，但近來漸漸多起來了。

這股「mean sex」風氣從1994年開始吹起，經由網路串連、同好分享，SM正方興未艾，「奴」口遽增。

為 什 麼 有 人 想 當 奴 ？

大家對賴利想必難以理解。這傢伙真的就如我們所說的「皮在癢」，非得被蹂躪才會有快感嗎？

答案是YES！

不玩SM的外人對奴隸這個角色，都有偏差印象，以為他們是一群性格懦弱，聽任擺布的人，這未必符合事實。

或許有一部分扮奴者個性是如此，但那些人也說不上

性格懦弱，頂多個性被動，習慣一個口令一個動作罷了。

1. 我有權力，但自動棄權

第一類奴隸平時握有大權，卻想嘗一嘗「放棄權力，被他人權力管束」是何滋味？

處於人際關係網絡裡，不論在公司、組織、家庭或一群人中，發號施令並不像表面那麼簡單，往往勞心又費力，需要全盤運籌帷幄，且承擔責任。

這個所謂「有權人士」負擔這麼多，一旦進入情慾的場域，便不想這麼辛苦了，他感覺「不要那麼累了吧」、「不要老在做決定」、「把我控管別人的那份權力收走吧」、「真的夠了，我只想放鬆」。

於是他想改變角色，把權力完全放空，將自己全然交出去，去演「被權力控制的人」。為了深化這項目標，「就算被當作一塊破抹布看待也無所謂」。

扮演「主奴」角色是一套權力遊戲，之所以好玩，並不是順應雙方原本具備的性格，而是改變舊有個性，互換新角色，品嘗「權力交換」（power exchange）的滋味。

舉個例子，有的男性老闆、主管不苟言笑，一個眼色就能叫員工杯弓蛇影。但他這下搖身一變為下屬（即遊戲中的奴隸），讓上司（即遊戲中的主人）好好管束、羞辱，他在心裡也不斷在測試自己「能承受失去權力到什麼程度」。對他而言，去摸索那個底線，是性格挑戰，也是慾望的挑釁。

這種「權力交換」遊戲的玩家，當然不限公司老闆、主管等實質掌權者，其他像一家之主、習慣在一群人裡當頭頭、容易被旁人馬首是瞻、個性較為主動者都包含在內。

奴隸角色會讓這些有權者動心，因如此一來可暫且放下重擔，不必再思謀解決之道，讓身體能徹底鬆綁，反過來聽從別人命令，將自己變成對方的責任。

譬如，一對男女情侶或夫妻，平常都由男方作主、下決定，在情慾方面也是他主動；但為了增添情趣，兩人想換個戲碼、改變胃口，就可能有興致玩「權力交換」遊戲。此時，男方變成了男奴，權力下放、擺脫責任；女方變成了女王，權力放大，挑起責任。

根據濟南新聞網，大陸長春一位施虐女王月入豐渥，客戶中有位科技公司董事長，喜歡被綑綁。他在受訪時說出了許多奴隸的心聲：「每個人都虛偽地活著，等放下自尊時，你才能感受到那種人性的釋放。撕掉虛偽，下賤地活著，才可體驗那種快樂。」

2. 我投降，但心中很快樂

第二種奴隸把自己都交到主人手中，對主人有充分信任，在SM理論中，這叫做「投降」（surrender）。

玩SM遊戲，絕對要明白「投降」這個概念。它是很多扮奴者的最大趣味之一，因在現實生活中，我們講究平等，就算有時會對人「甘拜下風」，但那是出於自願。投降則不然，基本上是被迫服輸或順從。

當一個奴隸認定：「我投降了，我要全力臣服於對方」，這種感覺不會發生在任何人身上，一定是那位主人給了奴隸不容質疑的權威感，以及放心託付的信賴感，奴隸才會自願投降。

像這樣萌生信賴，到了投降程度的感覺，對現實世界裡始終疑東疑西的人性來說，不啻最美妙體驗。

3. 我扛著高貴感，但總算放下

第三類奴隸內在有個「自視尊貴」的靈魂，平日小心

翼翼維護形象。但這似乎不是他要的全部，老覺得有股衝動想破壞點什麼。

有些扮奴者自我分析，他們覺得SM就如一隻隱形的手，撕裂自己偽裝的高貴皮囊，讓心頭囚禁的率直自我，從陰影裡被揪出來，放在陽光下好好曬一曬。

這種人就像家教嚴的小孩，看別家的孩童在水塘邊玩泥巴快活極了，自己卻只能困在院子裡羨慕得要死。當那些孩童招手邀請，他又矜持得緊，自認不屑同流。直到扮了奴隸，終於跳出了框架，過去的從容變拙笨，也許還得學動物叫幾聲，一切優雅化為烏有。有潔癖者此時也可能扮豬打滾，灰頭土臉。

但忽然間，他們有種被徹底釋放之感，平生下巴都挺得高高的，那麼累人，這時顧不得顏面，都由主人發落，總算可以肩膀一鬆，把下巴擺回正常位置了。而且，他們平日抿得很緊的嘴，這下終於可不計形象，大大呻吟，把始終憋在胸口、不敢大呼的氣一吐為快。

4. 我壓力大，但藉機減減壓

近年間，SM逐漸滲入平民百姓家，不完全拜網路資訊流通、將同好串連所賜，另一個原因是生活步調快，人們面對激烈競爭、複雜社會，精神壓力越來越大，想找出口減壓，尋來覓去發現了SM遊戲。

當下到場子參與遊戲，不管扮主奴或演別人，都有助抒解壓力、發洩苦悶。特別是扮演奴隸，不必花腦筋，把自己像一個包袱丟給主人。因而，有人將SM稱為「抒壓另類療法」。

這些壓力多來自辦公室或白領階層，因工作性質使他們勞心不勞力，精神負擔增大，身體活動量卻相對萎縮，宛如罹患「大頭迷你四肢」症。扮演奴隸一途，

正好對症下藥，停止動用腦力，由身體全程擔綱，聽命主人做動作，頭腦與四肢漸獲平衡。

1. 抑壓的情慾，找到機會曝光了

有些人利用扮演奴隸角色，順水推舟，把握機會實踐禁忌的慾望。

例如，有暴露癖傾向的人，從不敢真的露給人看，只當作「想想就能解癮」的性幻想。但扮奴後，沒了自主權，主人規定如何都得照作。

以女奴為例，主人可能想玩「羞恥責」遊戲，叫她脫光衣服，乖乖跪著等候處置。赤條精光下跪，「亮」在那兒，看起來模樣狼狽又受辱；但對她而言，卻提供一個好藉口，滿足了隱密的暴露癖好。

在她感覺裡，當兩個人進行前戲、做愛時都裸體，那是一回事；但當主人可能穿著衣物，只有她赤條條（甚至如是男奴，還可能處於醒目的勃起狀態），都被看光光，那又是另一番羞滋味了。

假如過去她把暴露當禁忌，心底深藏的慾望是希望被人觀看裸體（令她害羞又興奮），卻始終不敢去做，SM剛好給她一個充足理由，她可以都推給是被主人強迫，身不由己。她因此實踐了禁忌，且無須承擔罪惡感。

2. 被禁射精，終於獲准洩洪

這種情形自然指的是男奴，他們在情慾遊戲裡，超愛「終於大洩洪」的快感。平常的射精快感是等差級數，這種「熬到最後關頭才放行」是等比級數！

一些人喜歡扮奴，因身體不能自主，還不斷遭主人挑

撥慾望，偏又不准發洩，慾望便如火上加油，既折磨
又刺激。就像對付想吃糖的小孩，故意把糖果放在他
們眼前，卻不許吃，口水會流得更厲害。

　　不少男人想扮奴，就是迷戀「被強迫不能射精，拖延
到最後一刻，總算允許射精」的累積快感。男性瀕臨
高潮時，自然想射精，但扮了奴隸後，情況丕變，連
最基本的慾望都需主人恩准才能發洩。

　　但主人曉得遊戲竅門，哪會輕易如其所願。男奴於是
被迫一忍再忍，拖到最後獲准射精，精囊像快爆裂的
水庫，大開閘門，那一洩千里何等暢快。

你適不適合扮「奴隸」？

不是每個人都想過要玩SM，也不是每個玩過SM的人都喜歡。
當然，你沒玩過SM，並不代表你不會喜歡SM，只是缺少機會
證實而已。
尤其，你如果屬於以下四種人之一，更應鼓勵自己下場扮演奴
隸角色，讓幻想成真：

1. 從小到大，想像過被人虐待、折磨、羞辱、強迫（即使很輕
   微的程度），甚至想像過被當成動物或幼兒的方式對待？你
   曾有過上述幻想，而且想到時還會感到興奮。
2. 曾經幻想過被虐，卻無經驗，你不確定會不會有興奮感，但
   若有機會也不排斥玩玩看。
3. 從未有過這些性幻想，但你聽過關於「主子、奴隸」之類的
   情慾遊戲，有意嘗試。
4. 從未起過這些念頭，甚至也沒聽過；但在親熱過程中，當對
   方提議這個玩法，你覺得不妨一試。

即使你屬於以上皆非，從未有過被虐待、被支使的幻想，並非
扮演奴隸的最佳人選也無所謂，只要看了本書介紹後，心癢想
嘗試，就放手去試吧。情慾想變得更好玩，總不免要帶點冒險
精神。

假裝被迫，其實正中下懷

我在青春期就知道自己很喜歡女人的腳趾頭，自慰時也都是想像把玩女人腳趾頭的畫面。

後來有一次我壯起膽，吸我第一任女友的腳拇趾，她笑得從床上跌下去。從此，我只要稍微以口碰她的腳，她就像被水鬼扯到，嚇得雙腿舉得高高的。

但可能好運到了，我的第四任女友有一次也是機緣湊巧，起了念頭強迫我聽命，不准反抗，以增進情趣。過程中，她把腳抵住我臉，我趁機將五根腳趾頭含進嘴裡。

一開始，她大概以為腳趾是不小心滑入我的嘴，我便裝得很委屈地舔，沒想到她居然沒「抽腿」。我把她舔得嗯嗯叫，她應該也很爽。哇，我無法形容，這像是自動送上嘴的一頓大餐。

多年來，我一直希望有人分享的癖好竟成真了。你如果有任何奇情癖好，一定要像我堅持到底，說不定哪天運氣好就碰到同道中人。

（男性受訪者編號009）

哀 求 女 友 ： 讓 我 射 精 吧 ！

我喜歡扮演奴隸，讓女友充分主宰我。她只要站在身後，對著我的脖子後面哈熱氣，出聲恐嚇我，馬上我的脊樑就一陣發顫。我最愛的高潮是，她會一直以手撩撥我的各處敏感點，尤其搔癢陰囊，叫我又愛又恨。

依照她的規定，我是不准動的。她故意舔我的乳頭，幫我打手槍，使我全身難耐。但每次到了我呼吸急喘，快要射精了，她立即停手。等我的射精衝動一過去，她又重起爐灶，同樣在我欲射之前停手。

每次我都這樣被吊足胃口，快射又不能射，全身還被下令不能蠢動，那滋味混合折磨、亢奮。我女友喜愛聽我哀求，說拜託讓我射精吧。她越壓抑我不能射精，越促成我對射精的嚮往。

等到最後女友終於幫我，或者容許我自己打出來時，哇，那快感簡直在我的下體爆炸了。

（男性受訪者編號051）

準備好被「疼」了嗎？

　　扮演奴隸一定要認知到，SM遊戲或多或少牽涉體罰，它可能會撩起你從小怕打針、怕吃藤條那股「怕痛的記憶」，而裹足不前。奴隸雖要有心理準備吃點苦頭了，但也不要太過於自己嚇自己。

　　既然人會怕痛，那幹嘛沒事自找苦吃，扮演奴隸給人體罰？

　　這問題問得好！一些人為何會對SM那麼惱怒呢？部分原因正是他們找不出合理的解釋而滿心迷惑，最後乾脆草草下結論：這問題根本無解，是玩SM那批人變態，自個在搞怪！旁人怎麼可能理解？

　　這問題其實有解，那群人既不是變態，也非搞怪！SM參與者透過體罰遊戲，追逐程度不一的疼痛，是有理由的：

1. 痛，可製造腦內啡，讓生理飄飄然。
2. 接受體罰，更襯托出奴隸身分，遊戲才有真實感。
3. 當奴隸意識隨時將被打幾下，「肉要繃緊一點」，全身警覺，也就間接刺激了性神經末梢，而產生淺淺快感。
4. 「只被罵而沒體罰」，羞辱便打了對折，就像只有一半的SM靈魂，玩起來不夠刺激。

　　何況，SM的體罰通常都不怎麼痛；但如你真的那麼怕痛，玩遊戲前明白地告訴主人：「我是真的很怕痛，只能很輕地打。」

　　譬如，有一種主奴關係很特別，對那些「想玩奴，卻又怕玩奴」的人可謂天造地設。這遊戲叫做「明著我是奴，但暗著我是主」！

有時看似被管死死的奴隸，反而才是主導局勢者。沒錯，這種人扮演奴隸，是要享受奴性，體驗被折磨、羞辱的滋味，但不愛被亂整，只喜歡他們指定的處罰項目。

所以情況是反過來，由奴隸下指示給主人，「我要你待會怎樣對我，就照以下這般、那般……」。

這時，扮演主人者與其說是主人，不如說是奴隸意志的執行者，幫助奴隸滿足慾望。這聽起來有點怪，但也是一種玩法。

扮演奴隸的人表面扮可憐，其實以「包裹糖衣的毒藥」方式，暗暗享受著合理的被體虐快感。

奴 隸 扮 演 的 步 驟

剛開始扮奴隸角色的人，像粉墨登場的新演員，不管面對熟悉或不熟的主人都難免緊張。想扮演好奴隸，必要途徑就是與主人溝通，讓對方了解你對角色、情趣、過程的期盼，也了解你的身心狀況，以及對遊戲容忍的程度。

不過，也別太有壓力，這套遊戲主要靠互動，只要雙方玩得下去，並非一定要侷限在哪些特定的台詞、動作、劇情。不想有拘束感，只想隨興玩的人，愛怎麼自由發揮都行。

只是對一些不熟稔的新玩家，「隨興」實在說比做容易，茫茫無從下手。在這種情況下，與其隨興，不如有步驟依循。

下列有幾個步驟，可幫助扮演奴隸者心裡有個底，循序漸進，便能玩得有趣又安全。

等 待 她 眼 色 ， 指 示 下 一 步

我很疼老婆，她有一種讓男人想要保護的氣質。包括做愛，我也處處表現體貼。但有天她說我實在對她太好了，解釋半天，我還是不太懂。「對一個人太好」難道有錯？為此，我陷入沮喪，弄得雙方都難堪。

拖了一段時間後，某晚她提議要不要試SM，我怎麼也無法把老婆跟SM連在一起，但為了討她歡心，我什麼都願意做。本來我自認奴隸總該是我吧，接受老婆的控制。但她阻止我，自願當成女奴。

我忽然明白了，從戀愛到婚後，我對老婆都像捧在手心，現在她膩了，王后想從寶座上走下來，跟女僕交換角色。

她開始請我坐好，比日本女人鞠躬還低，倒水給我。我一接杯子滑手了，老婆立刻慌張地跪下，猛說對不起。我想將老婆拉起身，她在我耳邊說：「別拉，假裝生氣。你現在是主人，我是女佣人。」

「快點！裝作生氣，說要處罰我！」老婆仍低頭認罪，但小聲指示。

喔，我有點回神了。總歸一句，老婆倦膩我對她太好，希望玩SM時，至少在遊戲中我可以把她當成奴隸，對她兇。

「妳怎麼這樣粗心，妳怎麼搞的？」我抓住老婆，推向床上

咳，我連咳幾聲，不知怎麼演下去。老婆又小聲地給暗示了：「接著，你應該打我的屁股，不要忘了還要一邊責備我。」

這越來越詭異了，但管他的呢，我也被她情緒傳染，壓低聲音問道：「用什麼打？」她好氣又好笑地瞪我，使眼色指著我的手。

我便伸手打了五下，等待她指示下一步「再來呢？」

老婆攤牌式地回答：「我是女佣，你是主人，你自己想嘛！」

後來多玩幾次，我就搞清楚了。「老是被疼」的老婆想扮奴隸，嘗試「不被疼了」是什麼滋味？但真演奴隸時，她又不慣於被徹底漠視，所以仍暗中指揮我，享受我還是聽她話的特權。

看穿了老婆的心情，我知道怎麼跟她對手戲了。奇的是這套似乎管用，那個無形的梗不見了。

（男性受訪者編號037）

1. 列出「性幻想」清單

　　寫出你的「性幻想」清單，特別是涉及禁忌部分，因為它們才是你真正想透過「主奴」遊戲玩出來的祕密喜悅。它們有些已在你的意識裡，有些尚在潛意識層，盡可能全挖出來，然後從中挑出幾項。

　　將這份「性幻想」清單給主人過目，以便充分掌握你的癖好方向，適時給予滿足；或相反地，主人偏偏不給予你滿足，故意將誘餌拉高，加深你的慾求。

　　假如你的主人頗有經驗，也許會在清單之外，加入一些你意想不到的花樣。倘若這些花樣不太嚇壞你，或沒有任何風險，建議你不妨以驚喜的心情見習體會。

　　因你本就是菜鳥，能夠寫出的清單大概菜色也不怎麼樣，有經驗主人若只能依你的意思照單全收，玩起來可能少點辣勁。你有另外一條選擇，就是在玩遊戲前，不需和盤托出性幻想，而是交由主人「牽著你的情慾走」，一路驚喜。

2. 選擇角色扮演

　　奴隸，是一個角色統稱，在它之下還能分岔出「身分角色」。「身分角色」，才是整齣遊戲的核心。

　　當你選定了想扮演的「身分角色」，等於為這場遊戲定調：主人該以何態度對待你？該以何種口氣對你說話？該說甚麼話？該發展出什麼情節？

　　一旦選定了「身分角色」，那他上面那個相對的有權管束者也就出現了。奴隸適宜扮演的「身分角色」如下：

・青少年

・學生

・雇員

・僕役

‧士兵

‧囚犯

‧病人……

　　選好了「身分角色」後，開始填入形容詞，使整個角色面貌更完整。例如：

‧被抓到偷吸煙的青少年

‧愛鬧事的學生

‧行為囂張的學弟

‧不夠敬業的雇員

‧動作慢半拍的新兵

‧偷懶的僕役……

　　這樣看出端倪了吧，每個添上形容詞後的「身分角色」，都出現了「為何該被處罰」的理由。

　　從「身分角色」去判斷，容易推想出奴隸該受罰的方向和程度。比方學生與軍人被處罰的「劇情」就不一樣，各有各的特色。學生可能被罰站、打手心或打屁股、做某些勞力動作；軍人則被處罰伏地挺身、青蛙跳，以及被罵「豬頭」後，還得「yes sir」喊個不停。

　　又如，一位上班常遲到的雇員，就該被上司懲罰，包括口頭訓誡、肉體上的處罰（現實中上司絕不可能處罰員工肉體，但反正這是遊戲）。有了「上司該如何懲罰雇員」這個提綱挈領後，一切花樣就不難想像，可盡情發揮。

　　最後，還有一種情形，遊戲者並不想扮演任何身分，只想一個扮主人，另一個扮奴隸，認為這樣簡簡單單，反而好玩。不想扮演「身分角色」的主人僅是一位單純的主人，專心調教奴隸。

3.情慾模式的角色扮演

　　角色扮演分為兩種：威權模式、情慾模式。上述列舉的角色都有高階vs.低階、資深vs.資淺的關係，即為權威模式，讓純粹進行SM權力遊戲的人玩比較起勁。但遊戲雙方若是夫妻、情侶、性玩伴，應該會想在SM裡，藉機玩一玩情慾，那就以情慾模式對症下「春藥」。

　　情慾模式的方式，兩者保持原來的伴侶身分，如：
・忘記結婚紀念口的老公
・發錯脾氣的老婆
・說謊話的男友
・亂花錢的女友……
（在此不需多舉例，你一定可以想出很多不滿的理由吧。）

　　情慾模式的方式，就是兩者都演陌生人。

　　譬如，大膽來一些激情場面好了。《慾望城市》的莎曼珊跟年輕男友玩過一場角色扮演，她假裝正在家裡打掃，男友則扮成侵入民宅的竊賊，發現了她……

　　接下去的劇情你會填充嗎？有很多可能，但這是遊戲，請別往壞地方想，多想一些色情的東西。例如她正要驚叫，他趕緊搗住她的嘴（也許用手，也許用他自己的嘴）。

　　然後，莎曼珊給一把拉往臥房……

　　到這裡，你眼前又出現了幾種選擇。第一，竊賊將她綁縛起來，推到床上去慢慢調戲；第二，竊賊跟她拉扯，被踢了一腳，氣得把她翻過身來打屁股；第三，莎曼珊一看竊賊年輕英俊，轉守為攻，反而變成潑辣女王，將大感意外而沒回過神的竊賊推倒在床，撲壓上去。第四，你自己發揮想像力的版本。

要玩情慾模式的角色扮演，就莫太正經，別演得像相公娘子，根本起不了刺激作用。如果你信賴玩伴，不妨鼓勵彼此膽子放大一點，挑些生活中越不敢做的事越靈。

演陌生人或扮演各種會迸射火花的角色，並不是說的跟做的一樣容易。在早幾期的《慾望城市》裡，莎曼珊也吃過了不少虧（只是妳幸運沒看見）。

如果妳是自認「好女孩」或「單純女孩」，角色扮演遊戲對妳最管用，它就像一杯特別為妳調製的雞尾酒，喝了會幫助妳放鬆。

當妳躲在角色裡，有了安全感，覺得自己在演別人，妳的膽子一定會變大，身體也放得開了。

莎曼珊在劇中說過一句名言：「不管天底下什麼事，老娘都要試一次」（Anything I try it once.）唯有效法這股精神，妳才可能突破自己。

從現在起，每次玩SM，一旦妳覺得放不開時，就告訴自己：老娘我在演莎曼珊！說完，深吸一口氣，然後挺起胸脯，露出莎曼珊式的自信，play game now。

4. 反應身體狀況

情慾幻想的項目可以公開，也可保留。但有一項溝通絕不能免，玩遊戲前，你一定要讓對方掌握你的「車況」。例如：

‧有哪些身體部位，是你絕對的禁忌碰不得？
‧身體有無舊傷或新傷，需要特別留意和照顧之處？
‧你對疼楚、麻癢的最大忍受度？

這些事前提醒不能省略，譬如你的腰曾扭傷過，雖已復原，但你不願冒險，就要向主人強調，他會在執行體罰時，避開腰部動作。

5. 設定「安全代號」

這項規定也絕不可省，遊戲前必須互相設定「安全代號」（safe word）。

體罰時，萬一力道太大，或奴隸被逼做出身體無法負荷的動作，開始大呼小叫：「不行，停手！」主人說不定還覺得奴隸在演戲助興，甚至誤會奴隸要他停手，其實是希望被打重一點！

除體罰過當之外，任何臨時狀況都可能無預警出現，例如家人意外地提早回來，奴隸聽見開門聲，想告知主人遊戲必須立即終止，但假如他的嘴巴被膠帶封住，無法出聲怎麼辦？

這類情形不一而足，都仰賴奴隸當下反應與立即處置。因此，事前約好「安全代號」很重要，它們表示「有狀況了，任何動作都停止下來」、「我受不了，請即刻住手」。

「安全代號」不宜直接說出「不」、「不行」、「不要」、「住手」、「停止」等，這些太像遊戲時假裝可憐、製造氣氛的台詞，主人會混淆。

最好的建議是以「一連串大聲咳嗽」當成「安全代號」，以防奴隸嘴巴被貼膠布或有東西堵住，即使無法開口，還是能大聲咳嗽。

以上交代林林總總，與有經驗且熟識的人多玩幾次，會慢慢上手，事前溝通就不必那麼多。但對新玩家而言，寧可多一份事前準備，才會少一份風險。

為了讓新玩家方便使用，下頁設計了一份問卷，囊括上述溝通項目。問卷很簡易，照你的意思打勾。填寫完畢後交給主人，答案一目了然，便不必多花唇舌破壞氣氛，它是「遊戲好玩安全的保單」。

奴 隸 的 溝 通 清 單

●我可以接受命令口氣？□完全可以 □適中 □些微 □完全不要
●我可以接受語言暴力？□完全可以 □適中 □些微 □完全不要
●我可以接受綑綁？□完全可以 □適中 □些微 □完全不要
●我可以接受粗暴地脫衣服？□完全可以 □適中 □些微 □完全不要
●我可以承受痛的程度？□較大 □中間偏多 □中間偏少 □較小
　　　　　　　　　　□完全不要 □不確定，隨時以口頭反映調整
●我可以承受癢的程度？□較大 □中間偏多 □中間偏少 □較小
　　　　　　　　　　□完全不要 □不確定，隨時以口頭反映調整
●我可以承受口頭羞辱的程度？□越重越好 □中間偏重 □中間偏輕 □輕量
　　　　　　　　　　□完全不要 □不確定，隨時以口頭反映調整
●我的身體曾受過傷？□有 □沒有
●若有受過傷，是哪些部位？

＿＿＿＿＿＿＿＿＿＿＿＿＿＿＿＿＿＿＿＿＿＿＿＿＿＿＿＿＿＿＿

●有沒有任何動作，是我的身體無法負荷？□有 □沒有
　假如有的話，是什麼呢？
　（例如：無法彎下腰、無法蹲馬步太久）

＿＿＿＿＿＿＿＿＿＿＿＿＿＿＿＿＿＿＿＿＿＿＿＿＿＿＿＿＿＿＿

●有沒有任何體罰，是我不想接受的？□有 □沒有
　假如有的話，是什麼呢？
　（例如：舔皮鞋、被抓頭髮、打耳光）

＿＿＿＿＿＿＿＿＿＿＿＿＿＿＿＿＿＿＿＿＿＿＿＿＿＿＿＿＿＿＿

●我的身體有絕對不能碰觸的部位？ □有　□沒有

　若有的話，是哪些部位？

　（例如：肛門）

_____

_____

●我希望扮演的角色：

　（例如：學生、軍人、雇員等，參考上述內文條列）

_____

_____

●過程中，希望達到性高潮嗎？ □希望　□不希望

●此題僅男士作答：過程最後，想射精嗎？ □想　□不想

●如果希望達到高潮，有指定需要特別照顧的身體部位嗎（即最能刺激高潮

　的身體部位）？

　（例如：特別喜歡被舔耳根、愛撫乳頭等）

_____

●我的性幻想：

1. _____

2. _____

3. _____

●我的安全代號：

　當我有以下的說法或動作，即表示：「我不是作戲，我要你真的停手！」

　（例如：連續咳嗽）

_____

_____

（奴隸簽名）

認識「痛之必要」

痛，在SM情趣遊戲中，就像辣椒在食物扮演的角色。通常炒菜時加一兩株小辣椒，都會提升美味。

人們吃辣程度不一，從小辣、中辣、大辣到麻辣。還有人完全不吃辣，但向來不吃辣的人可能偶爾在外食時，吃到一道微辣的菜，想道：「咦，味道還不錯嘛」。

痛，正是愉虐料理的調味品。假如你因為怕痛，而錯過了玩SM，那真是可惜，因為一般所稱SM會痛，絕非「真的很痛」的那種痛，而是「讓當事人感到生理刺激」的那種痛。

在SM所有指南書中，它們還嫌「刺激」這個詞有點強，而選用「愉悅的痛」（pain-pleasure），積極地希望人們了解SM的痛都是經過力道掌控，故意製造出來，甚至能成為一種愉悅。

為了強調這個意象，有些SM專家避免使用容易誤導的「pain」，改稱「intense stimulation」（強力刺激）。

把吃痛當成吃補

認識了「痛之必要」，下一步就該學習如何面對痛。

扮奴新手都會怕痛，人之常情，但要有正確的心理建設：那種怕怕的感覺，其實也正是玩SM的附帶樂趣，可增加腎上腺素分泌，加強興奮感，未嘗不好。

此時，奴隸應作自我檢測——只要沒達到恐懼的程度，若是些許擔驚受怕，反而有「又期待又怕受傷害」的催情效果。

有些SM專家建議，奴隸不妨把承受疼痛，當成好比在「衝浪」。想像痛就是一波一波的浪，自己像衝浪手騎在浪頭上，隨著海浪時起時落。當下心臟怦怦跳，分不太清是興奮或驚嚇，但確定的是「哇，很刺激」。

例如，奴隸被打屁股到一個程度，終究會痛。那種疼痛就像一股微量的電流，以屁股為中心點擴散開來，先是抵達腿部，漸漸蔓延至腰際。SM專家建議把這股擴散開來的感覺，當作「衝浪時被迎面而來的海水沖擊」，將「一陣一陣的泛疼」，想像是「一波一波的浪襲來」，當你進入漂浮的神遊狀態，身心會變輕鬆，很奇妙地，痛就沒那麼明顯了。

降低痛感的秘方

以下三個小撇步，能降低痛感。

1. 呻吟出聲

當奴隸接受體罰，出聲呻吟、嘟囔不清喊叫，都可轉移注意力，降低痛感；相反地，越不吭聲越容易專注於痛。

若當真奴隸那麼悶，硬不出聲，體罰現場大概挺冷的，好像有人講冷笑話，毫無迴響，尷尬又乏味。奴隸呻吟應該被鼓勵，它有消極作用——洩痛；但更棒的是積極作用——特殊「音」效、「吵」熱氣氛。

主人一定會操作語言暴力，稱職的奴隸亦不該沉默，盡量哼出「不知是叫痛，抑或叫春」的浪聲浪語，主奴的性賀爾蒙就會雙箭齊發。

為了遊戲氣氛，就算被打得不怎麼痛，奴隸也要叫得好像真有那麼痛。甚至，主人可硬性規定，打一下就

得唉一聲，不唉出聲的話，那下就不算數，必須再補打一下。

2. 呼吸調息

在醫院或診所打針時，護士總是交代：「來！深呼吸。」說時遲那時快一針打下去，果然感覺比較不痛。

玩SM體罰時，當開始有點痛，記得深呼吸，慢慢調勻呼氣吐息。這樣，痛感自然減卻不少。

3. 利用轉念

開始玩SM遊戲時，很少奴隸在被罵、被打時，能夠雲淡風輕、船過水無痕。他們許多也是從怕痛起步，逐漸在戰戰兢兢中學習，有時表現得自認滿意，有時自認不及格，感到懊惱。但他們在歷程裡，會牢記成功的經驗，並在下次遊戲時，改進上次不滿意的地方。

然而，奴隸只是設法「習慣忍受」並不夠，還要進一步學習「樂在其中」。這聽起來似乎很難，能忍受就

不經許可，別碰他人的奴隸

如果是在一群SM族聚會中（如俱樂部），主人絕不可在另一位主人同意前，就擅自與其他奴隸互動，如搭訕、肢體調情或接觸，這都是對別的主人不敬，也是遊戲禁忌。

一個有自信的主人，懂得自己與奴隸、自己與其他主人間的分際。但一位討人厭的混蛋則不然，會四處去招惹其他主人，好似這樣才能彰顯他是「王者之王」。

這種不合格的主人也常視奴隸為無物，被主人角色薰昏了頭，將本質裡「整人為樂」的那層性格通通搬上檯面，自以為是大展身手的機會。

主人們要以此為殷鑑，雖是遊戲，但不代表可為所欲為。如果你是那位遇「主」不淑的奴隸，千萬別委屈自己，一發現不對勁，就立即離開這場遊戲，你沒有必要為這種人冒險。

將灼熱的痛聯想成慾火

當我男友第一次提出要求玩情趣遊戲，我答應了。但沒想到居然是要我扮成奴隸，由他指揮、操縱，說他想嘗試古羅馬男子怎樣管理妻妾的威風。那時我罵他發神經，把物化女人那套理論搬出來，跟他冷戰一陣子。

後來他因公赴紐約，我也請假同行，果然是舉世無雙的大蘋果，花花綠綠什麼都有。結果我發現老公出發前有做功課，帶我進入一家SM酒吧。那是週末夜，人潮還真不少，男女比例約4：1。

在這間像地牢的酒吧裡，我緊跟在老公身後，一路大開眼界。有男人脖子戴狗項圈，鍊子的另一端則在一名黑色勁裝的女子手裡，隨著她四處爬行。看到有人注視他，那男子還會伸出舌頭，表示「我不管你們怎麼想，我橫豎是隻快活的狗」。

接著的一幕可把我驚嚇住了，竟是一位標緻的女生四肢被綁在特製的木架上，由看起來像主人模樣的壯漢，雙手各持一把鞭子，有如舞雙截棍一般，抽打她半裸的背。

打沒幾下，壯漢走上前，與女子竊竊私語，你儂我儂忽然又極其親密了。我注意到壯漢還以大手掌摸撫著女子略帶紅絲的背部，手法跟愛撫沒兩樣。

我看呆了，原來他們表面是在折磨，但實際卻又藉著SM的詭異關係，偷偷如膠似漆。

這趟豐收歸來，有天我告訴老公，若有辦法做到像那位既兇又柔情的男人，便可以把我當成奴隸，條件是他也要那樣打了我之後，加倍疼惜我。

老公果然不是白看熱鬧，當晚那對男女的驚奇表演他也印象深刻。我扮成他這位阿拉伯富商的女奴，兩人還若有其事地穿扮。

我日後領悟到，當肌膚被雞毛撢子抽幾下，馬上會有點泛紅，微微地疼，但還不到痛的地步，有一陣熱熱的感覺。那溫暖會滲透進皮膚，也許人類天性就是喜歡暖意，所以也帶出了一股歡愉的特殊滋味。

原來，痛可以變成溫熱的肌膚觸感，連帶地引發脖子或身體重點部位的燥熱。我透過豐富的聯想，將身體的灼熱化成慾火。

（女性受訪者編號025）

不錯了，哪還能提升到享受？

其實，有一個方法可以參考：轉變念頭。除了上述的
「衝浪」建議，有些扮奴者的聯想功力不是蓋的，把
負面的東西轉念為正面，進而陶醉其間，難怪後來成
為「職業水準的奴隸」。

確 認 時 機 是 否 正 確

在下列時刻裡，絕不宜玩「主奴」遊戲，尤其扮演奴隸角色，
寧可等待下一次機會。
兩人剛為了一件事爭執得面紅耳赤，而且事情還未解決。
兩人身體已很疲憊，即使還有玩「成人遊戲」興致，但體力不
堪負荷。
兩人間只要有一方沒那種情緒，勿勉為其難。
兩人有一方或雙方帶著酒意或嗑藥，絕對不要玩SM。
當一方懷疑另一方有可能藉機「挾怨報復」時，信賴你的直
覺。
當一方身體感到不適，即使小感冒也一樣。
當你知道對方有躁鬱症、憂鬱症，或其他精神壓力，似有發作
的嫌疑（這種情形較特殊，但例子有漸多趨勢）。

強化「奴性」，樂在其中

哼 哼 唉 唉 ， 「 聽 」 慾 薰 心

如果說，奴隸屁股被挨打了，或背部被鞭笞了，卻
連一聲也不吭，感覺不就像一齣好戲沒配音效？只有
畫面無聲更迭，死氣沉沉。但假如反過來，戲中人不
時「唉唷」呻吟，或倒抽口氣「噴噴」、「嘶嘶」嘆
息，哀鴻遍野，真的很會叫，那戲味就被逼出來了。

不必覺得奇怪，有的奴隸越被罵越爽，心底浮現「你
關心我，才會這麼罵我」、「你越罵我，表示越關心
我」的邏輯。

一般人偶爾有被責罵的經驗，但多半是講兩句就算了。很少人被當面罵得臭頭，當奴隸則有此「殊榮」：被兇、被幹譙、被罵到狗血淋頭。不過，說也奇怪，人們沒機會被這樣罵過，一旦有機會被臭罵到「臉羞到不知往哪擺」的地步，反而有種詭異興奮感，從背後沿著脊椎爬上來。

　　扮演奴隸的人一定要理解，不管對方用多難聽的字眼，都不必將之「個人化」，他的每一次惡言相向不是針對你，而在製造氣氛。

接 受 褻 玩 ， 視 為 讚 美

　　通常，我們提到「褻玩」都認為這不是什麼好字眼或好舉止。但在SM遊戲的奴隸身上，卻是挺受用的催情妙招。

　　一般狀況下，沒人喜歡被當褻玩對象，它幾乎等於「性騷擾」。但平時的「只可遠觀，不可褻玩」，換到SM場域卻像川劇變臉，變成了遊戲的正確心態：「不僅遠觀，更要褻玩」。

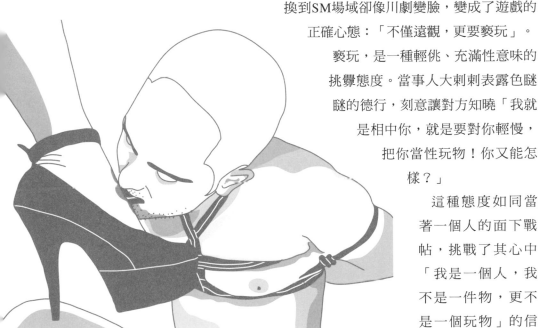

　　褻玩，是一種輕佻、充滿性意味的挑釁態度。當事人大剌剌表露色瞇瞇的德行，刻意讓對方知曉「我就是相中你，就是要對你輕慢，把你當性玩物！你又能怎樣？」

　　這種態度如同當著一個人的面下戰帖，挑戰了其心中「我是一個人，我不是一件物，更不是一個玩物」的信

仰。本來，接戰帖的人該生氣、反駁、控訴，但既知身處於SM遊戲，最後雙手一攤無所謂啦。

那是因為在理性上，被當玩物很不堪；但在情緒上，感覺自己是玩物反倒很刺激。在尋常生活中，我們哪裡找得到「被作賤、被狎弄、被垂涎、被吃豆腐、被不三不四」的震驚體驗，卻又是在很安全的情境中呢？只有SM遊戲。

例如男主人可坐在沙發上，雙腿打開，晃動還軟Q的陽具，若已勃起，以手握住根部，好像它是一根美味的骨頭。然後，使眼色示意，或下達口令，叫奴隸過來好生舔一舔。

例如女主人，一樣的流程動作，只是換成以雙手剝開陰唇，下令奴隸哈著舌頭，過來大獻殷勤。

假如你是奴隸，被上述兩種主人指定去舔，理智上你可能覺得有點不堪，像被當狗對待。但請想想，SM是一場超越自我、挑戰底線的性遊戲，平常做愛根本玩不到這些程度，此時不試更待何時？

當你遭受主人褻玩，建議把它當作是對你身體的一種讚美方式吧。不然，主人若對你的身體毫無「性」致，也懶得出手褻玩你了。

So, enjoy it!

你 是 單 身 的 奴 嗎 ？

有些具有受虐幻想的人，在不想麻煩找對象，或慾望情急下，會貿然進行自虐，這是極其危險的行為。
國內SM行家「酷眼」比喻得好，他指出，就像在健身房使用危險重量、動作鍛鍊肌肉一樣，最好要有伙伴在旁幫忙照料，以防意外。如果想以自虐發洩慾望的人，一定要考慮清楚。尤其，獨自玩窒息與吊縛簡直在玩火。

讓心中那隻獸跳出來

身為奴隸，最好的境界不見得是徹頭徹尾充滿「奴性」，好似軟趴趴的陶土，怎麼捏就變成怎麼樣。

基本上，奴隸需服膺主人，但如果能隱隱約約又散發出「欲脫韁而去」的獸性氣質，讓主人憂慮「我好像馴服了他，似又不全然，他體內恐怕有伺機咬我一口的敵意」。

照一般的SM劇情，雖然奴隸不會反擊主人，但他若能讓主人覺得七分有掌握，三分存疑慮，那固然主人仍強烈行使權力；另一方面，雙方又有某種「天生會咬人的動物vs.馴獸師」的穩定又具些許威脅的平衡，這樣會使整體的權力遊戲變得更豐富。

但奴隸角色應該怎樣去意識內在潛藏的獸性（在這種情況下，也有人將之稱作「野性」），讓它在遊戲過程中現身？如果你沒有意識到這個獸性，那就去自行創造一個。

方式很簡單，你在心裡選擇一種動物，如狼、狗、貓、熊、馬（如果你想成為會噴火的龍、獨角獸也可以），最好是帶著一點兒或較多的野性，當自衛時會出現攻擊人的傾向。

建議不要選可愛動物型，如兔子、小鳥、魚等，因為牠們太古錐了，古錐到你想趁機吼幾聲、施展一下撒野的天性都沒說服力。

例如，你決定內在的獸性是狼，那就盡可能去認同狼的特性。不管你怎麼去詮釋「狼的天性為何」，只要是內心暫時放掉「我是人」這件事實，讓大腦休息，那些常跟著你的「斯文邏輯、理性規範」也會暫時打烊，你就不再是那個「上班打領帶的你」，也不是「塗口紅開會的妳」，而能夠徹底地扮演參雜著野性

的奴隸了。

當奴隸化身為動物時，最好玩的動作便是——騎馬。如是男奴（女奴則不宜），主人可令其趴下，手腳著地，讓主人跨坐上去，一邊口喊「Hi Ho」，一邊以兩腿夾緊奴隸腰部，還可持鞭（或空手）往後拍打奴隸的屁股，彷彿真的在騎馬（參見P241的「騎馬體罰」）。

有時，主人也會有興趣挑隻動物角色下場來演，與奴隸的那頭動物仍形成權力管理關係。譬如，奴隸扮演狼，主人就一定會挑更強勢的熊，體型更大，力氣也更強，才管得住狼，壓得住陣腳。這時，原本的兩個人不見了，化身為兩隻野獸。

在接下來的遊戲中，人的角色淡淡散去，只剩下他們挑選的狼與熊。原來兩人的從屬關係，變成兩獸間競爭又磨和的關係。

這便是熊與狼的「天生較量」了，狼在熊面前聽話，在背後低鳴著不滿。沒有真的對白給你參考，但只要抓住一個指導原則：主人是鴨霸的大體型野獸，奴隸是輕躡躡走在身後，目光隨時盯著熊的小體型野獸。

大獸管小獸，小獸會被折磨得逆來順受，但別忘記，動物間也非永遠和平相處，真要是不開心，奴隸可仿效其扮演的動物習性，以喉音低沉嚎哮，向主人暗暗示威。爾虞我詐，這應該是「兩人同時下海扮成動物角色」的樂子了。

男奴，為她趴下去

男人若沒玩過奴隸這個角色，不太可能想過：在性行為中「反串一下角色」；但當男人跟女伴或老婆玩SM遊戲時，倒出現一個難得機會，可使閨房情趣一夕

翻新——就是男人為女人趴下去，把男插女的舊角色互換，換成女插男。

既然是奴隸，就會身不由己，男人應趁此良機挑戰自己的極限。女性也不妨考慮給男伴一個大大的surprise，鼓勵他玩點新花招！

這個新花招的主人翁，是一款叫「穿戴式假陽具」（Strap-on）的情趣玩具，由一根假陽具搭配兩條可套在胯下的帶子，專門給女性使用。當她套在鼠蹊部時，便能模仿男性挺著陽具。

過去這種情趣用品的客群，幾乎都是女同志，由扮演T的一方穿載，兩女間照樣能有凹凸抽送的樂子。

不過，近年來風氣變了，據國外情趣店估計，現在新一批的愛用者是異性戀伴侶。這種新玩法改變一向的男女角色，由女方穿戴，然後男方趴下去，顛龍倒鳳，一改傳統的插入者角色，反串被插入者。

不管心理或生理上，不少女人因此開始享受起插入男人的新穎快感了。坊間也出現如「男友趴下」（Bent Over Boyfriend）的系列影碟，由真實的男女伴侶示範玩法。

片中一位男生被套上「穿戴式假陽具」的女友大騎特騎，嘗到新鮮滋味後表示，他很樂意體驗被插入的感覺。一方面被頂到攝護腺激起快感，另一方面更重要，以後他就知道交媾時女友的感受，因此能變換招式、力道、角度，讓女友高潮迭起。

「我願意為妳摘下天上的月亮」這句話已經不流行了，現在最體貼的情話是：「我願意為妳趴下去。」

調 教 女 奴 ≠ 歧 視 女 性

從傳統觀點，許多人能接受女性扮奴隸角色，應是想

到古埃及、古羅馬、中亞，以及黑暗世紀的歐洲都還有富人掏銀兩，把人扛回去當女奴。

然而時代變了，在現今兩性平等之下，沒有人敢再放話：「男人才有當主人的材料，女人最多當奴隸，跑龍套。」

但在閨房裡，就先把這套男女等量齊觀的「政治正確」暫擱一邊吧。閨房內「不要拼政治，要拼情慾」。

如果你是男人，反問自己，是否有一股慾求希望伴侶扮演女奴？那倒也無妨，不必自責是「大男人」，好好跟女伴溝通，表示誠意，畢竟這只是情慾戲臺上的角色。跟她撒點嬌，指出這是你心底的一枚神秘喜悅。說不定她也喜歡啊，原因是多數女性在剛開始玩這門遊戲時，寧可先當奴隸實習一下，而不敢輕易嘗試當主人。

如果妳是女人，反問自己，是否有一股慾望想扮演女奴？那也一樣無妨，不必內疚幹嘛這麼沒出息，還吃回頭草去演低男人一等的角色？

丹麥女作家希芙・霍姆（Siv Holm）有一段話很值得參考，她說：「作為一個女人，我希望被統治；作為一個人，我希望被尊重。」她明確劃分了女人大可以追尋情慾，在私領域裡扮演弱者，也毫無妨礙她在社會公領域的平等地位。

請給掌聲，你是驕傲的奴

談戀愛時，我們總願意為對方做任何事情，幾番被折磨都無怨無悔。明知這已接近奴性了，還是覺得甜蜜。有時願意奉獻的程度，簡直像在自虐，蜜果裡滲出一點苦味，也甘之如飴。

我一直為法國女子莎樂美的遭遇感動，她本來是歷史上默默無聞的女子，卻在戀愛上功績彪炳，同時成為尼采的追求者、里爾克的情人、佛洛伊德的密友，被後人稱為「天才的征服者」。

看看里爾克這位奧地利詩人如何以詩明志，表露對莎樂美的愛與迷：

弄瞎我的眼，我依然會看見妳
塞住我的耳朵，我依然能聽見妳
即使沒有腳，我也能找到路走向妳
即使沒有嘴，我也能苦苦地哀求妳
卸下我的手臂，我也會抓住妳
我將用我的心抓住妳
就像用我的手掏出我的心
我的腦筋會圍著妳轉動不停
如果妳把一支火炬扔進我的腦海
我也會用血液把妳負載

像這樣剖心挖肝，等同自虐的情詩，其實只要浮沉在戀愛中的人都不陌生。愛若愛到這種地步，裡面已滲入濃郁的SM情緒了。

戀愛的奴如此動人，那情慾裡的奴呢？

不該厚此薄彼，在性關係裡的奴，尤其在SM遊戲中出色地扮演奴隸的人，也應該獲得熱烈掌聲。

為愛情，把自己交出去很可貴；為慾望，把自己交出去也同樣難得。

扮演主人固然要當馬車頭，是辛苦了一點，但在情慾上的自我開發遠不及奴隸角色。整個SM遊戲的過程，奴隸才需要不斷探觸情慾的底線，去挑戰自己對身體、感官、慾望、性幻想的極限。

像古人玩的一種激情又野蠻的獻身遊戲，叫做「燒情疤」，在愛人身體隱私處烙下印記，如乳間、陰阜，向情人宣示「我是你的人」了。

《金瓶梅》七十八回中，當西門慶與如意兒縱慾時，有段對話：

「我兒，我心裡要在妳身上燒炷香。」
老婆（如意兒）道：「隨爹揀著燒。」

此處所說的「燒香」，就是「燒情疤」。《如意君傳》描寫武則天也對她的一群面首「燒情疤」，表示這些男人是她感情與慾望的私產。

以外人眼光來看，在皮膚上像火紅烙鐵般燒下印記，實在殘酷。但史實裡強調這是一種兩情相悅的遊戲，愛到深處，願意以自身來烙下愛的記號，那又歡又痛的滋味，對當事人真切可感，才管不著外人怎麼想。

現代，SM遊戲裡奴隸很多也是在以象徵方式「燒情疤」，但使用的不是火熱烙鐵，而是以具有雷同的象徵進方式行，如在遊戲中，獻給主人他們的肉體與精神，同樣是需要「燒情疤」的勇氣、決心。

不管你是奴、狗奴、性奴、愛奴，哪一種奴都算，在SM這場情慾儀式中，你超越了平常的自己，請為自己鼓鼓掌，這是值得自傲的事。

國外現場秀

有機會一起往國外旅遊的SM情侶、夫妻注意了，請勿錯過，去公開給顧客「玩耍兼表演」的場合如SM酒吧、俱樂部走一趟，親身體驗。

到了現場，可能看到以下場面：

一位男主人把女奴四肢扣在裝設手銬腳鐐的木架，拿木板打她屁股，或捏她雙乳，挑逗全身。這時，旁邊可能圍著一群「好事者流」（流口水的流），看得眼歪嘴斜。

如果他們發現這對男女這麼大方，表演時並不在乎被上下其手，圍觀者會喜不自勝撫摸女奴細緻皮膚，就怕少摸一塊肉。

也有的女生崇拜狂會去摸男主人，甚至用口去舔尖頭長靴，以膜拜方式臣服。最完美的結局是，當主人摟起女奴，讓她嬌弱身子靠過來，然後以手伸進單薄衣物內，撫慰她剛被拍打的痕跡；再親熱一點的話，還會拉開T恤親吻那幾處見紅的可憐肌膚，旁觀者報以熱烈狂吠。

國外專門提供SM族玩樂的地方，習慣統稱「地牢」（dungeon）。整個設計氛圍，就是要讓人感到震懾，觸目所及都是折磨刑具，有如進入刑場。典型地牢都光線幽暗、布置簡陋，充滿粗糙木頭，或鐵製玩意如鐵網、鐵條等。牆壁像那種水泥匠懶得修光滑，任其風乾。

一般地牢都派有「地牢監視員」（dungeon's monitors，簡稱D.M.'s），隨時扮演鷹眼，盯牢在場者舉動，以防玩家（大部分是菜鳥）出現過火的危險動作。

在國內沒有公開戲耍、表演酒吧場所，有的只給同好參加的地下私人聚會，一般人不得其門而入。但在國外，如舊金山、紐約、洛杉磯、阿姆斯特丹等大都市不難找到「男女出雙入對」的SM聚會場所。

在這類場所裡，也常有兩女「同性愛」的主從示範；不過，男女配對的比率仍占最高。有不少高級男性客戶指定就是一箭雙雕（兩名女下場），要嘛，就是「二娘聯手教子」；不然，就是「我被甲班導師修理屁股，而乙班導師正好在一旁欣賞調皮鬼的下場」。基本上，這塊市場不像外界認為是同性戀獨占，異性戀市場也相當龐大。

你不見得玩SM，也未必偏愛，但有機會出國到歐美大城市，建議不妨蒐集情報，實地一遊。只要當觀眾，不必下場。光看看，就很值回票價了。

如何得知當地的SM去處呢？在搜尋器裡都找得到，只要鍵入地名例如：「San Francisco SM bar」，答案就跳出來了。

Chapter 3
Spank
翹起你的屁屁來

希望美夢重現

十二歲那年發生了一件事，我仍記得很清楚，我被住隔壁的阿蘭打了一頓屁股。

那時，我們住眷村，每戶的家長年紀都不小，唯獨隔壁阿蘭年輕貌美，卻嫁給頭禿了的林伯伯。但她不准大家叫她什麼伯母，堅持叫阿蘭。

據大人講她是大陸新娘，我們幾個眷村男孩聚一起，常提的話題就是「晚上她會不會穿得很清涼？跟林伯伯還能那個嗎？」之類的扯淡。

我們那群男生都在青春期，體內賀爾蒙作怪，每次最愛聊這類事，聊得眉飛色舞。後來，大家決定要去打探他們的婚姻生活。

我們選擇了最冒險的方法，深夜溜出來，在林家後院會合，打算溜進院子，趴在窗口偷窺。

長話短說，我們笨手笨腳被阿蘭發現了，那晚不曉得林伯伯為何不在家，我動作慢，跑最後，被逮個正著。

阿蘭對其他小孩都不熟，但跟我家是鄰居，很知道我的底細。她似乎察覺我的同黨都躲在不遠觀望，為了殺雞儆猴，她把我拉到後院的路燈下，大概是想給藏在四處的同黨看清我的下場。

她挑一張板凳坐下，把我拉過去，押著身子趴在她腿上，劈哩啪啦地連打好幾下屁股。

我趴在她的腿時，頭部往下垂，被拉起來時，感到一陣暈眩，也感覺屁股開始發熱。真羞透了，在路燈下，我的褲襠裡像塞了一隻雞，看得一目了然。

我聽見遠方傳來此起彼落的笑聲，糗得要命。那是一種奇恥大辱，在玩伴面前露出醜態；但怪的是，竟也使我全身無比亢奮。

我馬上溜走了，沒有臉去注意阿蘭的表情。還好，沒多久就聽說她跑回大陸去了，我躲躲閃閃的日子終於結束。

但從那次起，我每回打手槍都會記憶當晚的羞辱、性慾混合的感覺。多年後，我仍希望阿蘭再打我一次。

（男性受訪者編號008）

歷久不衰的打屁股情趣

「不乖，小心打屁股喔。」

這句恫嚇的話，許多人從小聽到大。所有小孩都怕痛，不喜歡被打屁股。然而打屁股，對某些成人卻剛好相反，不僅興致勃勃期待，甚至有的「不打屁股心不爽」。

像這一則實錄，那位眷村男生在青春期一次際遇裡，被性慾朦朧投射的對象打過屁股，既感羞辱，又混著剛甦醒的男性慾望，還多了一層「我是同儕中唯一有此特殊待遇」的受寵錯覺，從此打屁股的滋味潛藏在他記憶底層，變成隱約的快感，成年後不斷希望複製。

在ＳＭ領域中，這種情慾方式有個響亮名字「spank」，就是中文所稱的「打屁股」，不論以空手、拿道具打都算。很少人玩SM時，不來打個屁股助助興。

打屁股的由來

羅馬的牧神節慶典中，已婚和未婚女性都脫光衣服奔跑，後頭有人拿皮鞭追打屁股，據說這樣能強化她們的生育力。這股風氣傳至十八世紀，人們仍相信婦女只要不孕，杖打幾下屁股，「通通晦氣」，就能喜獲麟兒。

早期歐洲社會普遍信奉「閒置棍子，寵壞孩子」，跟中國人所說的「不打不成器」一樣。法國人把這風氣發揚光大，只要在公共廣場執行杖臀，法國貴族就會安排妻小觀看，彷彿娛樂節目。

英國維多利亞時期社會嚴肅保守，性生活壓抑，但盛行各類體罰，其中打屁股擁有很多粉絲，相關的素描、相片在地下深受歡迎。那時人們巧立名目打屁股，表面道貌岸然，私底下藉著打屁股「脫褲露臀」、「趴在腿上的親密動作」，暗渡內心淫樂，男主人打女傭屁股乃司空見慣。

1936年，陶樂西‧史賓塞（Dorothy Spencer）撰寫《史賓塞鞭臀計畫》（Spencer Spanking Plan），提倡為了家庭和諧，夫妻間應執行這項「互相鞭策」條款，如一方有過失、行為不合理時，對方就有權懲罰。

譬如老公犯錯，如酒醉駕車，妻子可抽他鞭子；老婆犯錯，丈夫可打她屁股。男女懲罰項目不一樣，計畫中還提供雙方簽定同意書的範本，真的不是玩假的。據說，這項計畫造福了不少家庭，不管是平息紛爭或藉機調情，總之奏效。

五〇年代末，紐約電話簿上仍有許多販賣鞭子、板拍廣告。當時，有句廣告詞很打動人心：「打屁股與其說是生氣，不如說是出於愛意！」

英 國 公 校 ， 打 屁 股 起 源 地

打屁股，有人喜歡使用雙手，不假外物。也有人喜歡選用道具，使處罰更有模有樣。

英國人偏愛以藤條打屁股，境內公立學校傳統制度盛行體罰，教師「執法」的工具一向都是藤條。對英國佬而言，藤條代表「修理不聽話學童的法寶」，求學時期或多或少都有被修理過的經驗，很多人成年後仍渴望被藤條抽打屁股，以便重溫純真的學生時代。

從維多利亞時期起，英國人對藤條即懷有特殊情結。

在這之前，英國人的處罰工具是樺樹枝。一般英國人使用的藤條大約75～90公分，直徑6到13公釐不等。（聞名國際的新加坡鞭刑，採用130公分長藤條。）

英國公校以藤條懲罰學生，因不同年級生，有長短粗細之別。次數由三下起跳，處罰小過錯；最多到八下，那已是難以輕易寬恕的重罪了。

據專家考證，在英國公校就讀，學生如違規，事先會被通知何時將接受體罰（如下課或放學後幾點，去何處找誰報到）。違規的學生從被通知那一刻起，整天都在擔心挨打，既希望挨打時間趕快來，「早死早超生」；另一方面又希望時間拖得慢，最好那刻不要來臨。

這是標準的「又期待又怕受傷害」心理症狀，兩種情緒攪拌在一起，緊張又興奮，腎上腺素大量分泌，與性衝動時的感覺有點類似，對青春期性徵開始迅速發育的男孩子，感受尤深。

現在，英國公校已下令禁止體罰，但很多35歲以上英國人仍牢記這種滋味。一旦想起被藤條體罰，就會下意識分泌腎上腺素，回味那難以言喻的亢奮。因此想辦法炮製往昔經歷，尋找被藤條鞭打的機會，成為英國男士洩慾的一種特殊途徑。

早在1749年，英國作家約翰‧萊藍特出版《芳妮希爾》（Fanny Hill），即描述過一名高級妓女打男爵屁股，而大感興奮的情節。難怪，歐洲人把鞭笞稱為「英國人的惡習」（English Vice），聽起來像在形容該國名產的水果有多好吃。

打屁股夫人，「打」動人心

早期倫敦設有不少高級妓院，都有主持的夫人駐院候

教，等著那些自願掏錢，想好好被打幾下屁股的有錢人。

其中伯克利夫人最著名，她擅長各項懲罰手法，並深悉「工欲善其事，必先利其器」。她常把藤條浸泡在水中，保持翠綠、柔韌性，並擁有形形色色的皮鞭，在夏天時還在水瓶裡放滿新鮮的蕁麻，簡直可滿足受虐傾向者的各種願望。

1828年，伯克利夫人發明了「伯克利木馬」（Berkley Horse）的鞭笞機械，讓受刑者選擇隨便哪一種角度、姿勢挨鞭子，推出後在英國、德國大受歡迎。一些上流社會男女更趨之若鶩，她也大發利市（註）。

盧騷也愛被打屁股

歷史上有不少名人喜歡被打屁股的滋味，其中以盧騷最知名。他童年時因淘氣，被牧師妹妹打屁股，後來他在《懺悔錄》裡告白，「我感覺舒服，想再嘗嘗她那纖手的責打。」

而他對女教師的鞭罰也耽溺不已，以致影響終生：「體罰並不那麼可怕，更怪的是還引起我的快感，……有誰料到一個三十歲的女人對一個八歲的孩子所施加的體罰，竟然會影響他一生的趣味、慾望和個性。」

盧騷畢生追尋的快感，可用他自己的一句話作為代表：「跪在一個潑婦面前，服從她的命令，乞求她的原諒。」

註：此處描述，乃根據中國知名社會學家
　　李銀河對愉虐戀的研究文本。

中國的打屁股典故

西方打屁股成風，但翻開中國史，咱們也有兩位老兄不讓歐洲挺鼻子的專美於前。一位出自清朝朱翔清的《埋憂集》「臀癢」：

「姚莊顧文虎，累葉簪紱，習享豐鬱，忽一日，促家人持竹莧，解褲受杖二十，後習以為常。家人厭之，杖稍輕，輒加呵責，或反以杖杖之，必重之乃呼快。」

另外一位來自清朝采蘅子《蟲鳴漫錄》：

「吳興廩生某，文有奇氣，試輒冠軍。唯喜受杖，每同志相聚，即出夏楚，令有力者，重笞其臀以為快，否則血脈脹悶，懨懨若病焉。」

清朝連出兩位杖臀癖，第一位是祖業榮華的顧文虎，催促家人杖打他屁股，漸成習慣。如家人下手輕了，他還會奪杖回敬過去，斥責不准放水地打，他才會痛外。

第二位杖臀癖是頗有才氣的青年，常要求同儕中力氣最大者，重打他的屁股，一打便快活，不打就一副病奄奄的樣子。這兩個傢伙口味一般，都愛吃竹子炒肉絲，前後呼應成一對寶！

打屁股，重回美好時光

在藉由體罰以製造情趣的項目中，打屁股絕對會在最愛排行榜前三名。

難怪，現在這方面的廣告服務又欣欣向榮了。它說：「你想回去舊有的美好時代嗎？為了重溫那個較溫

柔、較和善的時光。」

你可以想像嗎？當人家脫下褲子，啪啪幾記巴掌下去，就算打得微微紅腫，卻是此道中人稱頌的「溫柔時光」呢。

打屁股癖好者很懷念以往那個知識半吊子的社會，誰也不管誰，場地安排得宜，一場打下來賓主盡歡。

像一家販賣打屁股刑具的老店，有一句口號叫得好：「Spanking the way it used to be!」

是啊，老時光打打屁股的那股興致，女人調情地嫵媚笑，男人摩擦手掌嘿然而笑，各有陶醉與成就感。

歷久不衰的情趣把戲

如果你把打屁股想成是「維多利亞時代到二十世紀中葉的老掉牙把戲」，那就錯了。以近二十年為例，打屁股未退流行，依舊是閨房永不黯淡的情趣花招，行情更看俏呢。

打屁股情節，在好萊塢電影中始終沒缺席，早在1961年《藍色夏威夷》裡的貓王就當過「閃靈打屁股手」。

對現代男女而言，在彼此有好感，但還未正式進入男女朋友階段，常常會以「打屁股」來偷渡性暗示，譬如男對女說：「妳連這個都弄錯，該打屁股喔。」

「打屁股」這種說法已被用慣，脫口而出，聽似不經意，但在有心人耳中卻「淫」音孃孃。如果交往中的男女「快跨過普通朋友」門檻，他們之間所能使用最有親熱暗示，卻又不致意思太白，那絕對就是「打屁股」三字了。

這說明了一件事，平常隨便說說的「打屁股」，大家其實都有共識，背後存在著一層曖昧的性暗示，但這

種事不必說破。

2003年，在GUCCI時裝發表會上，女模趴在男模腿上接受打屁股，這一極其挑逗的性感畫面迄今還印在很多人腦海，打屁股儼然是時尚玩法。

愛上打屁股的理由

1.因為被愛，所以挨打

在英文裡，打屁股者叫「spanker」，被打者叫「spankee」，而前者又有「卓越超群之人」的意思，可見打屁股者有突顯地位，通常便是指權威人士。

負責打屁股的人飾演權威角色，代表紀律，握有權力掌控對方；而被打者則喜愛「給握在掌心中」，難逃被修理的那種恐慌裡，參雜「雀屏中選」的受寵感。

有打屁股癖好的人，覺得它有幾個令人著迷之處：權威感、羞辱、充滿性愛意味的脅迫滋味、年齡遊戲。

所謂的年齡遊戲，是指假如被打屁股那一方是男性，通常會選擇年紀較大的女人執行。但如對方是年輕女子，他就把她想成「褓姆」，有能力照顧他，更有能力處罰他。如果被打屁股那一方是女性，通常都傾向尋找父親般的角色，把自己放心交到對方手裡調教。

例如，知名女權主義作家派特（Pat Califia）主編的《為老爹而作》（Doing It for Daddy），收錄多則SM情慾的性幻想，一致流露渴望在老爹角色下被懲罰的慾望。書中女孩們的一貫作風：

「喔，我是老爹鍾愛的壞女孩。」她們一面渴盼被老爹角色的男子找理由懲罰，一面又用盡女性魅力，在

男子面前自脫胸罩、捧起乳房、試著以舌尖舔乳暈，
眼神狐媚，使盡勾引絕招。

女性若有想被打屁股的性幻想，大多在找尋一位取
代父親的權威角色，年紀比她大，最好還有寵人的性
格，感覺「我可以在他的溺愛下撒嬌、耍賴，即使打
屁股，也會讓我發發嬌嗔，既喊疼又叫爽」。

在這場遊戲裡，打人、被打兩方並非敵對的緊張關
係，反倒是共同完成一個「愛」的關係。因為被打者
自認之所以挨打，乃對方基於愛之深責之切。如果對
方不心存關愛，就不會費功夫調教了。

而且，在所有挨打動作中，打屁股不同凡響，意義突
出。例如打臉一巴掌、揍胸部或腹部、踢踹一腳，這
些挨打都較像成人（起碼是較大年紀的青少年）之間
的恩仇，俐落清算，沒別的負擔。

但打屁股明顯不然，第一，它不會發生在陌生人間；
第二，它大多發生在年齡較小的族群身上，往往是長
輩為了給晚輩教訓所採取的處罰，出現在家規、校規
這種有情感為基礎的地方。

「我所以被打，是因為對方愛護我、在乎我」這個
理論，正是打屁股行為的聖經。中文裡的「疼愛」一
詞，疼中又有愛，似乎也異曲同工。

2．當成獨立的性慾

有人將打屁股當作性愛前戲，玩到一個程度，雙方慾
望被撩起了，前戲擱置，立即跳到做愛。但也有人純
粹玩SM，例如獨立看待打屁股，專心玩這玩意，無須
作愛，光玩打屁股就很爽了。（如前述的英國佬受文
化薰陶，就可能是這類例子。）

有趣的是，它也形成了特殊的情慾產物，譬如專為這

群癖好者拍攝的A片，未必有裸體，頂多光屁股，也常不會有做愛，只有一個人（如學生角色）被另一個人（如老師角色）打得屁股紅通通，最後認罪鞠躬，謝謝指教。

　　無此癖好的觀眾看這些A片挺奇怪，彷彿沒加香料的菜，食之無味，但對有此癖好者卻可口極了。讀者若不能理解為何有人將打屁股當成「獨立的情慾」也無妨，就照自己的喜好去玩，就當是「獨特的情趣」。

　　不信？你回想過去玩床戲，到了性交關頭，如男生採由體後插入，面對著緊靠在他胯下的性感臀部，難道不心動？難道不會忍不住一時遊戲心起，刮幾個「屁股的耳光」，清脆作響。此時，跪在前方的女生會唉唷兩聲，陰戶還隨肉體被拍而一陣陣收緊，使男生那話兒當場受惠。記得了吧？

3. 修補舊時的關係

　　很多人對打屁股癖好奇，到底這種處罰方式如何滿足參與者？

　　沒錯，這些人是滿足了，他們藉由「被打屁股」回到「最初被打屁股」的現場，演出時光倒流，讓他們重返童年、青春期，去修補自己與父母、長輩的關係。

　　在童年回憶中，他們可能遭父母、長輩打屁股，小小身子趴在大人腿間，穩穩當當地，雖緊張會痛，卻又有股小小溫暖火苗在內心竄升。

　　「我的身體可以依靠爸爸（或媽媽），他們的腿這麼穩固，不會讓我摔著。打屁股，是與我的壞行為所做的一種『交換』。一旦交換完畢，就像從懺悔室告白走出，又是好漢一條，而我爸媽交換給我的是──他們眼中再度接納我的表情，是的！他們將重新愛我。」

4.暴露者vs.偷窺者的曖昧遊戲

　　打屁股時，受罰者常會脫掉內褲。表面上，這種裸露似乎為處罰方便而裸，並非為了想搞性愛而裸，實質則不然。只看動作，打屁股的確是一門獨立遊戲，與性無關；不過，當事人心知肚明才沒那麼簡單，裡頭可充滿了性的曖昧、竊喜。

　　打屁股，實際上提供了兩種竊喜的機會：被打者暴露、打人者偷窺，只是雙方都不用被貼上這兩枚醒眼的標籤，一切在不說破的默契中悄然進行。

　　在此解釋一下，暴露、偷窺的樂趣，前提是「盡在不言中」。沒人會先嚷嚷「喂，我要裸體了」或「喂，我準備偷窺了」，一旦說出口，伴隨暴露、偷窺而來的那份祕密罪惡感、快感就消失了。

　　比方遊戲伊始，受罰者裝成無辜，是為了遵守遊戲規則才不得不脫內褲，暴露下體；但暗中心裡可樂著，連最私密的恥部都給對方看在眼裡。

　　管教者也會裝，當作視而不見，等到受罰者轉過身

趁機欣賞臀部的美

想一想，你在前戲或做愛時，可曾好好看過對方的屁股？
屁股是人體最性感的部位之一，可惜很多人不分男女，都沒有習慣欣賞伴侶的臀部，甚至還有人未曾瞧過一眼。在他們看來，臀部又不算性器官，幹嘛盯著它看？這種人真不知道自己錯過了什麼！
玩打屁股遊戲時，不脫褲子就罷了，如果受罰者脫光，管教者第一件要做的事，就是色瞇瞇地去觀賞眼前這枚裸臀。看它的豐滿肌肉、蜜桃般的形狀、平滑的皮膚，連兩股間的纖毛也別放過。
打屁股之前，管教者請善盡其責——用眼睛去把對方屁股的性感，像挖寶一樣掘出來。一旦感覺眼前的屁股性感，打起來可就美味多了。

屁 眼 這 麼 多 毛 也 不 刮 ， 該 打 ！

我都是花錢請應召女，當我提出「打我屁股」要求時，她們十之八九都先是表情怪異，有的還會笑。但反正有錢賺，到現在我還沒被拒絕過。

我並不希望她們脫衣服，反而希望她們命令我脫掉內褲，叫我趴在床上，開始打我的屁股。

雖然我喜歡被打，享受被動的感覺，但通常應召女不太知道我要什麼？我就必須自己設計一些細節。

我自知有暴露癖，每次我都故意趴在床鋪邊緣，一腳曲在床，一腳擱在地，屁股就會分得較開。這麼做，是要讓我的屁眼給對方看到，我覺得露屁眼比露老二還羞恥，但越羞恥，我便越興奮。

有一次，有位應召女居然一邊打，一邊訓我：「屁眼這麼多毛也不刮一刮！該打！打！打！看下次敢不敢不刮！」

她會打到我屁股辣辣麻麻的，同時，我的屁股縫因為張開，又感到涼涼的空氣。這又冷又熱、又羞又喜的滋味，真爽！沒試過這滋味人一定以為我在講笑話，那是你們的損失。

（男性受訪者編號021）

或趴或彎，才猛盯著那團裸臀，包括胯下露出的性器官，一時春光也不放過。

暴露、偷窺，都是被傳統批判的變態行為。就因它們是禁忌，偷偷做才有犯罪的興奮。這種暗地諜對諜的情慾角力，在打屁股遊戲中常「披著羊皮」出現，讓當事人從中汲取各自的美味。

知 道 我 很 享 受 它 ， 那 就 夠 了

人們試圖去尋根，想找出「我為何喜歡被打屁股」？

究竟，是童年哪個環節鬆了，或跟誰的關係不良，或是沒安全感？甚至有人認為是現在婚姻、性關係僵化，試著找任何可起死回生的代用品，而找到了打屁股遊戲。

到底為何有人喜歡打屁股？為解答找來找去，還不如這位老牌女星的一句話，她是主演超過八十部打屁股A片的基莉（Kiri Kelly）：「我分析過整個人生，最後我終於對自己說，我不知道為何喜歡這調調，也放棄去找尋答案了，我所需要知道的是我很享受它，那就夠了。」

她說，喜歡打人屁股或被打屁股，不是病或罪，沒必要像要跟人解釋病史或犯罪史，就去享受它吧。

穿或不穿有學問

在被打屁股的畫面裡，有的穿，有的沒穿，到底穿與不穿對情趣各有什麼影響？其實，裸跟不裸都有好玩的地方，能夠討好遊戲雙方的口味最重要。

以下列出分析，提供參考。

管 教 者 的 穿 著

一般而言，管教者不會裸體，保留一身衣物更能表現權威感，顯出與可能全裸或半裸的受罰者之間是有區隔的。

有三條風格路線，任君挑選：

1. 穿著平常家居服，比較有寫實感。很多喜歡打或被

打屁股的人都因想返回舊日時光，越接近平常生活的感覺越好。

2. 穿著制服，如表現權威的警服、階級較高的軍官服、上司穿著的西裝或僅著襯衫但要打領帶、女主管的帥氣套裝（戴副眼鏡更好）等。

上班制服容易打發，從衣櫃裡挑一套西裝、套裝即可。前兩樣需要購買，但對有制服癖的人來說，掏錢買被視為「慾望化身」的制服一定甘願。

3. 情趣廠商推出「SM戲服系列」，其中管教者的服裝穿上後，威風凜凜。

以男性為例，故意露上身，僅以條狀皮革裝飾胸膛，並把褲底挖空兩個大圓圈，讓肉臀曝光，既有威嚴，又兼性感。

受 罰 者 的 穿 著

受罰者的穿著與否，有兩種選擇：

1. 穿著衣物：女生可穿貼身或質料薄的洋裝、裙子，下半身曲線畢露，打屁股感覺幾乎像直觸肌膚。男生穿緊身牛仔褲也不錯，雖然質料厚，但可出手重一點，啪啪響聲有嚇人效果。

2. 先穿後脫：受罰者一開始穿衣物，過程中才脫掉。情節通常是這樣開展：管教者發現受罰者行為偏差，施以打屁股處罰。但打了幾下後，管教者察覺隔著一層衣物，打得不順，命令受罰者自己脫掉衣物，或由他動手脫。

裸露方式有三種，塑造出來的情境不太一樣：

1. 內外褲悉數從身上脫掉，下半身光溜溜。

2. 褲子脫是脫了，但未褪盡。例如男生，外褲、內褲都被褪到大腿，只露出一枚屁股；也有的是把外褲褪到腳踝，內褲褪到屁股下方，中間露出一大截光溜溜的腿。女性裙子被撩起，內褲被褪至大腿，或扯到膝蓋，或滑入腳踝都成。

3. 受罰者採取趴姿，外褲褪到腳踝，內褲仍穿著。管教者將受罰者的內褲從兩邊抓緊，全塞入屁股縫中。受罰者兩股間遂夾著被拉成一條布的內褲，臀部等於全裸，彷彿穿著丁字褲，比規規矩矩穿內褲、或沒穿內褲都誘人。

建議男、女受罰者的內褲不要全脫，仍「附著」在身上，其中以褪到屁股底部的效果最佳。當內褲褪到大腿時，褲頭的鬆緊帶會箍束肌肉，直接刺激從大腿到恥部一帶的神經保持敏銳。

假如全脫的話，好像剛洗完澡，畫面太尋常，就沒「內褲還掛在腿上」的性暗示。有經驗的玩家就知道，內褲褪到不同位置，各暴露出不同的腥羶程度。不信，你自個試試看。

至於，受罰者的上半身穿不穿呢？

有人覺得倘若只打個屁股就全裸，那會使打屁股的某種做作氣氛（例如假裝老師在體罰學童）失靈；所以他們會讓受罰者上半身穿衣物，僅裸下半身，沖淡性愛意味，較有「角色遊戲」的情境。

也有另外一派人喜歡受罰者全裸，讓其對全裸感到羞辱，再加上打屁股處罰更羞三分。

男 友 打 我 屁 股 ， 還 要 我 自 己 報 數

我喜歡男朋友在打我屁股時使用的方法，他都先把我的裙子撩到腰間，露出三角褲。但他並不把它扯下來，反而抓住褲頭腰帶往上一抓。我的三角褲褲襠就會被拉成細細一條，恰好夾在我的陰唇縫裡。

他那樣子一拉，會使我的陰戶格外彰顯，都露在他眼前，一覽無遺。我當時感到非常羞怯，不過聽見他「嘶嘶」像是猛吸口水的聲音，又讓我十分歡喜。

他偶爾摳摳我的陰唇，捏幾下我的陰核，還以手指梳我的陰毛，再回去打我的屁股，交叉進行。

更令我羞恥的是，他命令我一邊被打屁股，還要自己一邊報數：1、2、3、4……簡直丟臉死了。

（女性受訪者編號002）

打 與 被 打 ， 換 人 作 作 看

玩打屁股遊戲的雙方，有時熟悉，像夫妻、情人；有時不熟，譬如在網路上結識的陌生人。

彼此熟悉的對象，比較可能玩「角色交換」，有個專門術語叫作「switch」。夫妻、情人或保持長期性關係的對象較會「角色交換」，往往看心情、看時間、看情況，輪流扮演「打」與「被打」角色。

據調查，在玩打屁股的人口中，大部分男士都是「switchable」，可輪流扮演打人或被打角色；但女性比較固定，多只想當被打者。

為何有人想交換角色？很簡單，「打人屁股」好比巧克力冰淇淋，「被打屁股」好像草莓冰淇淋，有人某時間喜愛這味，隔陣子又想吃別的口味。「打」與「被打」的情趣截然不同，面對這一席「All You Can Eat」美食，幹嘛不多品嘗，也許意外發現自己的新味蕾。

在歐美這類同好聚會中，互相會以「你是switch嗎？」來探探路，如果彼此都可互換，又具好感，就搭上了。在網路上尋找打屁股同好，都會標明自己是「受罰者」或「管教者」，以確定沒敲錯門，找到門當戶對的角色。

打屁股遊戲怎麼玩？

在打屁股這門遊戲裡，有人吃重味，有人吃清淡。我建議先採行清淡玩法，打屁股固然會打出些許疼楚，但要與浪漫、慾望結合，才是遊戲精髓。

新手大可不必像經年累月打屁股的玩家那般，不由分說上場就把對方打得唉唉叫，屁股腫一包。本書推廣的SM情趣，是藉由「打屁股」與「被打屁股」的特殊互動關係，發展出親密、激情的體膚接觸。

很痛？嘿，那不是我們的目的！

製 造 情 節 ， 打 得 師 出 有 名

管教者權力大，但總不能莫名其妙，抓著受罰者猛打屁股。

打屁股遊戲能自然進行，需要一個情節。像「小男孩不守規矩」、「小女孩不端莊」，必須接受權威者（如家長、家族長輩、師長、管家、公權力代表等）打屁股懲罰。

孩童最常被懲罰的理由，有：

· 說謊

· 頂嘴

· 成績退步

· 跟別人打架

· 貪玩不寫作業

· 搗蛋破壞東西

· 吵鬧不聽話等等……

扮演管教者角色的人，可在這一堆理由中，挑出適合

當時情境的原因。但在開打之前，一定要解釋受罰者究竟犯了什麼錯。

儘管，打屁股遊戲的受罰者常「扮小」，裝成無知孩童犯規被罰，但未必人人都愛扮演小孩。

有些人喜歡演成熟一點，而遊戲雙方又剛好是情人、夫妻，就偏向挑選跟愛情或自身有關的角色，如「行為不軌的老公」、「刁蠻的老婆」或「跟別的女人打情罵俏的男友」、「亂發小脾氣的女友」角色，因被抓到小辮子，活該趴下去，接受打屁股懲罰。

許多情人、夫妻在打屁股中，分享到一種特殊情趣，就像莎士比亞著名喜劇《馴悍記》，老公皮楚丘以暴治暴，來管束性格暴躁、脾氣倔強的老婆凱薩琳。雙方常狂暴粗魯吵架，針鋒相對沒完沒了。

套用這個劇本，受罰者也不一定要唯唯諾諾，可扮演強悍的配偶或情人，當互相都強勢，最後只好比蠻力，不惜扭鬥。最終，老婆可能被老公強迫按著身子，打幾下屁股。

但她一邊嘴巴沒閒著，繼續表現悍妻本色：「什麼？你居然敢打老娘？」

老公也不露懼色，挑釁說：「打就打，不然妳要怎樣？」

老婆奮力翻身，老公這次假裝一個不慎，沒能抵擋住，換成他被老婆狠狠打屁股了。

照這樣演，互動性強，打屁股便有另一種情趣了。

還有些人喜歡演年紀較接近的大人，但屬於不同階級，並有主從關係。如軍官、主管、學長、教練等。

假設一下，女軍官在營區遇見沒向她敬禮的小兵，訓令他待會去辦公室報到。接著，女軍官怎麼演到打起小兵的屁股，這中間過程就交給讀者去編劇了。

訓話與聽訓，來回互動

打屁股，一般不會兩個人悶著，然後機械式地拍擊臀部，空氣中只有啪啪聲。管教者一邊執刑時，一邊要逐一宣讀罪狀，顯示體罰有理。骨子裡是一場遊戲，但好玩就在表面上它得裝成是教育的一環。

打屁股時的斥罵宜短而簡潔，責備中仍可聽出些許關切。這跟主奴遊戲那種「黃河之水天上來」的喋喋不休、「臭臉縣官升堂」眾衙役喊威武的情形不同。

打屁股的訓話有一套公式，管教者要一副失望、搖頭嘆息神色，說：

「知不知道錯？」

「下次還敢不敢？」

「我這樣打你是為了你好，懂嗎？」

相較之下，受罰者的對白就簡單多了，只需回應管教者發問，低頭表示認錯或懺悔。譬如，受罰者規矩回答：

「我知道錯了！」

「我下次不敢了！」

「我會學乖！」

「請原諒我！」

諸如此類，不然就一直「是！是！」到底。

用鹹濕對白訓人

如果雙方是玩平等的配偶、情人關係，打屁股時的言語助興，就不能用以上對下的訓話，應該朝色情鹹濕方向發揮。

例如，管教者一邊打受罰者，一邊可用情色語言辱罵，尺度自己抓。當然不能罵得不痛不癢，遊走在接受邊緣才會刺激。

在受訪實錄裡，有人詳細提供這樣的台詞：「妳這個蕩婦，妳知不知道自己有多淫蕩？妳看妳，走路時故意用屁股搖來搖去，對！就是這個屁股，妳說該不該修理？」

另一則實錄換成女對男，也一樣辱罵得有聲有色：「你這個色鬼，我看你是屁股欠打，一天到晚就只想作那件事。不正經的男人，我就打到你乖為止。」

在挨打時，為了情境需求，受罰者能叫痛就多叫幾聲。女生還可喊著疼，又嬌嗔：「啊，你打真的？打到人家好疼！」

雙方討價還價，似當真，又似在閨房戲耍，好好玩樂吧。

妳 這 恰 查 某 ， 給 我 趴 下 去

我喜歡老公突然正經起來，右手拿著一把尺，頻頻往左手心拍擊，好像一副「磨刀霍霍」的樣子。

我們倆馬上知道這時刻來臨了，一般都是他先找個理由，譬如說「今天的菜怎麼炒那麼鹹？煮了那麼多年，還煮成這樣！」之類的。老公比我會編台詞，每次都由他起頭。我喜歡玩頂撞他的潑婦角色，他一兇，我都把他兇回去。

他通常假裝被激怒，常罵的一句話是「妳這恰查某，給我趴下去！」

他一邊說，一邊拉著我的臂膀，使力要我趴在他腿上。他比較愛玩不脫光，沒撩起我的裙子或扯下褲子，就連同內褲一起打。

我像熱水煮青蛙，剛開始慢慢打都不痛，但打久了，直到我有感覺時，屁股已燙燙的，我就唉唷叫出聲。

老公都是這套把戲，忽然兩隻手探入我的內褲，捧住我的兩團屁股，以他掌心的熱導入我的體內，使臀部原本的熱更升溫。他又不停騷動指頭，使我癢得要命。真不知他去哪裡學來這些招術？

（女性受訪者編號063）

打屁股的道具

從 空 手 打 起

徒手打屁股，較能掌握力氣，打到自己手心都疼，可想而知對方感受。除非對方表態說「more」或仍一副猶未滿足狀，你才繼續「行禮如儀」，不然就要調整力道。

以空手打，有個竅門可讓對方屁股疼，卻避免自己手痛。手掌由上而下以斜角切入，彷彿秋風吹落葉地打在屁股上。另一比喻像打水瓢兒，丟石頭激起水花，

要側一下身子，將石塊斜斜地切進水面。就是抓那種斜角，手掌甩出去，觸到屁股後，很快收回來。

至於出手力氣大小、該打幾下，每人承受能耐、偏愛程度不同，沒有標準。情人、夫妻才剛嘗鮮，或雙方只是初識玩伴，都宜從小力開始，多打幾次後，從對方反應或事後討論心裡有了數，才慢慢加重力氣。

最早的那幾次，建議管教者將掌心鼓起，形成中空，打在屁股上會有空氣阻擋，像是空包彈，比較不疼（有個好比方，這是先來點罐頭掌聲）。打過數下後，讓受罰者適應整體挨打感，才把掌心攤平，給他吃實心的肉餡包子。

空手打屁股，好處是隨時掌握力氣，也可隨時轉移落點。管教者發現受罰者右邊臀部比較紅，就調整落點，讓左邊臀部也多挨幾下。有時，看兩片屁股都紅了，管教者不必拘泥，也可隨著興致，撫摸受罰者的裸臀，或在皮膚上搔搔癢，灌注一些情色養分進去。

戴手套打屁股，有另一種感受。如果是細皮手套，屁股感受的觸覺就很不同。隔了一層皮質，管教者的手、受罰者的屁股都沒那麼容易疼，可慢慢進行遊戲。如其中之一有戀物癖，那更激情。

打屁股時，管教者別忘了這是調情遊戲，不是打屁股比賽。看對時機，管教者的手可表現得色一點，從受罰者兩條大腿間伸進去，爬過黑森林的土壤，找尋那條傳說中的「亞馬遜河溝」或「亞馬遜蟒蛇」。

空手打過幾輪若不過癮，就可進一步選擇工具。建議最先拿雜誌、報紙做實驗，捲成筒狀拍打雖不怎麼痛，但意思到了。雙方體驗一下：這是否就如想像中那般有意思？是的話，繼續挖寶，一起去採買用具。

藤條 : 法相莊嚴

所有打屁股道具中，傳統藤條最「法相莊嚴」，一看就令人腿軟。

藤條的長度、彈性很獨特，即使不算用力打，也足以讓手掌、大腿留下紅腫印子，怵目驚心。正因如此，藤條是打屁股遊戲的鎮山之寶。管教者一拿出藤條，對自己褲管啪個幾聲；或在空中揮舞傳出咻咻響，「未演先轟動」，現場馬上肅殺。

在講究受痛的真實SM中，藤條扮演首席刑具的狠角色，絕對有打到受罰者哀嚎的實力。但在本書提倡的閨房SM遊戲裡，雖然藤條仍是好幫手，但必須有所節制。它的功能是用來打幾下小痛一番，製造嚴屬體罰氣氛，而非真的要把受罰者打到慘叫、跳腳。

使用藤條，應注意以下事項：

1. 最好選擇短而細的藤條。長藤條揮動幅度大，容易一揮就太大力。
2. 管教者可先在棉被，或有彈性物體上試打藤條，練習力道，也可培養準確度，千萬別打到脊椎尾骨。
3. 藤條的痛非同小可，管教者必須控制力道，不能打太痛，頂多輕度（最多到中下）的痛，除非受罰者自討「苦」吃，指定要那麼痛。
4. 藤條打在受罰者臀部要盡量平均，讓兩邊分攤力道，不要集中打同一處。
5. 管教者揮藤條時，注意落點應在臀部中心。
6. 管教者與受罰者距離不宜太遠，如管教者站得遠，往後舉藤條時，會拉大幅度，打下去必痛。
7. 當管教者舉起藤條，勿超過肩膀高度，否則下手太重。保持在肩膀以下出手，力道才安全。也就是用

手肘出力，而非以手臂出力。

8. 藤條鞭打的次數，最好是半打。這種事有個口頭術語：「6是最棒的」（six of the best）。對多數人而言，6下剛好是享受適度疼痛的分際。（據了解，軍人的標準是24下。）

9. 不管拿藤條真打、假打，就看管教者表演功夫，但底線很清楚，「不能痛到出現瘀血」。依此標準，管教者可自行拿捏力氣。

10. 一條鞭型的鞭子、教鞭、雞毛撢子，其長度、彈性大致與藤條相同，使用原則一樣。

板拍：色厲內荏

板拍，打屁股的最佳良伴，它的扁平形狀、面積似乎專為打屁股設計。當板拍打在圓滾滾屁股上，密貼無縫。

板拍虎虎生風，卻是「唬人」的唬，因它有個特色，無論管教者用力與否，都能製造「唉唷好痛」的清脆響聲。即使小力打下去，照樣音效響亮。

這給了板拍做戲的空間，管教者打得架勢十足，啪啪聲也彷彿不假，但其實沒用多大力氣。只要掌握角度，板拍打在光屁股上，聲音嚇人，皮膚也會逐漸泛紅，有點灼熱感，但並不算痛。

板拍外表不太友善，很容易拿來放水，以響聲掩蓋力氣小。但不能因此掉以輕心，板拍若真用力打，還是有本事把屁股打到開花。

網路情趣用品站常出售製作精美的各式板拍，種類有長有短，長的叫條拍。有的以全皮包裹，鑲著閃亮鉚釘，很有高級質感；有的刨光上漆，宛如藝術品；有的像一根短槳，像要舉行「世紀大審」，氣勢就先贏

一籌。

那麼多美美的板拍，看了心動，就趕快行動。當手中握有一把精緻道具，SM情趣會跟著水漲船高。買一、兩把喜愛的板拍，情境變得很真實，打屁股也會特別來勁。

鞭子：花俏拖把

這裡說的鞭子，是指多尾鞭。

多尾鞭跟一條鞭或藤條大不同，它是由一蓬細長皮條、橡皮筋、棉繩、軟布料等材料束成一捆。有的束得稀，有的束得比較蓬密，當管教者手握後者揮出去打在人身，除非故意用力才會痛；不然就像被一陀拖把掃到，感覺有重量撲來，也可能產生刺麻，但不怎麼痛。在感受層次上，多尾鞭是雷聲大雨點小。

多尾鞭多拿來鞭打上背部，打屁股因角度不順，使用機率不高。但不見得沒人在用，原因很簡單，多尾鞭既打不太痛，打屁股就可以打很久。而且，由於鞭子末端是多條狀，屁股打出的痕跡會紅得斑斑點點，有些管教者就愛看這張「如花般的容顏」。

皮帶：抽劍而出

皮帶，是效果頗佳的打屁股工具。

它可以讓人延伸出許多想像，如生氣的父親、惱火的丈夫、憤怒的主管。倘若受罰者渴望這些角色，使用皮帶的氛圍立現。

使用皮帶時，不要把整條長長的皮帶當成鞭子，因其厚度、重度，揮出去形成物理學上的力距，打在身上真的滿痛。皮帶的厚薄、長短、材料是真皮或人造

皮，都會影響體罰效果。特別小心由真皮製造、有相當厚度的皮帶，它絕對有實力打傷人。

使用皮帶前，必須先處理一下。管教者將皮帶從扣環處開始捲起，捲成圈圈相疊的捆繩狀，差不多捲到皮帶一半就停下。

此時，管教者張開手掌虎口，握住剛捲好的這圈皮帶（當成像是多尾鞭的握柄），把剩下一截未捲的皮帶尾當鞭子用，力距不至於太大，打屁股就不會多痛了。

不論在任何情況下，都不要用扣環那一頭打人，扣孔針與金屬框恐會刮傷肌肉，敲痛骨頭。

以皮帶打屁股的管教者往往是男性，使用皮帶有個好處。他先解開繫在褲腰的扣環，然後用力抽出皮帶，刷一聲地像從劍鞘拔出長劍，氣勢凌人。

其 他 替 代 工 具

新手初體驗，可先從家中找工具，如木飯杓、長柄木湯杓，以及有握柄的梳子、衣刷、皮鞋刷、洗澡刷，另外乒乓球拍、長尺、布拖鞋也能代用。

拿布拖鞋被打屁股的感覺，更像是給長輩體罰，頗有真實效果。現在市面買得到的「愛的小手」，也很適宜。

特別推薦有柄的梳子、衣刷、皮鞋刷，測試後的效果確實不錯。因那塊木頭片甚有厚度，揮打時有重心感，能紮紮實實感覺打到肉，抓柄也握得牢，手感很好。

在你還未決定添購遊戲道具前，建議先買一支比較常會用到的木梳子，用背面試打屁股，愛或不愛一試便知。就算不愛，嘿，還有梳子可用啊。

打屁股的姿勢

站姿之一

受罰者站得直挺挺，像被罰站的低年級學生、士兵、囚犯，較能凸顯其低階身分，有「被打也不得抗命」的感覺。

這個姿勢的好處，管教者站在假設是光屁股的受罰者身側，打得到臀部，也看得到性器官（及女性受罰者乳房）。

站姿之二

受罰者以雙手抵住牆壁，身子呈斜角，但身體仍保持直線，屁股有個斜度，管教者打起來順手多了，有「你愛怎麼打就怎麼打吧」的感覺。

彎姿之一

受罰者雙腳站立，向前彎腰，翹起屁股。以前英國公校體罰學童，都要求他們彎下身，手指剛好觸及腳趾頭，形成倒轉的「U」字型。

不過，成人受罰者通常身子沒那麼軟，且又不是做瑜珈，不用那麼辛苦，可拿一張矮椅子、小凳子讓手撐著，身體就不必彎那麼大了。

這個姿勢會讓受罰者「低齡化」，返回學童時代，有「自動來訓導處報到受罰」的感覺。

彎姿之二

受罰者雙腳打開站立，上半身彎成水平；雙手向前平舉，放置在椅背、桌子、床等家具上，有「我都準備好了，就打吧」的感覺。

蹲姿

受罰者雙腿略彎，以雙手撐住膝蓋，姿勢有如坐馬桶，臀部微微向後挺。看樣子馬步蹲得滿穩當，擺出長期抗戰的架勢，有「慘了，這下可有得打了」的感覺。

這個姿勢適宜管教者手持散尾鞭，站在受罰者背後，像拋物線般拍打臀部。沒別的姿勢比這個更能把屁股拱出來，目標立體。

跪姿之一

受罰者膝蓋著地跪著，上半身挺直，這個姿勢像在認錯，有「我的確該打」的感覺。

跪姿之二

受罰者手腳皆著地（或床上），做出狗爬式，有「shit，真羞辱」的感覺。

另一變化是將頭頂在地上（或床面），上半身傾斜，臀部翹得更高，露出一粒像反剝橘子的屁眼。這個姿勢採行率不低，因翹高屁股讓受罰者有變成動物的感覺，受辱性強，但對管教者卻能養眼。

翻姿

受罰者仰躺在床、沙發，雙腿舉高，以兩手抓住膝蓋，使腿維持高度不墜。這有點像烏龜的殼被倒放，一時翻不了身，俗稱「換尿布」體位。受罰者抱膝使得屁股跟著上翻趨勢，而益加裸裎。

管教者就坐在一旁，以手或工具執刑。同樣地，翻姿有養眼優點。有些受罰者喜歡這種只能躺著挨打，彷彿回到幼年期，親愛的大人會來檢查是否拉尿，順便打打小屁股的甜蜜感。

趴姿，最常用的煽情姿勢

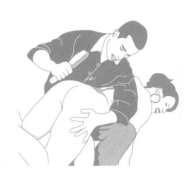

這個姿勢在打屁股中，名列煽情之首。原文叫做「over the knee」（趴在膝上），簡稱OTK。如果管教者下令說：「OTK」，就是要受罰者自動趴上腿來。

趴姿，可製造許多情色機會。如是女性受罰者，趴在男管教者大腿上，兩團胸脯會擠壓他的大腿，磨啊磨的，屁股也東搖西晃。從管教者的視線看下去，不僅臀部搶眼，光裸的雙腿曲線也很誘人。

她如果很諳挑逗，處罰時身體會盡量壓在他的褲襠上，遲早感覺到地表隆起之微妙變化。

對男管教者而言，他也應善用女人雙腿的視覺刺激，讓她穿上絲襪、高跟鞋。記住，把兩條絲襪分別拉在大腿、小腿，高低不一。高跟鞋則一隻好好穿著，一隻已脫落。過程中，他盡量偷瞄她「落難」的下半身。

有些例子的當事人建議，如受罰者是男性，當他採趴姿被打屁股時，可被迫套上女方的高跟鞋，甚至穿上絲襪，感覺更為羞辱，刺激也更強烈。你如果從來沒想過這一招，一定要試試看，凡有經驗者都豎拇指大力推薦。

一般來說，男性不見得都當管教者，有很多也很喜歡受罰。男性受罰時，多半喜歡把對方想像是家庭教師、學姐、女上司，甚至是護士。

當被打屁股時，他們愛耍一招，從腰部到私處一直磨蹭管教者的大腿、胯部，到後來都難逃性器脹大的下場。

但怎能怪他們呢？這不正是玩打屁股遊戲欲追逐的偉大目的！

趴姿之一

　　受罰者趴在管教者腿上，頭部下垂，以雙手撐著地面，雙腳拉直或微曲抵著地，中央屁股則高翹。

　　這個姿勢之所以煽情，原因有三：

1. 受罰者屁股距離管教者眼睛最近，只要視線一往下，兩團圓滾滾的屁股纖毫畢露。

2. 受罰者的恥部位置，剛好抵觸管教者的腿，當受罰者被打到亂動時，身體會直接磨觸管教者胯下，雙方肉體上極其親密。

3. 這個姿勢適合管教者忽而打屁股，忽而愛撫屁股，弄得受罰者「後方戰情吃緊」。

趴姿之二

　　這個趴姿係從上個姿勢變化而來，管教者改以一條腿撐住受罰者的腰，另一條腿夾住受罰者下半身。從外觀看，受罰者趴在管教者兩腿之間。

　　這個花式的色情程度不輸原來趴姿，甚至過之，因管教者是以雙腿夾住一具肉體，胯下形同直接頂在受罰者身體上，兩者的關係更狎近。

　　如管教者是男性，他若興奮勃起，褲襠一根硬物會被受罰者的臀部側邊磨觸，彼此心照不宣，色在曖昧間。

趴姿之三

　　管教者坐在沙發、床緣，受罰者趴上來，屁股位置仍是壓在管教者胯部，但上半身與雙腳的重量則落在沙發、床鋪上。

　　這個姿勢既有趴姿的好處，又有雙腿不必承受體重的輕鬆。

趴姿之四

受罰者上半身趴在沙發、矮櫃或床面，下半身或站或跪在地上。這個姿勢讓受罰者有東西依靠，管教者也不必負重，雙方能玩持久一些。

趴姿之五

受罰者以趴姿躺在床上，身體打直，雙手肘可彎曲做趴睡狀，頭擱在上方。如要讓目標物突出，可在受罰者恥部下放一粒枕頭，墊高臀部。

管教者想貪圖視覺之慾，可令受罰者一腳伸直，另一腳向前屈起，兩條大腿會岔得更開，性器官也露得更囂張了。

管教者可蹲坐在旁，也可坐在受罰者身上，面朝其臀。以這個方向打屁股，能打到其他姿勢不易打到的部位，如臀部接近大腿根部那個弧形。

俯趴姿

管教者坐在床上，背靠著床頭板或牆壁，雙腳平放。受罰者俯趴在床，頭部朝管教者的腳方向。

受罰者躺好後，雙腳分開，身子盡量往後退，直到大腿無法再前進為止，有如以雙腿夾住管教者身軀。

這個姿勢有兩項好處：

1. 管教者能把受罰者的屁股當成鼓，咚咚咚拍打，使打的節奏出現變化，更有娛樂性。

2. 以管教者的視線往下看，剛好是受罰者雙腿分岔開來的地方，不管是兩粒飽滿的蛋蛋，或陰唇微開的肉縫，都很養眼。

若想看屁眼的話，也不會露跡象，管教者只要雙手按在受罰者臀上，往兩旁一撐，就悠然見菊花了。

打屁股的技巧應用

在打屁股前，主人先伸手去摸奴隸脊椎骨，沿著骨頭線條由上往下摸，直摸到尾骨末端。

主人事先弄清楚奴隸的脊椎位置，在打屁股時，才不會誤傷。

鞭子、藤條的使用部位

臀部劃分為四塊區域：右臀上方、右臀下方、左臀上方、左臀下方。

主人使用鞭子、藤條，落點要落在臀部中央地帶；如果將屁股比擬為一陀圓圓肉團，鞭子、藤條就要落在兩塊肉團的高峰上。

以鞭子為例，不同類型也要注意不同用法，如多尾鞭有一蓬散開花瓣的鬚鬚，用力打在屁股上，著力點分散，怎麼打都不會多痛，可盡量打。

但一條鞭、藤條是長條狀，咻咻有力，就得小心了，有幾分力氣打下去，就有幾分力氣著陸。

板拍的使用部位

打屁股時，奴隸不管趴在主人大腿，或趴在家具，兩人之間呈垂直角度。當板拍高高舉起，注意落點應該落在右臀下方、左臀下方；也就是若在臀部中央畫一條線的話，需打在那條線下方的臀部。因臀部下方的肌肉，比臀部上方敏感，也能避免失手打到尾骨。

一般長尺（30公分）也是很好替用品，別小看它，揮起來彈性很大，也可以打到痛。

空手的使用部位

假如空手打屁股，基本上臀部肉團任何地方都可打。因臀部肉多，有時變花樣，也可改以拳頭摏在肉團上。小心別失準頭，摏到尾椎。

雙手萬能，可打屁股，也可抓癢。臀部肌肉這麼大塊，到處都是進攻點。例如：

· 主人雙手指頭各在兩片臀部上，模仿螞蟻爬行，輕躡躡，若有若無地觸碰肌膚，癢不可當。

· 主人兩手摳成鷹爪狀，在臀部肉團上以指甲刮下來，不必用力，光是輕輕刮過，就癢得屁股著火。

· 這個動作單手較方便，主人伸出一根指頭，以指甲在奴隸一邊臀部中心點，慢慢畫圓圈，漸漸往外畫大，像螺旋轉出去。沾點潤滑液更佳。

· 主人一手將奴隸屁股縫撐開，另一手的五指對準目標明顯的肛門，不斷往前仿效蜘蛛八隻腳在爬，必癢無疑。

打屁股的節奏

打屁股，有一個重點，就是節奏問題。要打得多密集？是一口氣呢？還是忽快忽慢？或維持相同節拍？看似簡單的打屁股，還是有點學問。

可能有人會想，「打就打嘛，哪裡來這麼多囉唆的規矩？」存這種心態也無妨，就照你的想法去玩。但建議打屁股還是帶點韻律感，情趣會多一些。

通常，管教者不會一開始就行霹靂手段，多數管教者都有個習慣，出手打個幾下，然後停止，觀察受罰者反應；或在這時夾一些口頭訓斥。有個小小停頓，好像暖身，表示好戲要開始了。

臀部有左右兩片，打屁股遊戲就會出現「分配問題」，原則上，兩邊臀部打的數量盡量平均。

一一式

左臀打一下，右臀打一下。左臀打一下，右臀打一下……兩邊各打一下，照這樣「左右、左右」平均分配下去。頻率固定，不疾不徐。

一三式

左臀打一下，右臀打三下（中間停頓幾秒，當成間奏），再右臀打一下，左臀打三下……

這有點像在打鼓，「咚─咚咚咚」、「咚咚咚─咚」，但與上述不同的是，這次變成「左右、右左、左右、右左」，而非「左右、左右、左右、左右」，請注意順序之不同。以相同手法反過來，可變為「三一式」。

三三式

左臀打三下，右臀打三下（中間停頓幾秒，當成間奏），再左臀打三下，右臀打三下……依此類推。頻率固定，也是不疾不徐。

亂打式

看這名稱便知謎底了，主人隨心情愛打哪一邊臀、愛打幾下都OK。但不管如何亂打，要避免一直不停歇的打。管教者對受罰者需善觀其色，從反應決定施打的節奏。

打一陣，可稍停一陣，不僅雙方喘口氣，也使遊戲不致變單調。有時用力輕，有時用力重，有時打得急，有時打得緩慢，有時也不妨用手「疼惜疼惜」。

交叉用技巧，滋味混一鍋

　　打屁股有各種工具與技巧，若管教者能交互運用，製造不同觸覺，會使體罰更有層次感：

・對待臀部的整體動作：哼起某首歌的旋律，雙手隨節拍打著屁股。

・對待肌肉的細部動作：像在捏愛人的臉蛋；或以手指彈一彈，像在測試彈性。

・對待皮膚的細部動作：發揮按摩絕招；或以十爪功分別在兩塊臀部，從上方刮下來。

・對待屁眼的動作：把掌心豎直，當成手刀，切過屁股縫；或撥開兩片臀部，讓屁眼時隱時現；或拉扯一下股間的稀疏恥毛；或對著屁眼吹熱氣。

・對待芳鄰的動作：「很順便地」愛撫屁股的好鄰居——陰囊、陰莖或陰唇、陰核……

小心別玩過火

管教者注意：

1. 如果受罰者趴在你腿上，請先將褲袋內硬物如鑰匙、打火機取出；並把戒指、腕錶摘下，以免受罰者屁股受傷。

2. 管教者坐下時，雙腿宜張開一點，形成支撐力，讓受罰者身體俯臥下去容易保持平穩。

3. 人們對肛門的態度喜惡兩極，有人深愛，有人厭惡，最好先溝通一下。若不好意思觸及這話題，管教者就該敏感一點，留意受罰者如被「不小心」碰到肛門時，會閃躲或迎合，便知如何處置了。

4. 打屁股進行時，受罰者身體常會亂扭動，為了避免因此誤打到脊椎，管教者可以用另一隻手按住受罰

者的腰，使其定位。

受罰者注意：

1. 事先溝通可以接受的範疇，如「只能脫掉外褲，內褲不行脫」。當然也應主動提出你的嗜好，如「你可在一邊打時，從後面撫弄我的睪丸」等。

2. 打屁股前，與管教者約定一個安全代號，如奴隸那章建議的「一連串大聲咳嗽」，或直接起身說「這樣不行」。當你覺得挨打程度已超過承受範圍，請立即說出安全代號。

3. 如果你覺得被打夠了、打太痛了，或被羞辱過火，隨時都有權喊停。

體 罰 後 ， 成 果 展 示

不管以何種姿勢，管教者將受罰者打了一頓屁股，總多少留下通紅痕跡。

這時還有一個收尾動作，管教者應命令受罰者將雙手放在頭上，面對牆壁罰站，或跪著思過反省。這個收尾對受罰者像是「儀式結束」了，無言地面壁或挨在角落，想清楚為何受罰。

收尾動作對管教者同樣有作用，他可以從旁觀察自己的傑作，一個紅通通的光屁股，對管教者可是一粒流口水的蘋果哩。

Chapter 4

Flog
賞你一頓愛的「鞭笞」

【實錄】

鞭打男友，問他愛不愛我

叫我女王吧，我可不是趕流行，早在現今到處有人自稱女王之前，我念國中時就榮獲這個頭銜。

我喜歡鞭子，具體地講，我愛拿鞭子打人。只要前戲玩到鞭刑，我就起了性慾。

一個女孩怎會愛上這玩意呢？那要從小講起，我是長女，替爸媽管一群弟妹。他們很貪玩，吃晚飯時我叫破喉嚨也叫不動他們，於是學爸媽拿藤條出門，假裝追人，才有辦法像趕鴨子，把弟妹趕回家。

每次這種場面上演，住附近的小孩都喜歡起鬨，圍著叫我「恰查某」。但當他們見我揮鞭子，立刻一哄而散。不知從哪時起，他們就尊稱我女王。

我後來愛上拿鞭子的權威感，這個習慣自然而然發生在我的性生活裡。

我對交往過的男友，都採取強勢作風，即使年紀比他們輕，還是喜歡以大姊頭自居。能夠接受我這種風格的就留得住，不合者請便。

第一次的發現，是在我跟男友調戲時，隨手拿起雞毛撢子，隔著外褲打他屁股，他就滿屋子跑給我追。下一次，我在玩前戲時，用手心偷打他光溜溜的屁股，感到很刺激。

後來，我學到很多技巧，包括怎樣哄男友讓我鞭打。隨著經驗累積，我越來越專業，選購了第一把鞭子，嘗試新玩法，將男友雙手舉高綁住，好像電影演的行刑劇情，在他背部抽打，大概一時忘我，融入在間諜片裡，竟問他招不招？

他當時被我問傻住了，表情怪怪。我也傻了，對喔，我要他招什麼？

還好，我腦筋轉得挺快，馬上補問他招不招，是不是真心對我好？

現在我玩成精了，連全身道具都齊全，穿起來真的有女王陛下的架勢。

只要做愛前，我都會跟現任男友（已經不知換過了幾任）玩鞭刑。他本來不那麼情願，但漸漸被調教有成，我更加像女王得意了。

（女性受訪者編號039）

揚起愛之鞭

鞭打的歷史

顯然地，這位「女王」絕非唯一熱愛鞭子人士，她的快感經驗也發生在很多同好身上。

以單一刑具而言，在人類懲戒史上，鞭打（flogging or whipping）是使用最廣的冠軍得主！

史學家指出，鞭打最早可能源於近東地區。巴格達女祭司在狩獵女神阿提密絲神像前鞭打年輕人，測試他們的男子氣概。

古羅馬時期，鞭笞懲罰手段達到巔峰。不同階層以不同刑具執行鞭打如，一般民眾使用榆樹枝幹，軍官以葡萄藤、月桂樹枝、桃木鞭笞士兵。

鞭打，傳統上除了用於法律懲罰，也用在執行紀律、精神與宗教修行、醫療目的。早年北歐人洗蒸汽浴，以樺樹枝鞭打自己，達到淨身效果。

地中海一帶如羅馬、希臘、埃及，把鞭打當作意識轉換的一種手段，與冥想、催眠、焚香、舞蹈並用，藉以提升體內靈性。

有意思的是，接下來幾個世紀，醫學界為鞭打說盡好話。

1639年，德國梅柏（Johann Heinrich Meilbom）醫師率先指出，鞭打使男性有勃起的刺激感。他解釋係因鞭打促進腎臟裡精液升溫，流向睪丸，當事人感覺舒暢。

十八世紀末，法國醫師也支持這個理論，並擴充到女性身上，指出鞭打後女人也會有一個溫暖的陰戶。這位醫師還寫了鞭打安全守則，是目前已知跟SM安全有

關的最早文獻。

直到十九世紀，醫生開出藥方，都以鞭笞來恢復男人的性功能障礙。

2005年，俄國生物學家證實了：鞭打造成人體釋放腦內啡，而使當事人覺得快樂；肉體處罰，能克服憂鬱的傾向。一群進行「藤條療法」（cane therapy／flogging therapy）的科學家建議，標準療程為鞭打30下，最佳則是60下。

這位生物學家好心提議，可以在吃完巧克力、添加胡椒粉的食物，或做完運動後，再來接受鞭打，腦內啡分泌得更多。

到了晚近，被醫學界護航的鞭打才正式轉型，開始活躍在性愛情趣方面。

鞭打，迅速成為SM中最主要的「景象」（scene），例如2002年日劇《利家與松》第一集創下最高收視率，原因之一就出在反町隆史拿起馬鞭打松嶋菜菜子，情節與畫面都精彩，至今觀眾還津津樂道。

對鞭打懷有熱情的人士而言，這種體罰形式既能激發情慾能量，也能湧現心靈力量。

在執行鞭打的過程裡，他們自覺是實踐一場祭典儀式，使性愛與精神結合，呈現螺旋狀互相拉拔向上，而感到某種近乎超越肉體的飄然至樂。

為何有人迷上鞭打？

1 . 成 人 的 受 苦 儀 式

著迷鞭打的人覺得在所有刑罰項目裡，以鞭子抽打最具有「成人受苦意象」。這大概跟鞭打源自英國海軍的鞭笞有關，部隊裡用這種方式來處罰違規者，並視為是「海上男人忍痛」的丈夫氣概。

同樣是挨打，但用鞭子抽、用板子打屁股這兩種形式完全不同，各有擁護者，市場清楚區隔。喜歡鞭打的人認為打屁股源自懲罰小孩，停留在成長過渡期，帶著孩子氣，彷彿心裡還有什麼東西沒擺脫掉，「乃大人不為也」。

鞭打癖好者覺得鞭子才是真正處罰成人的工具，被鞭子抽打甚至有點悲壯，顯出「咬牙也要撐下去」的氣魄，這才屬於成年人承受得住的真玩意。

而且，有些人就愛鞭子打出來的痛感。鞭打的痛，遠勝過以空手、板拍、夾子、蠟燭製造出的疼痛。

2 . 疼 痛 效 果 很 紮 實

使用空手、板拍打屁股可以造假，只要靠技巧，抓對角度，雖然打得劈哩啪啦，震天價響，卻未必有多痛。

但鞭打很難演假戲，手持鞭子若企圖「重重提起，輕輕放下」，馬上穿幫。拿鞭子抽打，固然可以不需打得很痛，但無論下手再怎麼輕，總會有些力道。

如果鞭打時，刻意放水，跟用雞毛撢子拂灰塵一樣，看起來反而搞笑。基本上，鞭刑「力壓群雄」，效果

是相當紮實的。

然而,也不要因此被嚇著了,鞭打雖不易放水,還是有打得並不怎麼疼,但模樣很逼真的打法。

3.畫面有悲壯感

鞭打,就算只揮揮鞭子就挺有看頭,戲劇感很夠。如果雙方能配合,鞭打景象大有作戲空間。

雖是西方人開頭的玩意,SM鞭打製造的悲壯,倒讓人有個想像,有點類似中國古代逼供,英雄人物(不見得與性別有關)一定咬緊牙關,不肯屈服,自覺多吃一分痛、多堅持一陣子,就不斷在提高自我的價值,懷著凜然浸在「我不懦弱,絕不屈打成招,絕不出賣朋友,我就是比你強」的意識裡。

如果沒有鞭打的情節,整個SM畫面不論怎麼瞧,就覺得哪裡不對勁。專家指出,鞭打是SM裡的「cliche」,法文雖解釋為「陳腔濫調」,但也明白地顯示一件事:少了鞭打這幕主戲,SM大概也不怎麼唱得下去了。

4.用鞭打表現疼惜

不要說SM圈外人對鞭子殊無好感,連相當數量玩過SM的人對鞭打的觀念也不正確。

技術高超的鞭打玩家,絕不會從頭到尾只知拿著鞭子打!打到對方痛得跳腳!那根本不是鞭打遊戲的主旨。鞭打製造的痛,是經過有心的計算,而非憑情緒亂打。換句話說,用於閨房情趣的鞭打遊戲,不是在報仇、洩憤,而是在調情、挑弄。

主人鞭打奴隸,除了刺激對方產生腦內啡,目的通常

【 實 錄 】

鞭 刑 ， 烙 入 身 體 的 記 憶

我少年時期不學好，以致全身「戰績累累」，結疤、傷痕、刺青、穿環。把我剝開來，恐怕可當一張藝術人皮。

我喜歡對身體進行各種實驗，想像在拼湊什麼美麗的東西。能夠讓線條或圖案永久或暫時留在身上者，我都來者不拒。

所以，我喜歡被鞭子打，即使打在身上，只能短暫留下紅腫，卻貨真價實。在美國唸書期間，我加入一個SM團體，其中有群人都愛玩鞭打，我就自動鑽到那一組。

熬過新手階段後，我已可以物色執行者。運氣不錯，我找到一位早便留意的日本女留學生。她聽說我愛被鞭打，起先抿嘴笑，一直問我：「你別看我是小女生唷，我也會打得很痛。」

記得第一次，我的手臂與背部被打，出現了好幾條微血管泛紅的長線條。痛是痛啦，但不至於難以忍受。

當行刑完畢，那名日本女生用手在我的皮膚上撫摸，觸到那些條略略凸起的傷痕。火熱的疼痛中，有她細嫩的指頭溫柔觸摸，好像當時她的手心裡有冰塊。我既感到痛，也感到痛快。

我常把鞭打的痛比擬為「烙入肉體的記號」，其他刑罰的痛一比就被比下去，根本像初級班。

雖然，女友起先對我一身的「遺址」有點反感，但慢慢也懂得欣賞了。最近我開始在教她拿鞭子打人的技術，本來她害怕將我打痛了；但試過幾次，她發現我的頑強抵抗力後，漸漸敢當真打下去。

有時候，換我用很輕的力氣以鞭子在她的背部刷過去，她會「唉唷」和「咯咯笑」夾在一起。我不會把她真打痛，但絕對會有點小疼和搔癢結合。結果，她也被我鍛鍊得喜歡上這玩意了。

（男性受訪者編號013）

也是為了可以對受打奴隸的痛楚給予安慰。例如，對著麻辣的皮膚輕輕吹氣，或者在耳際講些甜蜜情話，轉移對方的注意力，不再那麼敏感於身上的痛。

如此表現愛意與疼惜，往往才是把鞭打用在閨房樂趣的主因，而非一味地追求痛感，只會打出「疼」，卻不會惜出「疼」。

真的會玩SM的人喜歡鞭子帶來的煽慾情調，很懂得把鞭子當成「點燃熱情的那根火炬」。

5． 展現雙方信任

從表面看，在SM遊戲裡，主人手持鞭子，一鞭接一鞭打在奴隸身上，兩個人好像是仇敵關係。畢竟鞭打是不打折扣的，不僅只是「打」而已，還動用到刑具意象十足的鞭子，場面嚴厲肅殺。

但實際剛好相反，主人透過鞭子當媒介，與奴隸共同體現一種極其私密的信任關係。

以「挨打」層次來講，鞭子造成的效果，比任何處罰的工具都突顯。拿各式刑具擊打身體，都沒有鞭子那股震懾氣勢。

再以「疼痛」方面而言，不管手或其他刑具，也遠比不上鞭子（如果執鞭者想的話）可以達到的程度，就像人們說的「打到肉裡去了」。

一旦玩起鞭打遊戲，奴隸願意被主人施以鞭刑，表示奴隸對主人有充分信任。這層關係常來自固定性伴侶、情侶、夫婦，雙方已建立深厚的了解基礎。

即使單身者玩鞭打遊戲，透過各種交友管道找到同好，彼此不太熟悉，通常也都必須扮演奴隸那一方經過研判後，有了信任，才把自己交給對方發落。

在鞭打遊戲中，兩造間產生的那份關係，唯有當事人

能體會。它或許是愛，或許還不到愛的高標準，但至少存在相當程度的私密與投合。

有些伴侶表示當鞭打之際，他們體會的親密度比任何前戲更貼近，有些人甚至感覺超過做愛。

在這一特殊時刻裡，執鞭那一方很感謝對方付出那麼多信賴，而更加愛惜；被鞭打那一方覺得自己的信任可充沛到抵擋肉身折磨，而凜然不已。

《不同之愛：情慾的主宰者與服從者》（Different Loving , The Sexual Dominance & Submission）一書便提到，扮演奴隸的服從者把「承受鞭打」看待成「獻身的具體示範」，打與被打雙方都認定這是一種互相信任的展演，也為此驕傲。

在這本書中，有位受訪者從鞭打中談到了「離體」現象：「當我被鞭子抽打時，獲得一種至樂（ecstasy）；我把它形容為超越了肉體，而化成深刻的精神感受，甚至有時發生『離體』體驗（好像在「飛行」）。」

每一鞭都是學問

執鞭者三大要領

不懂門道的人以為鞭打是亂打一通，只要打到對方疼就好，不論怎麼打都行。錯了！這是外行人對鞭打的大誤解。

執鞭主人若要稱行家，起碼必須在行以下三件事：

1. 主人了解不同材質的鞭子，打在身上感覺也不同。
   有必要的話，他會事先跟奴隸溝通，知曉對方需求，

挑選最可能創造那種滋味的鞭子。

2. 主人明白鞭打時要掌握不同角度、用力大小、鞭打
   次數等,這些都會影響挨打的感受。

3. 主人清楚當鞭子打在奴隸身體時,並非每個部位感
   覺都一樣,譬如接近骨頭、肉多、敏感、平常少觸及
   的地方,都有不同知覺。

行家掌握了這三項重要資訊,在旁人看似亂打,其
實每一鞭都有計算,不太會發生「oops」的情況——糟
糕,打重了(或打錯地方了)。

也許上述要求對一般玩家太嚴格,恐怕手邊也沒那麼
多不同材質的鞭子;不需氣餒,即便用來用去還是同
一根鞭子,只要從經驗中學習,慢慢也會抓準角度、
力氣多寡、落點、鞭打次數。

最重要的是,一邊注意受打奴隸的生理、心理反應,
適時做調整,就不難滿足對方。

鞭 子 不 同 , 風 格 各 異

鞭子,是一個名詞總和,長久以來,它的形狀、取
材並沒多大變化。但隨著鞭打變成現代人的性愛遊戲
後,為了配合情境需要、塑造特殊口感,鞭子造型、
材料不斷繁衍發展,以便滿足這個擴大的市場。

一個耍鞭子得心應手的行家,很懂得挑市場上的各式
鞭子,因不同材質、種類、外觀、長短的鞭子,就會
表現出不一樣的鞭刑風格。

一條鞭

也稱一本鞭,分為長鞭、短鞭兩種。

長鞭,就像馬戲馴獸師甩在半空中爆出響聲的那種蛇

鞭，聲勢嚇人。一般鞭打行罰時，沒人會使用長鞭，既不方便且真的會傷人，通常只用作襯托氣氛的音效，唬唬人。

短鞭，包括馬鞭、教鞭、藤條、竹片。

體罰若要來真的，短鞭是最好刑具，不需太用力揮，啾一鞭下去，來勢洶洶，有讓人痛的實力。這種鞭子適合玩角色遊戲，誰不乖就由另一方扮演老師、長輩或象徵公權力的角色，手持教鞭、藤條打人，形象最吻合。

隨手取材的皮帶，功能上也屬於一條鞭，揮打效果類似。以皮帶打人，有點像父親臨時起意修理小孩，有些人喜歡玩「daddy」角色遊戲，就適合使用皮帶。

多尾鞭

資深SM玩家喜歡使用這種多尾鞭，也稱作散尾鞭，因耍弄起來有形有款。

多尾鞭的看頭都在末稍，稱作尾巴，有很多材質，皮質占多數，也最受歡迎。有一種款式，尾巴綁絨毛鬚，雖中看不中用，但對女性很有吸引力，看它粉雕玉琢，都想被打打看。

尾巴通常綑綁成一串墜鬚，有扁平與非扁平之分。非扁平的一大蓬看似嚇人，打在身上卻力量分散，安全係數高，不像一條鞭那般俐落有力，痛感也遠遜不及。

其中一種多尾鞭叫做「九尾鞭」，末端就是九條編結的皮辮子。雖然有點稀疏，但以皮編成辮子呈豎直狀，就像龐克族的雞冠頭。這「九條好漢在一班」非等閒之輩，不用力打則已，用力打也夠人痛了。

其他鞭子的尾數不一，如果質料是長條狀皮片，大概綁個幾十條，才有蓬蓬的重量感。如果質料是纖細橡

皮筋，可多到上百條束綁在一起，量大但輕盈飄飄，很有特色。

　　大部分多尾鬚都走量多路線，若以貌取「鞭」，一大陀體積確實甚有看頭，使鞭打看起來具有表演魅力。當一鞭揮打出去，尾端在半空中散開，就像魔術師將枴杖向上一丟，落下時變成一蓬花，讓觀眾亮眼。

　　多尾鬚另一頭為握柄，幾乎都是木製，多數裹著皮製品，如真皮、塑膠皮，抓握時很順手。有的抓柄作得長，並在外層鑲略帶重量的鋼片，用以平衡另一端故意做長的墜鬚，執鞭者如同耍劍，頗有花式味道。

　　有一款在市場上頗獲青睞的「橡皮筋鞭子」，尾端由一大束細密橡皮筋（通常是黑色）捆成，因材質具彈性，加上細如髮絲，打在身體的感覺彷彿無數隻小螞蟻在咬，又扎又麻。

　　那滋味很特別，喜歡的人雖說不出確實感受，但就是愛無數細密橡皮筋末稍掃過皮膚時，刺中略帶癢勁。

自 製 道 具

　　在你還不確定喜歡鞭打遊戲前，先不必花錢購買，不妨自製鞭子，玩玩看，如對味了，才添購正港鞭子。

　　例如，把乾毛巾扭成麻花狀，兩端以橡皮筋綁緊，就成了一條如粗繩索的鞭子。倘若把毛巾沾濕，變成重甸甸，繩索變得更粗重，效果又上一層樓。或者，不必綁濕毛巾，僅以手抓住毛巾一角，可像甩舞大旗那般，拍擊受打者身體。

　　最簡單一款是塑膠繩。將塑膠繩剪成相同長度，因塑膠繩太輕，也不宜過長，約30至40公分恰好。

　　塑膠繩本身輕飄飄，就算剪成一大束重量也有限，鞭打感覺像神仙拿的那根拂塵。這問題很好處理，在每

根塑膠繩末端打上幾個結，使末端集聚重量，揮打時便有重力跟著甩出去，不僅較順手，鞭打也較紮實。

上述「橡皮筋鞭子」也能自製，效果類似。一般很難買到那麼細長的橡皮筋，可拿釣魚用的細尼龍繩替代，剪成同樣長度綁在一起，再找一支握柄跟繩線頭纏緊，就成了現成的尼龍線鞭子。這一大束極細的尼龍繩會東翹西彈亂開花，沒關係，當揮打在身上，尼龍繩一樣會扎在身上，刺刺麻麻的。

繩子部分，還可用其他物取代，如細麻繩、緞帶、童軍繩。

至於抓柄，最好選擇直徑約在3～4公分的圓柱形狀，材質可以是任何物體如木頭、塑膠等。以經驗得知，抓柄長度在20至25公分間，抓握最舒適。

印地安那‧瓊斯電音鞭子

有一款新鮮貨，叫印地安那‧瓊斯電音鞭子（Indiana Jones Electronic Sound FX Whip），配合最新一集印地安那‧瓊斯探險電影，讓一心想模仿英雄的大人、小孩都雀躍不已（當然人人開心的原因跟小孩不同，他們準備拿去作「特殊」用途）。
鞭子質料類似柔軟棉纖維，一揮下去，就響起清脆的啪啪聲，竅門在你根本不必揮多大力，設計時就放置了電音效果，怎麼揮都會發響，聽其聲，像極了正義英雄拿蛇鞭打擊壞人。
在閨房裡，喜歡玩鞭打的成人，這下不必付出疼的代價，便可聽見震懾的情慾之音了。

鞭打的技法

牢記這一句鞭打遊戲的金科玉律:「不小心打出來的痛,可一點也不性感」。只有在雙方配合下,打出來的各種程度不等的「符合默契之痛」才能撩起情慾,達到情色目的。

不知對方的口味輕重,或未經對方同意,粗心把人打痛了,是一樁十分掃興的事。

勁道的拿捏

當你身為持鞭者,無論對方要求多輕、多重,出手鞭打時,一定先從輕微力道起跳,有人形容這是「鞭子按摩」。

如果使用多尾鞭,就讓尾巴的墜鬚末稍輕拍對方身體,產生適量刺激,讓肌膚適應外力拍擊。

如果使用一條鞭,仔細掌握一開始的力氣,它是「實打實痛」,務必要輕輕落下鞭子,過一陣子後才逐漸推進,讓對方身體緩緩地生熱。

初步階段,採微量餵食,接下來,就看受打奴隸願意承受的「痛感程度」了,有人口味輕,有人口味重。

輕口味者,喜歡墜鬚末稍撫打的刺肉滋味,有點扎癢難分,不真覺得痛。執鞭主人要控制力氣,使末稍剛巧落在奴隸皮膚表層。

重口味者,喜歡被打出痛感,身體因而緊繃,讓每一條神經處於高度敏感才過癮。鞭打主人可加重手勁,但須隨時留意受打奴隸臉部、肢體流露的表情。

一 條 鞭 的 招 式

一條鞭，不像多尾鞭有散開的末端具緩衝功能，鞭子一下去，力道立見，故必須限制在肌肉較多部位，如臀部、大腿上方，肩背次之，但在該處下手絕不宜用力。

除了懂得打在對的部位，也要避開錯的地方：頭、腰、頸、脊椎、手肘、膝蓋、小腿正面、性器官。

高舉法

將鞭子舉高，以斜角揮下，但手臂仍彎曲，不必全舉直，以免力道太重。受打奴隸可趴在家具，或持鞭主人的大腿上。

交叉法

這個打法限制受打奴隸的姿勢，只能趴在家具上（不能趴在大腿上，因距離太近），執鞭主人站在一段距離外，舉鞭由左上而右下、由右上而左下，像在畫叉叉，左右開弓。

請謹記在心！細長一根鞭子，輕輕揮，彈性與韌度不可小覷，一旦輕忽未控制力道，打在身上真的很痛，不可不慎。

多 尾 鞭 的 招 式

多尾鞭有較多的招式變化，持鞭主人可趁揮打之際，表現出專業與優美身段，甚至展現舞台表演作風。這也正是鞭打特有的戲劇感與美感，請善加發揮，勿輕易浪費。

背部，分作上下兩半，多尾鞭下手需集中在有肩胛

骨護著內臟的上背部。不能鞭打接近內臟要害的下背部。

下雨法

最單純的一招，手舉高，鞭子由上筆直落下，陸續連番打。

螺旋法

握住把柄，將尾巴墜鬚一直旋轉圓圈，僅讓墜鬚的末端落在受打奴隸的肌膚，保持微微接觸，不是將全部墜鬚都甩過去。

執鞭主人可順時鐘轉，也可逆時鐘轉多尾墜鬚；從外表看，顯得手腕靈活轉動，局部變化搶眼。

交叉法

與上述一條鞭的交叉法相同，像在空中寫X字母那樣，揮舞著墜鬚鞭打。

挑起法

手握把柄，讓尾巴墜鬚由下往上挑起，觸擊在皮膚上。這個角度本身就有限制，不易過於用力，「志不在鞭打，而在調情」。

適用於受打奴隸採取蹲姿，屁股往後翹，被墜鬚末稍不斷搔癢。

雙節棍法

這種打法需要兩把多尾鞭，最好等長，雙手各執一鞭，像耍雙節棍似地，左右開打，相互交叉揮舞，適用於鞭打上背部，表演味很濃，但相對地情趣也高。

混合法

將以上幾種打法隨興混合採用，變化多一些花樣，同時也使受打奴隸更換感受。

即興法

推翻以上所有方法，就如字面所言，隨興亂打，這比混合法更自由，有時根本是無法歸類的章法。執鞭主子不妨黑色幽默一點，當作在受打奴隸身上溜冰、寫書法、指揮音樂、炒菜、拌奶精咖啡，只要記得管制力道就好。

這個方法的好處是，受打奴隸不再有模式可預期，每一次揮鞭子，都不知道會落在哪裡，也無法預知承受力量的忽大忽小，身體的接收神經變得更敏感。

如果確認手中這把多尾鞭的末端墜鬃不太沉重，可以用些微力氣輕甩在性器官上，對恥部神經產生適當壓迫，而有淺層快感。

練習過鞭打招數後，下一個問題來了：每一鞭之間要間隔多久？

行家指出大約相隔5～8秒，但沒人會一邊看錶一邊玩，一心惦記時間反而分神，建議執鞭主人用默數方式，每完成兩次呼吸就打一下，間距剛剛好，太快或太慢都不宜。

鞭 打 的 舞 台

專業版

最符合刑求的意象，是將奴隸雙手舉高，以繩索綁在左右兩邊的天花板方向。

更典型是將奴隸綁在X形的「聖安得魯十字架」，面

朝十字架，背部可全裸挨鞭子。

這種特殊的十字架只有SM酒吧才有，有機會一定要去這種地方見識，一生中若被綁在「聖安得魯十字架」一次，也算值得紀念。

折衷版

般玩SM遊戲者沒有木架道具，也不想在家裡天花板釘東西，那就採取以下兩種替代姿勢：

1. 奴隸脫掉上衣，貼牆站立，雙手高舉，掌心抵住牆壁，露出了完整的上背部。
2. 奴隸不必貼牆，可站在任何空間，只需雙手交叉抱胸，臂膀往前，讓上背部騰出空間挨鞭子。

安 全 性 要 顧 慮

任何SM項目均有潛在風險，遊戲雙方都有責任盡可能將風險排除。

當中，以鞭打、綑綁最具威脅。如所遇非人，對方不循安全規則，只沉溺於遊戲，下手不知節制，打到後來只顧自己爽，不留意被打者反應，就可能造成傷害。

即使，一起玩鞭打是你的熟悉對象，也未必絕對安全。因為，一般人都不是行家，手持鞭子這種「作假不得」的刑具，常會拿捏不到輕重。

想在遊戲中扮演執鞭的人，最好私下獨自多練習，手持鞭子鞭打沙發、床鋪、牆壁等物，從中體會：

· 鞭子該舉多高？
· 出手時，手臂的旋轉弧度該是多少？
· 下鞭時該用多少力氣？
· 怎樣掌握精準度，想打哪裡就有辦法落在哪裡？

練習鞭打物品之後，改以自己身體做實驗，例如打大腿、手臂，估計力道大小，實際了解出手輕重將如何影響被打者的感受。

切記，鞭打及任何用到刑具的體罰，不能打在有器官在附近的部位如腰部（腎臟）、腹部（小腸），和骨頭凸出，關節所在之處。

鞭 打 的 裝 扮

說到鞭打的戲劇性，可從參與者的習慣扮相看出端倪。

在所有SM遊戲裡，並非每一種玩法都講究扮相。但喜愛鞭打人士通常較愛搞「粉墨登場」那一套，不論執鞭或挨鞭一方都很重視裝扮。這批人堪稱「重裝上陣」，皮革製衣物和飾物最典型，因耐磨本質，表現粗獷氣宇，無物能匹敵。

鞭打不同於一般SM遊戲，很自然地就會走上「戲臺」（stage）的氛圍，散放出特殊「調子」（tone）。這不難理解，鞭打第一要件是「道具」，還不能是任何道具，也不像其他SM動作，可以憑空手或就地取材。

要玩鞭打，不管再怎樣從簡，還是得花點功夫尋找替代品，比方一般繩子太輕，皮帶或許能應急，但有出手太重的危險。上選之道，就是找到或買到 條真鞭子。

道具有了，拿起來便滿有行刑那回事。此時，遊戲雙方情不自禁就會想更進一步「入戲」：那穿什麼好呢？

在入戲前，這批人絕對看過其他同伴亮相，皮衣皮褲、皮靴、皮革或金屬飾品，有的胸前還掛著幾枚搞

不清楚來路的徽章，一身抖擻。

　　想再深入一點的話，執鞭主人也許披上一件斗蓬，從頭到腳都由烏亮的皮革包住，纏緊緊的，益添彪悍。手裡更可能牽著一條鐵鍊，另一端牢牢地套在受打奴隸的脖子，像看管一頭動物。

增 加 鞭 打 的 情 趣

　　日本天后濱崎步在2008年亞洲巡迴演唱會上，最高潮一幕是她揮舞皮鞭，作勢鞭打半裸的男舞者，全場觀眾為她女王般嫵媚如癡如醉。當觀賞舞台上表演，SM被夾帶在載歌載舞裡，有些人腦海不禁閃過一個念頭：對喔，誰說鞭打不能是一場娛樂？

　　重口味的SM玩家都很嚴肅看待鞭打，態度認真，像在執行一場儀式。但輕口味的人，耐性應沒強到從頭到尾都樂於拿著鞭子，一勁地打。「鞭打＋情趣」菜單，比較符合更多人的胃口。

　　該怎樣作，才能為鞭打添加娛樂、情趣呢？

1. 不要一味鞭打，應採取剛柔並濟的律動，如打了一定數量後，改以手指撩搔皮膚，然後恢復鞭打。進行一段落後，又改以指甲輕刮皮膚。下一次，來個新招，對著皮膚吹熱氣。

2. 讓受打奴隸蒙上眼罩，無法預測鞭子將從哪裡來；同時視覺一旦停止輸送訊號給大腦，皮膚下的神經系統自然變得更敏銳，每一鞭的刺激係數將提高。

3. 挨完鞭子後，受打奴隸的身體部位產生溫熱效應，執鞭主人可用乳液加以輕柔按摩。或者，來個芥末玩法，鞭刑暫告一段落時，拿著冰塊在剛被鞭打的發熱皮膚上滑行。

love yourself!

FUN FACTORY

親愛的貴賓您好，

全球情趣玩具的第一品牌德國**FUN FACTORY**在歷經十年的創新研發，二〇〇八年推出舉世驚嘆的作品—**DELIGHT綺拉女神的祈禱按摩棒**。充電式的**DELIGHT綺拉女神的祈禱按摩棒**是劃時代的科技傑作！產品破天荒成為史上第一個得到「RedDot工業設計大獎」的情趣用品，與3M、BMW、SAMSONITE、SAMSUNG、BOSCH等世界大品牌齊名；而後更榮獲有「設計中的設計獎」美譽的「Designpreis設計大獎」，成為史上第一個獲得德國官方推薦的情趣用品！甫上市就在全球各地造成轟動，在台灣也破紀錄創造每月三百組以上的搶購熱潮！

聖誕節的腳步近了，讓我們為您獻上最誠摯的祝福。我們特別為您推出「貴賓回娘家」方案，憑本信件內所附折價券至全台**FUN FACTORY**情趣專門店，即可免費兌換精美的貴賓禮。此外，並可以最優惠的價格親身體驗**DELIGHT綺拉女神的祈禱按摩棒**。現場還有全店限時限量三八折優惠和滿額贈禮等活動，機會難得，敬請把握良機！

FUN FACTORY全體同仁感謝您的支持與愛護！

FUN FACTORY總代理巾幗公司
副總
CoolKid Chiang

FUN FACTORY 德國愛情遊樂工廠
巾幗股份有限公司總代理
地址：台北縣板橋市文化路二段182巷3弄11號6樓
電話：(02) 2254-2422　傳真：(02) 2254-5549
電子郵件：service@funfactory.com.tw

□台北誠品忠誠專門店 (02)2873-0966#215
台北市士林區忠誠路二段188號誠品忠誠店2樓
□高雄大統和平專門店 (07)2241-226
高雄市苓雅區和平一路218號大統百貨4樓(華歌爾旁)
□台北統領茶街專門店 (02)8771-5195
台北市大安區忠孝東路四段181巷7弄15號對面(統領和LUXY後面、東棧找茶對面)

愛情遊樂工廠　搜尋

funfactory.com.tw

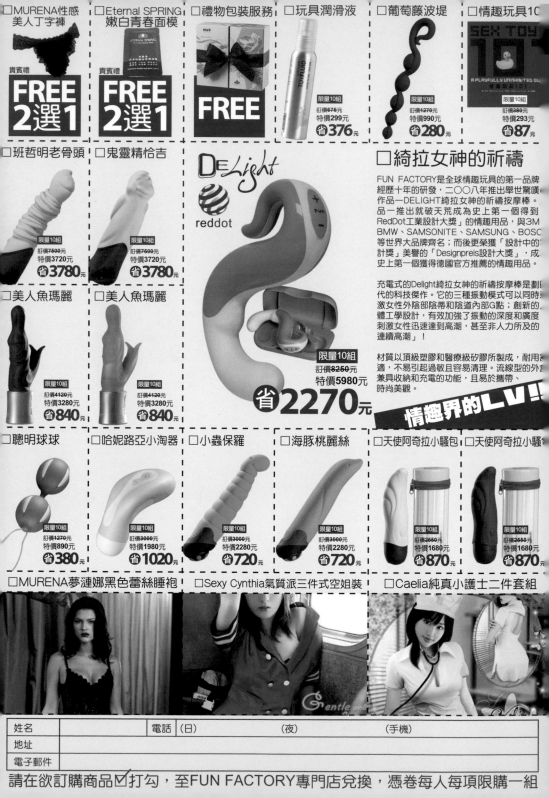

姓名		電話	(日)	(夜)	(手機)
地址					
電子郵件					

請在欲訂購商品☑打勾，至FUN FACTORY專門店兌換，憑卷每人每項限購一組

鞭打也可以浪漫

　　一般夫妻、情侶、性玩伴若玩鞭打，大多數應會打上一陣，嘗到適量滋味就夠本了。那接下去還有什麼搞頭呢？本書一再強調，SM可調教，也可調情，閨房情趣的SM就是這麼好商量。不如，把折磨換成享受，怎樣？

　　你們商量OK的話，請先在房間裡點燃芳香精油，以燭光代替燈光，播放時下流行的心靈Spa音樂。兩個人說好輪流，一個舒舒服服地躺在床上，另一個人以極輕微力道來個「鞭子按摩」、「鞭子擦背」。

　　執鞭角色拿一條鞭，輕輕拍受打角色的屁股；拿多尾鞭，就以末梢摩擦背部。

　　以下過程很重要：力氣從微量漸漸遞增，挨打的身體會累積微疼，緩慢地被刺激分泌腦內啡、乳酸、腎上腺素，加上香氛、燭光、音樂的放鬆輔助，身體被打出來的疼也逐漸轉化為溫暖，並往外擴散，直到全身暖洋洋。這時，鞭打就跟冬天泡溫泉一樣舒服了。

　　我的一位男性受訪者表示，他和玩伴也常進行這種浪漫的「腦內啡之旅」。不過，他們改以洗衣服的那種塑膠硬毛刷，慢慢地刮磨躺下那人的背部。因刷的速度很慢，並不覺得疼，但感到逐漸熱烘烘。安靜躺著體會的人放鬆享受大約四十分鐘，雙方交換。

　　他說，並不見得要喜歡主奴遊戲，或硬性規定的角色扮演，一樣能享有SM的恩賜。

　　別懷疑，這趟浪漫的過程依舊屬於SM，因為就算被體罰得不痛，但以微量累積出來的疼或熱，仍能經過身體的化學作用，換取身心愉悅，它還是SM產物。

Chapter 5

Bondage

綑著你，綁著我

根據維基網路百科（Wikipedia）引述的調查，美國四分之三的男性覺得綑綁具有情色（erotic）意味，而且很多女性也有同感。

　　另外一個大型字典網站「Free Dictionary」也指出，「在做愛中，被人綑綁而動彈不得」是男性的性幻想排行第二名。

　　咦，果真如此？居然有那麼高比例的人喜愛綑綁玩法？是否在我們每個人的體內都有這種潛能，只是還沒有玩到竅門而已？

綑綁，征服與被征服

　　許多人一聽「綑綁」（bondage），腦子浮現五花大綁的犯罪畫面。好萊塢警匪電影助長了這種負面印象，受害人除被綁外，口裡還常塞一團玩意，或被膠帶黏住，悽慘兮兮。

　　不過，並非人人視綑綁為畏途。甚至，有些人反而基於「綑綁是性愉悅的來源」，身體力行去實踐綑綁，享受綁人、被綁過程。

　　西班牙導演阿莫多瓦的電影《綑著你，綁著我》（Tie Me Up! Tie Me Down!），就是最好的例子，充分發揚了「綑綁＝愉悅＝愛慾」觀點。它敘述一位男子綁架了色情片女優，理由竟是「我綁架妳是讓妳有機會了解我，因為我肯定妳會愛上我。」

　　這位小伙子沒攜帶鮮花、巧克力，只準備了一條繩索，將性感的小明星擄綁而去，果然神奇地贏得了美人心。片中，他名符其實地「綁」架了她，以繩子為彼此繫上了紅線。綑綁，在這部電影中等於愛情的一種遊戲形式，不僅不駭人，還挺有吸引力。

　　綑綁，在愉虐行為中占很重要一部分。以綑綁中最高

等級的全身緊縛為例，象徵奴隸在遵守規矩時的極致表現，因當身體動都無法動了，哪還有一絲空間違規呢？

這正是為何在愉虐活動中，常會看見「BDSM」這個詞彙。四個英文字母各代表著「Bondage & Discipline, Sadism & Masochism」，即所謂綑綁、紀律、施虐（主人）、受虐（奴隸）。所以，玩SM幾乎不能漏掉玩綑綁與紀律。

綑綁、緊縛之不同

綑綁，指用繩子綑束身體的部分，如手、腳；緊縛，指綑綁全部身體。
綑綁，只為拘束奴隸行動，好方便主人進行調教，常與其他體罰並用。
緊縛，因全身如包粽子，不需再搭配其他體罰，是一種獨立的虐待形式。它講究繁複的結繩手法，全程可能光玩緊縛就夠了。

綑綁的情趣

當一個人手腳、身體受綑，究竟會產生什麼情趣？

人們不都說「愛情，是征服與被征服的遊戲」嗎？綑綁，正是把愛情征服遊戲具象化，在閨房裡火力十足。

綑綁，本意指束縛一個人的身體；然而，對有綑綁癖好者剛好相反，它是一種道道地地的「解脫」——情慾的解脫、羞恥感的解脫、不可言說之癖的解脫。

有人把「綑綁」稱為「限制行動的遊戲」（restraint game），SM定義的「綑綁」，則偏向情慾色彩，「為了增添性愛趣味而進行的一種安全的擄獲行為」。

綑綁，看起來雖有些殘酷，但它是雙方在玩「成人間無害的暴力遊戲」，迫使一方行動受制，另一方見其無法抵抗，忍不住「多吃一點豆腐」，趁機施予愛虐，聽其呻吟、觀其搖擺，更滋生慾望。

西方人所稱「愛之綑綁」（love bondage）、「強悍的溫柔」，即為此故。

2007年，澳洲針對全國二萬電話用戶調查，發現嘗試過綑虐性愛的男性在心理層面的滿足感，比其他男性高出許多，也較沒有性功能、性焦慮、性侵害或脅迫他人的問題。

箇中原因不難推斷，綑綁遊戲的那條繩索，象徵「各形各色的性壓抑」，當人們以繩為遊戲工具，反覆操練，綁了鬆卸，鬆了又綁，意識層裡等於不斷在練習（或經歷）解除性壓抑。

這項研究結果，扭轉了過去人們對綑綁的錯誤認知。綑綁，不僅能消除性焦慮，甚至早已演變為一門閨房激情祕術。

五 花 大 綁 ， 打 鬧 生 情

妙的是，早在《隋唐演義》，古人已懂得假藉綑綁調情，男女過招。原來，中國搞綁縛的祖師爺竟是尉遲恭。且看第五十二回「尉遲恭雙納二女，馬賽飛獨擒咬金」：

黑夫人手提兩口刀，上馬出營，來到陣前討戰。尉遲恭提槍上馬，跑至陣前，看見女將，一張俏臉，黑得有趣，一時不覺動火，便大叫道：「妳是女流之輩，懂什麼行兵？不如歸了唐家，與我結為夫婦，包妳鳳冠有分。」

戰敗遭擄的黑氏全身五花大綁，程咬金前來說降並代

為提親：「你們黑對黑，是一對絕好夫妻。」

結果，程咬金被潑辣的黑氏打了一巴掌，絲毫討不到便宜。尉遲恭本想她既不欲成親，無須相逼，反被程咬金訓一頓：「就是一塊生鐵，落了爐，也要打它軟來。況你是打鐵出身，難道做不得這事。」

尉遲恭開竅，立即叫手下擺酒，將黑氏推到後帳。

她問這是幹嘛？尉遲恭說要跟她成親。黑氏顯然是認了，埋怨說哪有成親還把人綁住？

等尉遲恭為她解綁，黑氏的火辣脾氣又上來，但被尉遲恭拿住，往床上一丟，趁勢壓在身上。她一陣拳頭亂打，被尉遲恭握牢雙手動彈不得，扭來扭去掙脫，但是力小，終於順從。

瞧這一幕男來女往，幾乎就是俗稱「打是情，罵是愛」的翻版。綑綁，無形中為這兩個性格直率的情伴帶來了鬥嘴的情趣。最後，尉遲恭使出蠻力，壓得黑氏無法反抗，也是一種綑綁的形式。

那樣玩就已經是綑綁了

假如你以異樣眼光，看待那些玩綑綁的人，暫停一下！先在腦海倒帶回去，想一下你自己發生過的經驗。

當你在親熱時，是不是慾望洶湧如陣陣浪頭，釋放了體內獸性？那時，你不想再受到平時「講規矩」、「照章法」的層層約束，只想讓慾望洩洪，憑原始本能行動？

你在激動時刻，撲向對方，將其雙手壓在床上（男性可能還會卸下領帶，女性也可能脫掉絲襪、細腰帶綁住對方）；然後你拚命親吻如雨下，極盡挑逗之能

事，對方越躲，你就越被激出慾望，又親又纏，節節進逼，恣意享受對方難以動彈的身體拼命抗拒。

此刻，你們宛如兩頭發了情的野獸，兩條身子交纏，勾來扭去，不斷摩擦出慾火。怎麼會出現這些「兩獸相鬥」的動作呢？你也不知道原因，但就是有股衝動，想都沒多想就去做了，而且其實你還滿享受的。

或者，角色反過來，你是那個被壓制的人，原本還憑本能反抗，也反抗出一點眉目；但後來也許「笑場」乏力，或被慾望征服，總之你棄守了，放任對方侵掠，如平常所說的「被占盡便宜」。完事後你追想一下，好像這種感覺也挺刺激嘛。

對了！就是這樣！上述調戲我們都玩過，只是不明白原來「那回事就是這回事」！當我們在進行這些「我要你服從我」、「我偏不屈服於你」的拉拒床戲時，就已經算是在玩綑綁遊戲了。

差別在於，我們那時是以雙手、雙腳、身體部位去限制或阻擋對方行動。但認真去想，你壓制對方所動用到的手腳與身體，不都可以比擬為「一條隱形的繩索」嗎？

下一例也很貼切，兩人親熱完畢，其中一位想起身，另一位還沒盡興，以雙腿用力夾緊其身軀不放，繼續黏纏兼撒嬌，這當然也算綑綁的一種型態。

「綑綁」只是更進一步，直接運用了有形的綑縛物如繩索等，綁住玩伴的局部或全部身體罷了，精神上是一致的。

就愛綁上綁下

綁 人 的 一 方

1. 享受捕獵樂趣

在性的情趣中，所謂「主宰」象徵，便是那條負責綑綁的繩索。誰搶到繩索，誰當主人！

小時候玩官兵抓強盜，最後的高潮往往是強盜角色被逮，雙手被反扣（綑綁之象徵動作），是理所當然的下場。

綁人的樂趣，便是「你正在做的事，讓我逮給正著」、「我擄獲了你，看你能奈何」，被綁者無從選擇，必須完全聽命於綁人者。這是一個人對另一個人所能發揮的最大權力，不難理解為何有主人喜歡綁人。

在SM遊戲裡，負責綑綁的主人會假想奴隸是獵物，從綑綁過程中，他的內心便難以抑制興奮：「別躲，別閃，也別白費力氣了。看我權力多大，把你綁成這樣，徹徹底底是我的奴了，哪還躲得掉我的掌心？」

2. 崇拜繩藝美學

玩綑綁如臻行家境界，對綁法很講究，連綁身體不同部位，還得挑直徑不一樣的繩了。綑綁手法一絲不苟，每種綁法務求步步到位，花樣繁美，是一種對美的高度崇拜。

專業綑綁的花樣之多匪夷所思，光看名目就眼花撩亂，如「曬吊」、「桃縛」、「直立一本縛」、「片足吊」、「兩足吊」、「髮縛」、「狸縛」、「逆海老縛」、「蟹縛」、「猿彎」、「封閉縛」……。

有人喜歡綑綁，就是愛上這種繩虐創造出來的身體美學，看著繩子逐漸在自己手下穿梭，轉而在奴隸身上出現美麗花紋，心頭難掩歡愉。

日本知名SM作家團鬼六即最佳例子，其小說特色是讓天性害臊的女性被綁得嬌豔如花，自成一派花俏美學。對喜歡繩藝者而言，是驚為天人之作。

被 綁 的 一 方

1. 放任全身繳械

主人感覺自我膨脹，得意洋洋，直接衝擊性慾。但被綁的奴隸完全受制於人，爽個什麼勁呢？

奮鬥，是所有生物本能。我們在逆境奮鬥，在順境中也不敢太鬆懈，隨時隨地提高警覺。為生存奮鬥，身體常要處於應變狀態，儘管未必風吹草動；但平時若想讓身心完全卸掉警備，實際上很難，因它違逆了生物本能。

只有在一種情況下，臣服才可能發生，就是心知再怎麼掙扎也沒用，只好隨它去（let it be）。

當你的身體受綑，行動不自如，剛開始一定試圖掙扎，但試了又試，一切回到原點，你仍牢牢被綁。最後，不管被迫接受，或認命接受，總之你放棄了掙扎。

你的身體會接收到腦子發出的棄守訊號，全身細胞、神經都被告知：「掙扎無用，投降吧，徹底把自己交出去。」

從身體到意志，你徹底投降了，在這片刻，你可能湧出矛盾心緒：「被綁居然可以這樣放鬆。」——因你是別無選擇，不得不放鬆、投降。

這種被繩子綑綁的形式，比扮演奴隸的角色更深化。

我 就 當 一 次 不 屬 於 自 己 的 人 吧

　　我平常很緊繃，必須不時去做按摩，才能勉強將身體放鬆。從十九歲第一次做愛起，我發現連做這檔事都很緊繃，前後幾任的女友也都發現到。

　　現任女友有次嫌我身體太僵硬，即使她採取上位，我都無法放鬆。她靈機一動，以毛巾將我的雙手綁住，高舉過頭，擱在床上。

　　她大致的意思是說，「好，我們來假裝。你現在被我這個壞女人綁起來了，什麼都不能做，你就乖乖投降。你全身每個地方都歸我管。」

　　起先，我並不能依照她的要求，但慢慢地，從雙手被綁的感覺裡，我想像自己是無法脫逃的犯人，心想「好吧，我就當一次不屬於我自己的人吧」。

　　說也奇妙，念頭一起，我不再擔心床上表現好不好、女友滿意與否，反正我都歸她管，是她讓我不能採取任何舉動；若有任何不滿意處，她自行承擔。

　　我從頭到腳放鬆肌肉，有點給它「耍賴」地躺著，啥事都不幹，任女友以陰戶夾住我的陰莖騎上來，自行抽動。

　　那是前所未有的放鬆，我全身隨著她的抽動，像一根漂流木，沒有自我，徹底投降了，我閉上眼，專心感覺下體被含住、被抽送。第一次感覺如此美妙。

　　做了幾次，我向女友坦承這種情形，她也很樂意配合。以前她都隨便綁綁，現在她真的把我綁得難以掙脫，這樣更好。女友還說，她正好也喜歡這種類似強暴我的滋味。

（男性受訪者編號006）

　　因奴隸雖受主人操控，行動不自由，但還是有手腳活動空間，不像綑綁遊戲這麼「被釘牢」。

　　也有人以性幻想舖陳，自我設想遭到飢渴人士「綁」架，而淪為人家的玩物，任憑蹂躪。有人還常把警察、軍官、獄卒等角色放入性幻想裡，假想自己被代表公權力的強勢者制伏，半點輒也沒有。

2.趁著被綁，享受暴露

有些奴隸有暴露癖，在遊戲中，「身體被綁成看光光的姿勢」，非但不羞，反而性慾高亢。

這些奴隸平日就算剝光了，也不見得有好理由，歡迎大家參觀指教。但他們體內那一股暴露癖蠢蠢欲動，總盼望有機會跳上鎂光燈聚焦的舞台，可以大秀裸體，喜孜孜收割台下飢渴的眼光。

綑綁，正好給了這種暴露癖的人一個最棒理由。

當有暴露癖的奴隸被主人綑住了，全身一絲不掛，他們感覺像是一尊無法行動的雕像，肢體姿勢固定，讓主人「愛看哪裡就看哪裡」。

有暴露傾向的奴隸喜愛被綁，自覺等於把裸露的身體裝裱、打上強光，大聲嚷嚷：「來看喔」。

3.幼年幻想，安全感來源

有些奴隸幼年時產生過綑綁的幻想，例如男生玩牛仔、警匪遊戲，或女生扮演擄來的「押寨夫人」等角色，有過被綁經驗。

當時，身體完全緊縛的感覺，意外滿足了他們潛在的穩定與安全感需求。成人後，這股刺激感依留心中，找到機會就想複製。

4.戀物癖者，開方便門

一些人愛玩綑綁，不管是主人或奴隸，兩人或其中一人有可能也正好是戀物癖者。

因為綑綁遊戲一定會使用工具，如繩子、膠帶或某些適合的替代物，其中有可能投戀物癖之所好。

像膠帶的粉絲就真不少，黏黏的膠質沾在皮膚上，以及塑膠氣味與質感；或者麻繩散發的味道，和它獨特的摩擦感，這些都會讓戀物癖者拜倒在石榴裙下。

5. 裸露恐懼？讓私處休假去

　　與暴露癖相反的，是對裸露懷有畏懼心，他們當然不會設定自己是玩綑綁的料。

　　行動自主時，他們都已都習慣對身體遮東遮西，哪裡還敢被綁？受制於人後，萬一被硬剝衣服……，真不堪設想！

　　但其實，這種人最應該「違逆本性」，硬逼自己來試玩綑綁遊戲，挑戰誠然大，不過情慾的投資報酬率可能更大，嘗到意想不到的冒險快感。

　　你是不是從小被灌輸「性器官是羞恥的」，不能給別人看，自己能不看也盡量少看。對你來說，性器官是一塊身體禁區。

　　但你料想不到的是，若有機會闖進禁區，連私密的性器官也如古物出土，說不定你竟會有異樣快感？

　　如果你是這樣的人，給自己一個機會玩玩綑綁吧，真有可能使你驚豔！因為，人心越感到羞愧的地方，像傷疤越容易發癢，也就會越想摳它，果真摳了，唉唷，好止癢，爽得不可言喻。

6. 強迫露陰的樂趣

　　許多夫妻、情人、性伴侶或其他對象對彼此裸體都不陌生，但那是平常親熱時的「自然裸露」，跟綑綁時所玩的「強迫裸露」不一樣。

　　「強迫裸露」，目的在突顯性器官；也就是說，以特別綁法讓性器官更易被看個正著。在一些狀態下，人們不介意大方裸體，但不會故意「強調展示私處」。只有一種狀況能打破這個規矩，就是被迫，也就是被綁縛的時候。

　　綁縛行家不像電影演的那樣，總將奴隸雙腳併攏，綁成一圈。如此一來，私處就無從顯露了，尤其女性一

屈膝，私處更顯得「隱在山中人不知」。

有經驗的主人反而會以例如「Ｍ」字形綁法，讓奴隸腿部盡量擴張，加以綑綁，彰顯私處或肛門。就算在性對象面前裸露慣了的奴隸，一被綁成性器官像「反剝的橘子肉」，還是會湧上異常的亢奮滋味。

有些主人特別喜歡綁縛還會害羞的奴隸，綑成「此處露陰，敬請觀賞」的姿勢，主人即從奴隸的羞恥表情中獲得成就、快感。

用綑綁逼出快活的真我

讓女人卸下優雅，突破淫蕩心防

很多意外玩起綁縛的女人透露，剛開始覺得怪異，但玩幾次之後，竟被綑綁逼出從未有過的淫蕩興致。

這並不奇怪，多數女人從小被要求舉止端莊，講究美姿美儀，坐有坐相。

這些平時矜持常被帶著上床，束縛自己，怕哼、怕扭、怕被數落淫蕩。

但當她們被綁，花容失色，優雅姿勢全給破壞了，還被綁成各種不雅、土俗、不知羞赦的模樣。她們無力解脫繩縛，終究體認現實，被迫接受了這副新模樣，讓那些深藏的放縱、使媚、浪嬌等女人天性忍不住如體液被催發出來。

讓男人打破面子，禁忌快感湧現

女人在性事上放不開，因為她們被禮教壓抑，男人們則是為面子。

男人在性行為上自我設限，包括不准人家碰屁眼，即使那兒也是性神經豐富的礦源區；不准自己被哈癢，爽到全身如水蛇般扭動……常常男人在床上也有很龜

他 拿 手 電 筒 照 射 我 的 陰 戶

　　我生長在一個保守家庭，甚至我媽媽都沒跟我談過女人月經這件事。從小，我就一直覺得女性的陰部不好看，皺皺好幾疊，如沒有必要，我連看也不去看。

　　我婚前只交過一個男友，我們做愛時都關著燈，就算白天做，也都不會探下頭去看彼此那個地方。但我丈夫可就很不一樣了，他總是要求開燈；不僅如此，還想拿著手電筒看我的陰部。

　　我當然不肯，跟他說皺巴巴的有什麼好看？他竟回我說女人陰戶像雞冠花，彎曲皺摺，有點絨布的感覺，很性感，非看不可。

　　最初，他只是趴下去，用雙手撐開我緊閉的雙腿，拉拉扯扯的，我想他大概也看不清楚什麼。後來，他好說歹說，趁我不注意，竟將我的雙手、雙腳以預謀的繩子綁牢，不能行動。

　　當他拿起手電筒照射我的陰戶時，我差點嚇昏，好像身體有個秘密的疤給他看見了。但我無法反抗，他竟還以雙手撐在我的臀下，用力抬起來，使陰部更向前挺。這樣子，這朵雞冠花開得更茂盛了。

　　我把臉別過去，不管啦，羞恥就羞恥，要看就看吧，不然我被綁了，還能怎樣？

　　當他看得嘖嘖讚美，我才逐漸安點心，也許那地方並沒那麼醜。接著，我居然感到有種嬌羞的驚喜，躲了一輩子的地方，終於就這樣裡外被看光光，對方一點都不嫌棄，我鬆了一口氣。

　　從此，我私處緊緊鎖住的那種不舒服感，慢慢消失，做愛也比較能享受了。

　　有時想起來，我會有點慶幸他曾不理會我的反對，硬是那樣綁住我，才有後來的改變。

（女性受訪者編號045）

毛的時候。

這當下，就得靠繩子把他們牢牢綁住，性對象趁機加以舔奶頭、揉屁眼、全身哈癢。他們一樣會把過錯推給繩子，而沒有心理負擔地爽，哼出聲浪。

奴隸受綁後，主人能作什麼情慾動作？

性學專家研究，經過適度綑綁，會使人更期待下一步的動作。也就是說，一個人被綁後，「身無旁騖」，唯一能作的便是「專注於當下，身體準備接受任何外來的刺激」。

奴隸受綁後，全身處於「無用武之地」，只能靜待處分。所以主人這時千萬不要就一邊涼快了，以為綑綁遊戲已結束。其實綑綁遊戲，綑的過程占一半，另一半是綑完後，如何繼續刺激奴隸專注的身體，勾引其戰慄高潮。

下列三個項目是三大方向，僅各列舉一例，其餘請讀者多發揮創意：

情趣部分

主人將奴隸的雙手反綁，最好矇其雙眼，下令奴隸只能以嘴巴為主人解開衣服。

情色部分

主人命令受綁後的奴隸躺下，不管男奴或女奴，主人皆可以腳趾或腳底去搓擠或滾磨性器官，進行幾近羞辱的挑逗。

對付男奴，一定要磨到他勃起為止；對待女奴，主人則可套用《性愛聖經》建議那一招，以腳大拇趾伸進陰戶裡摳癢。

情虐部分

奴隸受綁的身體，等於遊樂場所大公開，歡迎主人盡情施展體虐花招。

例如，奴隸被綁後遭鞭打，感受就比沒遭綁的自由之身強烈。所有體罰方式都可逐一執行外，還奉送小菜像夾奶頭、搔癢、滴蠟燭等。

【 實錄 】

屁 眼 夾 毛 筆 揮 毫

我跟男友是最近才學會在性過程裡，添加一點綑綁。我們不在乎綑得是否道地，也沒去買專用繩子，就是拿領帶綁住手腕，或借用平常機車後座綑東西的那條彈簧繩。

綁完男友，我都愛想出一些整人的招數，讓他執行。有一次，他被雙手反綁，然後我把一隻毛筆反向塞入他的肛門，要他往前俯，翹起臀部，在我先行貼好紙張的牆壁上，移動毛筆，寫出「I love you」。

看他往前半蹲，屁股像一條狗夾緊尾巴（以防毛筆掉下），亂扭揮毫，實在太好笑了。真不好意思，那次笑得我幾乎漏尿，這樣應該也算快達到高潮吧。

（女性受訪者編號038）

綑綁技巧指南

綑綁，被日本專業人士或同好當成藝術，稱為「繩藝」。他們將綁縛提升至美學境界，常透過公開表演，呈現繩索纏繞人身的繁複變化，令人嘆為觀止。

但一般人玩綑綁很難達到這種水準，若只想「以綑作樂」，也實在沒必要追求這麼高水準。

美學部分雖可放水，並不表示就該亂綁一通。欲利用綑綁製造閨房情趣，一些基本遊戲規則最好還是照著來，才能體會其中樂趣。

以下區分為綑綁工具、方式、分級、產品、安全守則。

綑 綁 工 具

綁人遊戲，以綑綁專用繩索最好，兼顧安全、樂趣。不過只要小心使用，也並不一定非要專用繩。通常只要是條狀、具備一定長度的東西都可派上用場。但每種質材的彈性大小、表面粗細等因素不同，皆要謹慎評估。尤其鐵絲、金屬線、縫衣服的線、釣魚尼龍線因太細緣故，一旦束緊會嵌入皮肉，危險勿用。

綑綁工具有以下數種：

專用棉繩：市面上有專用於綁人的棉質繩索，經過去毛柔化、高溫消毒處理，包有柔軟細紗，並具一定的彈性、硬度，即使深勒皮肉有些痛，也不會傷害肌膚，產生勒痕。

專用棉質繩索長度規格約為十公尺，直徑有6公釐、8公釐，另有加粗型12公釐。顏色多種如紅色、白色、

咖啡色、黑色、藍色。

棉繩，分單股編、多股編。單股編不會在皮膚留下痕跡，多股編會出現辮子印痕。有人喜愛被綁後肌膚留下「到此一遊」印記，購買時就可列入考慮。

玩綑綁，很少只用一條繩索。最好準備五條（依個人喜好自行增減），才夠分開綑綁身體各部位，看起來也較專業。

剛買回來的棉繩，可放在沸水中煮過，會更柔軟而不刺激皮膚。有人甚至以白酒浸泡，並非為了消毒，而是留下酒香，使用時可刺激嗅覺。

遊戲過後，需清洗棉繩。一條有污漬與異味的棉繩，真的很掃興。

繩頭可打八字結，呈一粒雙球狀；如用久了，繩頭有散開跡象，可用蠟將兩端繩頭封住。

童軍繩： 童軍繩最便利之處就是文具行、書店都買得到，價格也便宜。但缺點是通常童軍繩都不長，有人因此用兩三條童軍繩打結在一起，就可當長繩使用。

如果真需要長得能夠東繞西纏，表現美感，就得跑一趟傳統店面如台北後車站華陰街附近，他們都是整捆賣，夠你回家慢慢處理了。

麻繩： 有部分人偏好麻繩的粗獷味道，外觀強悍，非其他繩索可比。一般我們較熟悉的市售麻繩是上麻製造，表面粗糙，並不適宜拿來綁人，易磨傷肌膚。

綁縛時所用的麻繩，是由一種叫「劍麻」所製，表面光滑柔軟，還會以茶油浸泡，增加平滑度。

另有一種「情趣綑綁麻繩」，特地為遊戲而製作。因內蕊為棉繩，表層綑上長纖維麻，也經過茶油泡製，不刺不扎。既有麻繩的外觀優點，也解決了麻繩無彈

性的問題。

但如覺得新買麻繩還是硬而扎人，可「過一趟」瓦斯爐的火，燒除麻繩毛刺。接著，燒一鍋沸水，放入麻繩煮十五分鐘，拿東西翻攪繩面，使沸水完全透入。煮完後瀝乾，再以嬰兒油塗抹繩面。

塑膠繩： 生活常用的紅色塑膠繩，其實並不適合綁縛遊戲，但因方便取得，有的新手還是會拿它當實驗品，先體驗綑綁滋味為何？「試吃不錯才正式進貨開張」。

塑膠繩成品因面寬本來就不大，如綁太緊，繩子寬度會被拉窄變細，綁在身上易刮人。但問題不難解決，在綁縛時把塑膠繩疊合的繩面拉扯開來，弄平一點，寬度變大，就不易傷皮膚了。更安全之道，是在塑膠繩底下先覆蓋一條毛巾，怎麼綁都不會傷皮膚。

但以塑膠繩綑綁很沒氣氛，若試過一兩次，覺得滿有趣，該買棉繩、麻繩或童軍繩就花錢買吧，一定值得。

鞋帶： 有兩款類型，一是像球鞋那種寬而扁，表面呈編織狀，拉扯時具有彈性的鞋帶。二是像高筒休閒運動鞋那種比較滾圓、也較長的鞋帶。

這麼短的長度，不適合綁身體，多用於綑綁陰莖，或銜接兩條主繩之間。

一條全新運動鞋帶不過十元，這種小錢不要省。除非奴隸戀物，強烈表示喜愛舊球鞋帶，不然拿它們上場，挺遜。

衣物替代品： 初試新手常採用家裡隨手取得的東西，像領帶、領巾、皮帶、毛巾、絲巾、圍巾、絲襪、長

襪、男性內衣或女性胸罩。有人還把欲丟棄的滑鼠線剪下一段使用。

如家裡有浴袍，毛巾材質的腰帶也是很好的代用品，長度夠，質料又軟，綑綁效果佳。

新手大多喜歡從柔軟的質料開始，尤其受綁者為女性，有些在這時還是會顧慮整體感官，所以用絲巾、圍巾這類陰柔美的東西綑綁，正合她們的心意，綁人者或許可體貼配合。

被綁者若是男生，比較生冷不忌。用皮帶、塑膠繩綁似乎都可以，用女人的絲襪綁，帶點性象徵也滿好。

膠帶：在電影綁架情節常見，有擄人的粗魯意味，脅迫性很強。若想添加這類情趣，不妨試試。

一般膠帶，俗稱「電火布」的電氣絕緣膠帶，多用來纏繞沒有絕緣皮的電線裸線處，呈不透明狀，有多種顏色，五金行都買得到。它極薄，黏性強。寬度有大有小。還有塑膠膠帶，若拿來綑綁都用寬面透明的那種。還有一種是表面土黃色有細刻紋，可以用手撕斷的封箱膠帶。

另一種為SM專用膠布，採用特殊膠水黏製，拆卸後不會留下黏痕，也容易撕斷。這種專用膠帶每卷長約50公尺，寬約4.5～5公釐，比一般透明、銀色或條紋狀的膠帶安全性較高，可用於封嘴、蒙眼、綑綁身體各部位。

注意！膠帶多用於纏綑手腕或腳踝，有時也拿來封住奴隸口部，但千萬不能連鼻孔一起封。若有封口動作，記得讓奴隸的呼吸管道保持暢通，並隨時留意其呼吸狀況。

保鮮膜：保鮮膜用在綑綁與緊縛，有兩種用途。

一種是扯斷保鮮膜，因質料非常薄而軟，容易搓成長條形，當成綑人工具。

另一種是以大片保鮮膜包裹奴隸身體，層層密封，宛如在纏一具木乃伊。注意，若由頭開始包起，要注意露出口鼻呼吸。

為了情趣，如是男生被包纏成木乃伊，可以牢牢裹住下半身，但唯一露出陰莖、陰囊，突顯其羞恥。同時，也可趁他完全身陷保鮮膜之中，大玩特玩性器官取樂。

藥用紗布：有三種玩法。

1. 以紗布纏繞奴隸的手腕、腳踝。

2. 以紗布包裹全身，玩木乃伊術，同樣可僅露出性器官。藥用紗布比保鮮膜多了白色的交錯織布，不透明，本來也就是埃及處理木乃伊的用具，視覺效果更像那一回事。

3. 以紗布包住陰莖，造成微微的束縛感，刺激勃起慾望。有的為加強緊縛感，會改用繃帶環繞在陰莖桿上。

鐵鍊：想「玩真的」那批人也可能會添購鐵鍊，當成綁人工具，會發出噹啷的聲音，頗具架勢。

綁 縛 專 用 的 情 趣 用 品

手銬：在所有綑綁道具中，手銬最具公權力象徵。被扣上手銬的人很戲劇性地就會自動掉入「投降」情境。

手銬，使主人不僅像主宰者，更像執行公權力的角色。有些男人喜歡被老婆、女友扣上手銬，想暫時顛

【實錄】

百分之百臣服於女人

我跟老婆剛玩SM時，採取克難方式，隨便拿家裡東西湊合；不過，玩到「漸漸入戲了」，我們第一個投資採購的是手銬。

那可能是我的性幻想吧，小時候看外國影集，記得有一幕男囚犯被女警以手銬逮捕，試圖脫逃，胯下還被她用膝蓋頂撞，痛得他抱鼠蹊部哀嚎，當時看得我又愛又怕。

我沒跟老婆透露那個性幻想，但都會要求老婆做愛前把我扣上手銬。我感覺完全臣服於女人，纏了我半輩子的性幻想總算得以實踐。

（男性受訪者編號026）

覆平常的陽剛角色，嘗嘗被動的新鮮味。

市面上出售的手銬，多為鐵製，也有陽剛皮革、陰柔絨布，或塑膠或鋼製品，投合不同口味。不要買太廉價的鐵製手銬，使用前，小心檢查邊緣有沒有刨不光滑的地方。更要小心收藏鑰匙，丟了可得羞答答地找鎖匠哩。

連頸手銬：本產品是手銬的變形，意在突顯奴隸的我見猶憐模樣，多為女性使用，流露性感。

它的手銬與頸套部分都是真皮製造，有襯裡，可以保護手腕和脖子。頸套連著一條鏈條，垂直下來銜接手銬。奴隸穿戴時多為裸體，讓那條鏈條行經雙乳、小腹，造成搶眼效果。

手足固定銬：廣義地講，只要能使身體固定不動，就是一種綑綁行為。有些情趣用品便按照這個原則去設計，如「手足固定銬」。

它是以一根不銹鋼，兩端連結手銬、腳銬，使受綁人的手腳被銬住後，大多俯臥成類似一隻四肢被綑在木桿上的野獸。

情趣綑綁沙發： 它是充氣沙發，在扶手、手腕、檔腳部位設置了手縛帶、腳縛帶，請君入座受綁，號稱「讓你的愛人服服貼貼」。

傳統的綑綁木椅、鐵椅，椅背高，椅腳長，坐墊重，看似行刑電椅呢。

但這款綑綁沙發一看就感覺很好玩，尤其聽見身體坐下去，摩擦充氣塑膠皮，發出啾啾怪聲，正像重返童年玩塑膠玩具那般復古。

綁捆方式組合

綑綁的方式有許多種組合，可依據創造企圖出來的「限制自由程度」加以選擇，主要有兩大類：只綁身體，以及身體與外物結合的方式。

只 綁 身 體 的 方 式

稍息型： 最簡單的一種，要求奴隸雙手伸向背後，綁住兩隻手腕。手臂向後，像是士兵稍息的動作。

護陰型： 要求奴隸雙手往前，綁住手腕，看起來似乎在護陰。這姿勢也像被主人罰站，雙手自然向前下垂受綁，有等候發落的味道。

抱頭型：奴隸雙手舉起，抱住脖子，十指交叉後，綁住手腕。

上下套牢型：綁住奴隸的左右手腕、左右腳踝，只剩中間的腰部可以扭動。

前綑形：命令奴隸坐著，雙手向前伸，將右手腕與右腳踝、左手腕與左腳踝各綁在一起，這時奴隸的身體呈現前俯的C字形。

肉粽形：這是前綑形的變化，命令奴隸躺在床上或地面，手腳皆往上舉，雙手雙足不分左右，全纏綁在一起，像掛著一粒肉粽。

後綑形：命令奴隸平躺，雙手往後，雙腳彎曲勾起。先以繩子綁住手腕後打結，再拉長一截，延伸下去綑住腳踝。這時奴隸身體手腳均往後被綑住，形成腹部往挺前的弓形。

木乃伊形：命令奴隸站立，雙手貼在左右身側，雙腳併攏。以繩子、紗布、保鮮膜將其身體一層層覆蓋，最後綁成一具緊縛的木乃伊。

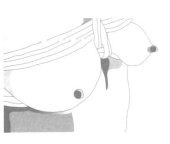

乳房螺旋形：女性陰戶並非很突出於體外，難以綑綁，需改綑乳房。但乳房渾圓，亦不易整體纏繞，通常只綑住乳房下方幾圈，使整粒乳房圓脹，乳頭也更為硬挺。

網路有位署名調教師的男性行家最好此道，他的結論是：「綁緊後，奶子會特別突出飽滿，實在太豔麗了。」

身體與外物結合的方式

座椅綁式：大多數的座椅只有靠背，沒有扶手，故奴隸雙手可以往後，繞過靠背，主人在其手腕處綑綁。若座椅有扶手，雙手擱在其上，主人可將手腕綁住扶手，使之固定。兩腳則分開，腳踝分別跟兩邊椅腳綁在一起。

奴隸的坐姿若能調整，最好令其臀部盡量往前坐，如是男奴，陰莖與陰囊便有空間垂落下來，不被椅墊擋住，主人可一邊玩弄其性器官。如是女奴，挪動身子往前坐，陰戶便易由內向外拱出，也方便主人把玩。

床鋪綁式：這是許多電影、漫畫的著名綑綁法，奴隸手腳呈現「大」字形。雖然被綁是被迫，但因擴張的肢體展現，彷彿在表示「歡迎玩弄我」，而受到綑綁族的喜愛。

古早的床鋪像一座帳棚，有四根聳起木架，用於掛蚊帳、床簾，很方便綑綁。但現代床鋪已無此設計，若要固定人體，便需要長一點的繩索，將手腳綁完後，繼續纏繞彈簧床的床頭、床尾，繞一圈後將剩餘繩子全壓在床墊底下。

「大」字形綁法不見得必須在床上，也可躺在地上，利用四個角邊四樣具重量的家具，綑住撐開的手腳。

棍棒綁式：這個綁法有點像情趣商品「手足固定銬」，只是改用普通的棍棒，雖是克難，也有同樣效果。

取出一根約一般掃把長度的棍棒（也可拿掃把替代，雖然較無美感），當成固定軸。命令奴隸雙腿打開，將其右手腕與右腳踝、左手腕與左腳踝分別綑綁在棍

棒上。

綁成這副姿勢躺在床上，奴隸好比一個蹺蹺板，背心抵住床板，雙腿翹高，彷彿烏龜殼底朝天，翻不了身。

若為女奴，這模樣十分性感，因雙腿隨著綑住的棍棒高舉，「大開門戶」，使陰部與肛門春光外洩。這個姿勢也適宜讓男奴體驗特殊羞辱感，因同樣也暴露了難得一見的後庭春光。

綁 法 難 易 度 分 級

SM的最高指導原則——「不要讓技巧部分成為掃興的原因」，玩綑綁尤其應牢記這點，莫因害怕綑綁技法難而卻步。

綑綁，主要功能在助興，如不會什麼正規綁法也無所謂，愛怎麼綁就隨興綁，有趣就好。終究，綑綁不是「目的」，只是增進SM情趣的「手段」。

不過，既然玩綑綁遊戲了，若只像平常那樣隨便綁兩下，便缺乏一股特別氣氛。主人如能學個幾招基本綁法，靈活應用，被綁奴隸看起來比較像「嚴格紀律下的產物」，玩興也會跟著升高。

低 難 度 的 三 級 緊 縛 （ 手 、 腳 ）

嚴格講，三級是做做樣子成分居多，體恤對綑綁仍怕怕的新手，用來適應練膽。

雙手首縛
要求奴隸雙手腕內側相對併攏，以繩子綑纏手腕四圈，然後繞到兩手腕中間收緊繩圈即可。這是最初級

的綑綁法，奴隸雙手可放至身前、身後。

奴隸手腕雖被綁，但整隻手臂仍能移動，是綑綁遊戲中最輕鬆的一關。此法簡單速捷，沒有痛苦，約束感輕度。

綑綁時，記得都以血管較少的地方為主，如綁手腕外部就比手腕內側安全多了。

頭後手縛

命令奴隸雙手伸向腦後，手腕交叉，以繩子綑綁手腕。這個姿勢因手肘必須高舉，將胸口撐開，有些微痛苦，難度、約束感皆屬中等。

此一綁法使奴隸胸部仰挺，適宜進行上半身調教，像折磨乳頭、以多尾鞭拍打前胸等。

腳踝綑綁

以繩索綁住奴隸腳踝，跟「雙手首縛」一樣，也是以繩子綑纏腳踝四圈，然後繞到兩腳踝中間收緊繩圈。

中難度：二級緊縛（上半身、下半身）

二級緊縛，會造成上半身或下半身整體被束縛，算是有點SM味道了。

綁手與腰

命令奴隸站立，雙手自然垂放，擱在後腰部位，先綁住手腕，再繞著腰部纏綁幾圈。此時，奴隸手腕與手臂皆被固定，自由度較小。

綁手與胸

1. 這個姿勢稱「反手乳縛」，適合女奴。命令她雙手

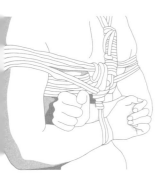

伸向背後，右手抓住左手肘，左手抓住右手肘，這一來，她的胸部會充分向前挺。綁完她的雙手後，繩索繞到前面去纏繞兩邊乳房各數圈，乳房將更形脹大。

2. 另一相似姿勢叫「前手乳縛」，亦適合女奴。與上一姿勢差別只在女奴兩手肘改為向前互抓，形同抱住雙乳。優點是奴隸的背後，從頸子、臀部到小腿都是裸露腹地，既養眼又可利用這塊區域略施薄懲。

雙腿併縛

命令奴隸將雙腿併攏，以繩索綁住大腿根部、膝蓋上方或下方（不要綁膝蓋）、腳踝三處。奴隸從大腿到腳踝完全無法分開，彷彿美人魚的下半身。

曲膝綁縛

先綁住奴隸的腳踝，令其曲腿，繩索再拉長去纏綁大腿根部，使兩點之間固定，強迫下半身曲膝。

M字開腳縛

1. 奴隸採取坐姿，雙腿曲起著地，有如「M」字母。使用兩條繩子，分別將奴隸右大腿與右腳踝、左大腿與左腳踝綁在一起。

   這個姿勢能使奴隸下體被迫像兩片蚌殼打開，蜆肉一覽無遺。主人也可命令奴隸坐在沙發，方便以水平視線，欣賞奴隸張開雙腿露出私處。

2. 另一種坐姿是盤坐，雙腿攤平，同樣以繩子將右大腿與右腳踝、左大腿與左腳踝分別綁住。

   下體一樣無處遮掩，但大腿因盤坐的角度大，私處裸裎得更開敞。

陰莖綁法

男人性快感主要來自性器官，綑綁到緊要關頭，當然免不了綑綁陰莖、陰囊，造成壓迫快感。

綑綁陰莖，不適合一般稍粗的棉繩，須用比較細的材料。有人愛用直徑很細的棉繩（纏綑肉粽的白色細繩），有人則愛用皮鞋帶、運動鞋帶。

以細棉線為例，先將陰囊根部纏繞數圈，絕不能緊縛到毫無空隙，鬆緊度需適中。纏住陰囊根部的原因，在促使性器官充血，產生壓迫感，對受綁男奴會有爽勁。

也有人以橡皮筋套在陰囊根部，或買現成的陰莖套，在奴隸未勃起前，將陰莖、陰囊一併塞入。等勃起後，血液流滿陰莖海綿體，被陰莖環擋路，無法倒流回去，可讓陰莖在遊戲過程中保持挺直。

綑完陰囊根部後，開始綁陰莖桿。綁法有兩種：
1. 交叉形：在陰莖桿上形成交叉地綁。
2. 纏繞形：一圈繞一圈密密纏住陰莖桿。

如果奴隸無包皮也就罷，若有包皮，兩種綁法都要避免在包皮上打結，不然會因包皮滑動，而使整條繩子鬆脫。有包皮的正確打結法，先將包皮從龜頭拉下，然後在包皮下放半公分的陰莖桿上打結，便不會滑落。

有些幽默玩家綁縛男性後，畫龍點睛，會在陰莖上綁個蝴蝶結，突兀卻惹笑，效果特佳。

綁縛陰莖時，若未完全勃起，須預估陰莖充血後的粗細，才知要預留多少寬度。絕對不能太緊，但也不宜過鬆。但如新手沒把握，寧可都從「鬆」處理，再慢慢抓經驗。

通常陰莖被綁時，都還未達到完全充血狀態，應屬半硬半軟。等綁好了後，陰莖受到繩子束縛刺激，會漸加興奮而全面充血，原本繩子造成的箍束感也變得越來越緊。

很多性器官被綁的男性大力推薦，說那種「越脹大越緊繃」的感覺格外爽，沒嘗過的新手都該體驗。

男奴若感覺不適，必須以「安全暗號」向主人反應鬆綁。這是陰莖綑綁遊戲的最重要部分——安全考量。

陰莖，是男人身體最精緻細嫩之處，肌膚底下的微血管極其精細，絕對要牢記「陰莖是寶貝兒」，主人一定要隨時留意陰莖受綁後的變化。還有，緊縛時間不能太長，剛開始玩的人淺嘗即可。安全，勝過一切娛樂效果。

通常，綁縛行家一次都會備妥幾條繩子，長度各不同，甚至堅持挑顏色，增添性感與美感。

請看左圖：

以白色棉質繩索綑綁下半身，使私處亮相；另以紅色運動鞋帶綁陰莖，再以黃色的休閒鞋帶綁住腳拇趾與陰囊。整幅畫面顏色呼應，線條錯落，就是成功的綑綁實例。

高難度：一級緊縛（全身）

命令奴隸十指交叉，兩隻小臂併攏後，先從手腕綁起，直至手肘。

接著，綁奴隸的腳踝與膝蓋，使其全身上下無法自由行動，只有腰部可扭動，彷彿一隻蚯蚓。

另一種綁法就是前述的木乃伊式，可用紗布、膠帶、保鮮膜將奴隸身體、雙臂、雙腿整個纏繞。

超高難度：高吊緊縛

作法：奴隸除了全身受綁，還加上吊刑。利用吊鉤與繩索，將身體離地懸吊在半空中，可剝奪奴隸對地面的依賴，加深無助感。

吊刑分為幾種，除「豬縛吊」、「逆海老吊」、「金雞獨立單腳吊」、「倒吊」、「空中坐式吊」，較常見是奴隸身體離地的水平吊，技術較難，已屬專家級表演規模（需要道具如滑車、吊樑），一般閨房中不太用得著。而且，這些吊刑很磨人，奴隸吊得兩三分鐘就汗淋淋，實在不是一般新手應付得來。

咱們這些SM的「升斗小民」還是認分一點。吊刑，是連專家都敬畏的神物，請勿嘗試。

經典綁法：龜甲縛

綑綁裡最經典的「龜甲縛」，讀者不必有壓力非學不可，但就算純欣賞亦感讚嘆。以它為例，大家來驚豔一下綑綁的奧妙。

龜甲縛，也稱「鎧甲」。龜甲縛，綁在男、女身軀皆宜，是美麗的全身綑綁法，技巧不算太難，且綑綁後全身出現龜殼般花紋，視覺效果好，實用兼具美觀。

想領教進一步綑綁美學的新手，可選龜甲縛練手技。

步驟如下：

1. 準備一條約9公尺的繩子，掛在奴隸的頸部，繩子中心點位在脖子後根。
2. 在鎖骨下方先打個結。
3. 打了結的繩子垂下去，在胸部之下、小腹之上兩處，將繩子各交叉一次。

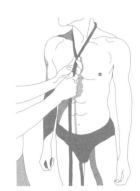

步驟：1+2

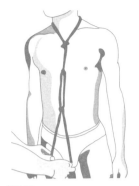

步驟：3

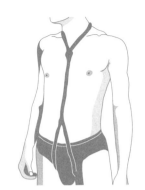

步驟：4

步驟：5

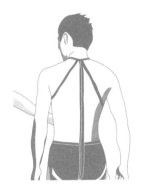

步驟：6

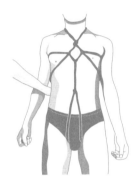

步驟：7

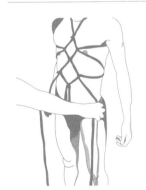

步驟：8+9

步驟：10+11

步驟：12+13

4. 繩子繞過胯下時：若是男生，將兩條繩子岔開，從陰囊兩旁繞過，小心別壓到蛋蛋。若是女生，將兩條繩子合一，剛好崁入陰唇內溝，像被肉瓣夾住一般。

5. 兩條繩子從臀部縫拉出，一直往上拉，再由原本綁住脖子的繩圈下方穿過。

6. 穿出來的繩子分開左右，各通過兩邊腋下，繞到胸前。

7. 繩子橫向從（步驟2的鎖骨打結處、步驟3的胸部以下交叉處，這兩者中間那一段）繩縫中穿過，再以斜角繞到腰部後面。檢驗一下，這時兩粒乳頭間的繩子應變成一個菱形。

8. 將繩子從貫行背部的那兩條繩間穿過去，繞回胸前。

9. 重複步驟7的動作，繩子從（步驟3的胸部以下交叉處、小腹之上交叉處，這兩者中間那一段）繩縫中穿過，又形成另一個菱形。

10. 繩子繞到臀部下方。

11. 繩子再從大腿間拉出，又繞回到大腿後方。

12. 將殘餘的繩子全繞在大腿上。

13. 最後打個結固定，大功告成。

　　以上每一步驟綑綁時，要邊綁邊拉緊繩子，綁得結實，綁完後才不會鬆垮垮，就不美觀了。

　　龜甲縛只在身體部分緊縛，不綁手腳；若要綁四肢。需結合其他綁法綑縛方法。當女性被綁成龜甲縛時，全身若掙扎，一定會扯到崁入陰戶那條繩子，產生摩擦，對女人「會很有感覺」。

　　有些男人認為將體態豐腴的女人綁成龜甲縛，繫住的肌肉會從繩子的每個菱形中擠出來，肉香四溢。

　　就算照著示範的分解動作，很多人仍覺得難。沒關

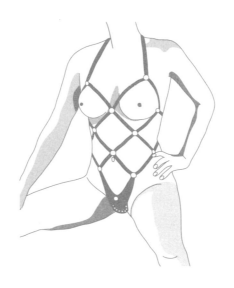

係，在情趣用品市場裡，很容易找到穿戴型的龜甲縛裝束，模仿原本圖案而裁製，根本不必自己綁，只需像穿衣服那樣穿起來，就跟身綁龜甲縛一般。

除龜甲縛，還有許多模仿綁縛花樣的情趣成衣，任個人美感挑選，說也神奇，穿上後，SM的魔法自然發酵了。

綑 綁 穿 著

裸體：最激情的穿著就是什麼都沒穿。裸體綑綁，全身一目了然，全裸的皮膚搭配繩索，飄出了濃濃色情味。

內衣：不管男女穿著性感的內衣褲，例如突顯乳房的胸罩、造成下體激凸的男性內褲，或半透明、蕾絲邊、丁字褲，本身已很搶眼，若加上繩綑的畫面，有時比全裸更煽情。但如你的內衣褲不夠性感，甚至變形、褪色，那寧可全脫了吧。

局部衣物：或許是電影常出現這個畫面，許多男人覺得女人套著寬大男性襯衫，而下半身全裸，襯衫下擺剛好遮在恥部水平線，使陰毛忽隱忽現，最是撩人。

不少女生也覺得男生裸露上半身，只穿一條緊繃牛仔褲，褲頭鈕釦打開，拉鍊僅拉下一點，露出內褲或些許陰毛，十分養眼。身上只著局部衣物，就有這項好處，以欲露還遮挑逗視線。

僅著絲襪：這是日本男人的最愛，常讓女性上半身仍穿著上班外套，裡有襯衫。但下半身有兩種選擇，一是不穿內褲，二是穿內褲，不過無論哪一種都要著絲襪，以及高跟鞋。當女子被綁時，採取半蹲姿勢，屁股縫在絲襪內隱隱顯露，姿勢撩人極了。

行業制服：在情趣遊戲裡，制服本來就有一票人著迷，對特定行業編織綺思，甚至到「制服癖」的程度。

穿制服玩起角色扮演，更添真實感。有些男生鍾愛女生以護士、秘書、（法國式）女傭、空服員、學生制服妝扮，別具用心的話，何不安排玩伴穿制服出場，深化戲感？

有人愛制服，自然就有人想更進一步，把穿制服的對象綑綁起來，滿足「染指特定角色」所帶來的性幻想。

上班族套裝：有些人對上班族有偏好，如男生穿西裝、襯衫，打領帶的斯文外貌；或女生穿套裝的正經模樣。

上班族在辦公室一向帶點嚴肅，在玩綑人遊戲時，如刻意穿上班服而遭綁，平日端正形象這下落差大，明

顯在整人，豈不好玩？

即使你自認沒有制服癖，但偶爾自己（或要求對方）穿上制服來玩綑綁，在過程中去體會制服所代表的角色，或許會撈到意外的樂趣呢。

綑 綁 地 點

自家：家裡應該是最多人玩捆綁的地方，好處是私密、安全、熟悉門路、有資源隨手取得，但缺點是沒新鮮感。

在床上玩綑綁，很傳統，新手適合從這裡開始。客廳有沙發、座椅、桌子，也有地物之便。浴室，很有開發潛力，可令奴隸綁後躺在浴缸，塑造綁架氣氛。綑綁加淋濕特效，更為刺激。

一夜情SM

「只跟熟悉的對象玩SM」當然最好，但並非人人都有伴侶或熟悉性對象。大家心知肚明，現代社會一夜情頻繁，男女異性戀如此，男同性戀無受孕、婚姻等複雜因素，一夜情更多，主要途徑是從網路上找尋對象。

所以，硬要說不能跟陌生人玩SM，等於無視現實，自欺欺人。那就來面對事實吧！

選擇一夜情對象玩SM，必須認知有一定程度風險，畢竟搞不清楚這傢伙居心如何，或有無暴力傾向？

既然對有些人來說，跟初識者玩SM或綑綁無法避免，重點便應放在：怎樣將風險降至最低。慎選SM項目（譬如絕不可包括窒息、吊刑等高危險動作），事前務必溝通清楚彼此需求。

你若當主人還好，如當奴隸務必注意任何疑心之處。與對方見了面，察覺一絲不對（如對方有酒意、嗑藥或意識不清嫌疑），即刻抽身。就算跟看起來安全的對象玩，也要隨時保持警覺。

若要相約，地點盡可能在自家，或公共場所如你指定的飯店，避免到對方住處。

賓館：現在很多賓館都有SM主題套房，打電話詢問最方便，先確定裡面有哪些設備？譬如「有沒有吊床」？多打聽幾家，選擇最對味的。

一向都在家親熱的夫妻或情侶，偶爾一定要去賓館報到，利用專門設置的地形地物，以及不同於自家的整體氛圍，享受全新的視覺刺激。

公共空間：公共場所有被撞見的風險，但也因此特別刺激。地點包括下班後的辦公室、樓梯間。

這遊戲主要好處在促成心跳加劇、腎上腺素分泌增多，迅雷不及掩耳地玩幾下就好（如演戲式的強迫親吻、愛撫），不宜有過火行為，一切只為偶爾嘗試滋味。

在公共空間玩綑綁遊戲，不能拖久，必須在短時間內完成，安全逃離現場。身手太慢或心臟無力的人，最好勿試。

搭 配 玩 法

搭配體罰

純粹光玩綑綁而不體罰，就像吃陽春麵，湯汁淡而甘。玩綑綁以外，還奉送鞭打、打屁股等體虐，則像吃大滷麵，麵團裡一堆豐富配料。

人各有喜好，喜愛吃哪一種麵都好。但僅玩綑綁太像在表演繩藝，一般多會在綁完後，順便玩一些體罰花樣。體罰奴隸時，其身體遭綑綁與否，感覺大不同。

以刮陰毛為例，當奴隸自動張開腿被刮恥毛，羞辱效果似乎不大（倒還比較像主人在做除毛服務）。

但奴隸若躺在床或地上，手腳被綁牢，呈現「大」字形，臀部下甚至墊枕頭，使陰部突出。這時，主人開

始刮奴隸陰毛，一邊故意玩弄性器官，奴隸身體只能微調扭動，毫無閃躲空隙，那受辱感就濃厚多了。

如果奴隸被綑綁，身體固定不能動，不管拿鞭子抽打、木板拍掌臀、滴蠟燭、搔癢，或僅掐捏扯拉，感受都會加倍。

搭配眼罩

奴隸被綑綁雖失去行動力，但雙眼能視，看見主人一舉一動，心裡都預作了接招的準備。若奴隸被綁後，視線被遮住了，才會失去安全感，覺得徹底孤立，隨時擔心「不知身體忽然哪裡會被折磨」，加深遊戲弔詭性。

搭配面罩

玩綑綁，主要是伴隨著羞辱刺激。但新手起初不適應，有的會擔心難以應付。這時，頭罩是很好的擋箭牌。當奴隸臉部都遮在頭罩中，有如戴著假面，心情比較能放開。

這類型頭罩可在情趣店鋪選購，有皮質或塑膠材質，露眼洞，有的口部還設計以拉鍊封住，更具SM調調。

即便不是為了遮羞，戴上頭罩也有加重奴隸身分認同的優點。

搭配外出

有的主人在室內綁好了奴隸，雖有成就感，但仍嫌觀眾不夠多，掌聲少了點。他們會玩得像在吃生魚片，要沾很多芥末，吃起來才夠嗆。

這類主人先將女奴的胸口與雙乳都以繩索纏住，再令其穿上不露底細的衣物，陪他一起外出到超商買東西，或去咖啡廳小坐。

對女奴而言，把室內當奴隸的私下感覺，帶到人來人往的公共空間，身體又隨時有綁牢的意識傳回神經，那滋味可真絕無僅有了。

搭配口球

口球（gag），是一種情趣用品，做成球狀給奴隸含在口中，感受堵嘴巴的無助滋味。主人可以多喊幾次「再叫給你戴上口球」，添加過程裡的恐嚇氣氛，直到真的為奴隸戴上口球為止。

戴口球，奴隸一定會流口水，成年人早已「斷涎」，此時大流口水，滴得四處會倍感屈辱。使用口球時，一定要徵詢奴隸同意，有些人會對這玩意發毛，絕不能強迫。

搭配鏡子

鏡子雖非綑綁工具，卻是綑綁助興的好工具。

綑綁，最刺激之處在於使被綁的奴隸受辱，是肉體加精神的SM。所以，如果能在鏡前綑綁奴隸，或於綑綁後將奴隸帶到鏡前，看到自己被綁的「不名譽」樣貌，等於加重受辱程度。

安 全 守 則

第一：絕對不能綁脖子

任何綑綁的動作，都要在安全條件下進行。玩綑綁，一定要認知這項遊戲確有其危險性，萬一輕忽可能後果嚴重。無論任何情形下，都不能綁住對方或自己的脖子。

少數人企圖利用掐脖子，或以工具勒脖子，阻斷呼吸，達到窒息式性愛高潮。這是極端危險的動作，在

此強調「連試都不要試」。

第二：打死結要留心

綁人像綁東西，最後終需打結，以固定綑綁狀態。大多數人綑到最後，都會打兩個活結，其實就是所謂的死結。因若只打一粒活結，很容易繩索脫落。

打死結沒關係，如遇緊急狀況，那種粗直徑的繩索其實並不難以手解開。但為了更安全起見，遊戲之初，手邊便需準備如剪刀這類的急用器材。

第三：盡量只跟熟悉的對象玩

奴隸遭綑綁後，等於完全受制於主人，挑對玩伴很重要。挑選綑綁遊戲的對象，最好限於認識的人，能掌握其來路與背景，如夫妻、情侶、固定性對象、朋友介紹或是有管道了解其身分的對象。

第四：主人全程留意，奴隸身體安全係數

綑綁之前，主人需確認奴隸的體型、身體柔軟度，如身體肥胖、筋骨僵硬都該考慮在內，別強逼身軀做太痛苦的彎折動作。

綑綁後，主人要隨時注意奴隸的身體狀態，如體溫、臉部和皮膚顏色，觀察是否有不正常訊號。若奴隸表示關節、股溝、腋窩發麻，主人要立即鬆綁。繩子纏身會阻礙血液流通，不能在動、靜脈流經處打結。

奴隸自己被綁，有時太入戲，見不到自身的顏色變化，如血液不通，變白或變紅，這些都是主人要負擔的全額責任。

第五：主人綑綁後，勿離開現場

有些主人是新手，上場太緊張或興奮，易忘記風險。更糟的是，沒經驗的主人也許還跑去上廁所、喝水、接電話，或被臨時事況分心，完全遺忘奴隸的存在。

主人有絕對的責任負擔奴隸安全，當綑綁後、卸綁前，即不能讓奴隸離開視線以外。

第六：避免傷及皮膚，繩下墊東西

除專用棉質繩索等少數柔軟質材，其他繩索都有可能會磨傷、勒痛肌膚。所以綑綁時，在繩子下先墊毛巾、手帕或軟布，才纏繞手腕、腳踝。尤其綁到經絡或血管處，最好都在繩下墊東西。

雙手，是最常被綁的部位，有人嫌毛巾看起來不專業，建議可戴上打網球的手腕護套。有了護套，無論怎麼綁，手腕都不怕磨擦。

綑綁族未必愛SM

喜歡玩綑綁者當然有可能也喜愛SM，他們就愛「綁起來好生細細折磨」的雙重操作。

但是，有件事必須釐清，兩者未必有相關連，意即綑綁族喜愛綁人或被綁，但不見得喜歡製造別人疼痛，或讓自己感到疼痛。他們所追求的樂趣，僅在於綁人的主宰成就感，或被綁時的「任你發落」。通常是，綑綁族並未將自己列入SM社群。

假如在過程當中，被綁者的身體被綁縛的工具弄痛了，如選用粗麻繩而磨傷皮膚，那他們的興致就會降低，甚至消失。

因此不能想當然爾，就把綑綁等於SM，如遇見一位喜愛被綁的對象，便粗手粗腳把對方綁得傷痕累累。除非，對方事前明白告訴你「吃痛」就是他要的菜單；不然，綑綁就是綑綁，玩法單純一點。

Chapter 6

Body Map
SM身體情慾地圖

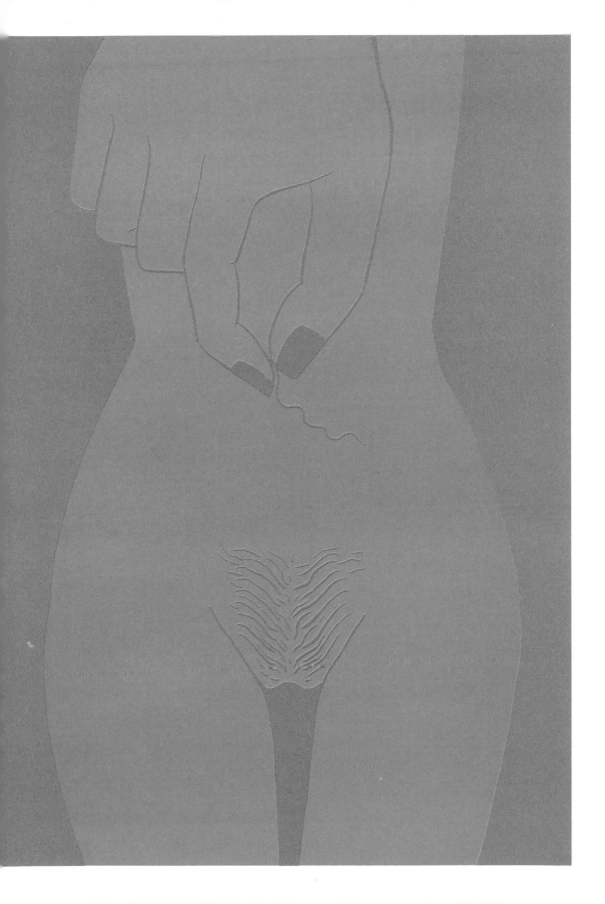

體驗SM式的全身探索

一般調情做愛,有所謂「性感帶」。在SM遊戲中,身體則另有不同的情慾地圖,分別適合製造痛、癢。它可能與原先的性感帶重疊,也可能另闢戰場,玩家不要拘泥舊規,以全新的觀點,攤開身體的SM情慾地圖,開始冒險尋寶吧。

體 毛

體毛,分為頭髮、腋毛、陰毛、肛毛,男性還有胸毛、鬍鬚、腿毛、臂毛。

不管哪種體毛,在SM遊戲裡都是情慾資源,可惜常遭忽視。當毛髮從毛囊中拔起,均會產生一丁點刺痛,那就是SM追求的效果了。

妙的是,拔不同部位的體毛,單根拔或多根拔,感覺都不太一樣,應靈活善用。

頭髮:玩法不適合只拔一根,而是抓一束,像電影裡兩個女人打架扯頭髮那般。當然不需用力到像在打架,僅抓住一把稍稍使力拉,感覺就出來了。

其實,平常自己以適度力氣扯扯頭髮,有按摩頭部、刺激頭皮的減壓作用。但在SM遊戲,可以用來演戲,例如進行拷問時,主人可抓著奴隸的頭髮,使其頭顱往後傾斜,讓主人就近湊著耳朵,恫嚇十足地出言「逼供」。這是很戲劇感的玩法,聽說玩過的人覺得拉頭髮動作特別逼真、受用。

不過,假如對方禿頭或微禿,識相點,這一招免了吧。

陰毛：全身最具有性的象徵，應花點時間「在草叢裡」流連。想以陰毛整人，有三種方式：

1. 拔除：無情地「旱地拔蔥」，若只拔單根，像被蚊子叮一口；或以指縫抓起一把陰毛，微微用力往上拉扯，會刺激整片恥部神經末梢。

2. 剃毛：好端端地被剃陰毛，能滋生「羞羞羞」之感。當成人原本蓬勃的陰毛叢剃得光禿禿，露出孩子氣、形同未發育的恥部，會讓當事人覺得怪異、受窘。（刮陰毛細節，請見第七章）

　另有一途徑，不必剃光，而是拿剪刀隨興亂剪，讓陰毛如絲絲髮屑飛舞，七零八落。不必剪得整齊，像狗啃過才有難堪效果。想誇張一點的話，主人把剪下陰毛抓捏一撮，撒落奴隸滿臉，「羞辱戰俘」。

3. 染色——將陰毛如染髮般變色，使性器官上方看起來怪里怪氣，荒謬惹笑，正是這招用意。千萬勿用油漆，下場你知道。最好使用水彩、廣告顏料，遊戲結束沖沖水就洗掉了。

　塗色後，一定要拿鏡子給奴隸瞧，看看陰毛「變成什麼鬼樣子」，深感好氣又好笑，效果才算達成。

　肛毛：位在兩片臀部間的股縫裡，一般男生較會長肛毛。它是人體最隱密的體毛，幾乎不曝光，也甚少被碰觸，只消拔一根，皮膚下的神經便如處女般甦醒，刺痛一下。

　肛毛用手拔容易滑脫，最好用拔毛夾。夾住一根後，用力拔起。越接近肛門四周的毛，被拔時也越敏感，不要錯失。

　除了拔毛，「身體最隱密的後巷子」——股間，也很

適合剃毛，比刮恥毛還羞辱。兩片屁股中那條縫，經年門扉深鎖，當剃毛時，主人需先把奴隸兩片屁股掰開，「不名譽案底全掀了」；一刀在手，主人將奴隸兩股間，連同私密的肛門周邊，都被刮得光溜溜，露出一朵日人俗稱的菊花，萌生「含羞花」窘迫情緒。

陰囊毛：陰囊上長著稀疏捲毛，同樣地，最好使用拔毛夾，一次一根，狠狠拔起，男奴絕對悚然一驚。

腿毛：男性若有濃密腿毛，可剪一片寬膠布貼住，用力扯，扯下一塊面積腿毛，有時還真痛哩，口味重者可偶一為之。男人手臂若長密毛，也可依照辦理。

短髭：使用拔毛夾一次一根地，猛然拔起。拔嘴唇上的短鬚，會比拔下巴上的短髭痛。

乳頭毛：有些男性乳頭周邊有體毛，因乳頭屬於敏感地帶，拔毛時感覺宛如被針扎到。

用毛髮搔癢：全身毛髮並非僅能製造痛感，有時癢更是一種折磨，或者愛撫體毛一陣，突然停手了，讓奴隸興奮一半懸在半空更難熬。

譬如，在胸毛、腋毛、陰毛地帶發揮五爪功，像章魚觸鬚般快速撥動、抓耙，也可像調情般愛撫，看奴隸興奮起來了立即停下，吊吊胃口。

乳頭

乳頭是SM遊戲中最具開採潛力的礦區。它突出於皮膚表面，方便「輕挑慢捻」。乳頭具彈性，皮層組織

也較厚，不像平滑皮膚禁不起消磨。

　　男女乳頭經由刺激後，都會膨脹硬挺，敏感度提昇，迅速接收施虐感。

　　一般以為女人才喜歡乳頭被揉弄、吸舔。假如男人也愛被玩乳頭，就是不夠男子氣概。這觀念大錯特錯，男女乳頭均分布豐富神經末稍，都能引發快感。

　　很多男人為此觀念所害，以意識封死乳頭快感，就算被摸舔，生理明明爽了，心理還故意否認排斥，等於自動放棄快活權利，太傻了。

用手捏夾

1. 以食指、拇指捏住乳頭，用力擠壓、搓揉；或像拉嚼過口香糖，將乳頭從皮膚上往外拉。還可用指甲掐住乳頭，稍微用力擠幾下，或一邊擠一邊拉，造成挨針般刺痛。

2. 將食指、中指同時彎曲起來，形成平行的兩根鉤子狀。當兩根手指像蟹鉗夾住乳頭，此舉非小兒科動作，蟹鉗般兩指很容易使力，想夾多緊就多緊，這時再把乳頭一拉，準有得受了。

用嘴吸舔

1. 以口吸吮乳頭，但必須搭配綑綁，奴隸在爽快之際卻不能動彈，無法發洩的舒麻反變成折磨。如不搭配綑綁，奴隸乳頭被吸得一爽，身體手腳亂顫，不了拘束，那是純享受，失去SM磨人精神。

2. 用牙齒咬齧乳頭，但只能輕咬；或者，以上下兩排牙齒像咬一粒櫻桃般抵住乳頭，然後牙齒慢慢左右挪移，刮磨乳頭。

用蠟燭滴

可將乳頭當成「投彈」目標，燭油全滴在上面，集中感覺。

使用虐乳道具

遊戲中若有虐乳道具出現，掛在胸口上，極其搶眼，最能烘托SM氛圍。找找家中的現成用品，將它化身為虐乳道具；情趣市場開發了不少針對乳頭快感的用具，各有巧妙。

·**橡皮筋**：這是最簡單的道具，用橡皮筋纏繞豐碩突出的女性乳頭，造成緊束感，使乳頭格外飽脹，豔似桑椹。另一種道具是細棉繩，一圈圈纏著乳頭，變成兩粒多汁的葡萄。

·**曬衣夾**：這是免花錢又方便的夾乳方式，廣受歡迎。曬衣夾有兩種材質，造成不同痛感：塑膠夾，咬嘴是鋸齒狀或溝槽狀，伸縮性強，夾起來較痛；木頭夾，咬嘴是平面，彈簧不那麼緊繃，夾起來不太痛。木頭夾取得方便，愛在乳頭上多夾幾個也無妨，夾多一點，乳頭如被好幾根箭射中的箭靶，倒也好看。

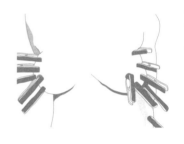

·**免洗木筷**：這是取巧的好方法，一般免洗筷有兩種，最好找到末端仍連在一起，使用時必須將兩根筷子掰開那種。

不必撕開筷子，僅需把筷子尖分開的部分，稍微打開一點，寬度剛好能夾住乳頭。

·**乳頭夾**：金屬打造的乳頭夾，夾子咬合的部分有軟膠包裹，保護嬌嫩乳頭。夾子側邊還有可調整鬆緊的螺絲，滿足各人不同喜好的鎖緊度。當緩緩將螺絲絞緊，看乳頭慢慢被夾得尖禿，紅暈逼人，也是視覺一大樂事。

另有一種「鈴鐺乳頭夾」，在乳頭夾下方掛一粒銅

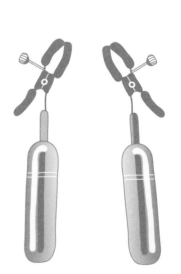

製鈴鐺，加強重量，使乳頭被夾力道變大。

· **乳鏈夾**：本產品與乳頭夾的夾子部分相同，差別只在兩個夾子間多一條金屬鏈相連。鏈子功能偏重於裝飾，讓胸前掛著刑具的意象更鮮明。

· **乳頭激盪器**：乳夾下連結一粒金屬跳蛋，開關啟動後，跳蛋會快速震動，一陣陣震波侵入，乳頭像被舌吻猛烈進攻。乳夾的緊咬，加上跳蛋扯動，會強化咬勁，增進乳頭舒麻。跳蛋有變速設計，微量時溫柔，激烈時粗暴，各有情趣。

還有一款叫做「震動乳峰夾」，形狀大抵如乳頭震盪器。但橢圓形跳蛋變為長條形，類似熱狗。

· **橡筋虐乳器**：顧名思義，以橡皮筋質料製成。將乳頭套入橡皮筋的圓圈內，拉緊定位珠，將乳頭束得圓滾滾。橡皮筋的緊束感，又與夾子咬的滋味殊異。

有的製品會在橡皮筋末端繫住銅鈴，加重乳頭負荷。當奴隸掛上虐乳器後，主人可命令在地上爬行，下垂鈴鐺不時作響，每一步爬姿彷彿在叫喊：「趕快來看喔」，叫人羞恥。

女 性 的 乳 房

綑綁：以綑綁而言，乳房是絕佳主體，能在繩子盤結中凸顯體積、形狀、顏色。難怪特別針對乳房設計就有不少綁法，每一招都在突出乳房之美，細節請見綑綁一章。

滴蠟燭：把燭油滴在乳房上，不僅要讓女奴受虐，更是讓主人享受視覺之美。因乳房形狀性感，皮膚細嫩白晰，看著豔紅的燭油在上面濺開，如花綻放，相映成趣。滴滿之後「拆封」，還可摘下一個乳房狀臘模呢（必須使用低溫蠟燭）。

男 性 的 胸 部

滴蠟燭：胸口對溫度很敏感，也接近臉部，主人可以一邊滴燭油，一邊觀看奴隸的表情變化。

塗鴉羞辱文字：在平坦的男性胸部塗寫羞辱性文字，很像掛著一只寫著「我很賤」的牌子示眾，有被批鬥的受辱感。

耳 朵

揪耳：拉奴隸的耳朵，看似很普遍的大人教訓孩童行為；但搭配主人斥罵：「你聽到沒有？」倒有些戲感。

彈耳：以拇指壓住食指，利用反彈力道彈出，擊打奴隸耳朵。

夾耳：以木頭夾沿著耳朵邊緣，一整排夾下來，像豬八戒的招風耳，讓奴隸照照鏡子。

垂耳：可使用上述各式夾乳器，最好有銅鈴，造成耳垂上承擔的重量。

下 巴

主人將奴隸的下巴抬起，冷不防地伸舌去舔。下巴，雖是身上很普通的部位，一般人提到性感帶時，根本不會考慮下巴。但其實這裡就因很少被注意，對濕熱舌頭的舔吻感應很強。

夫妻、情人想給對方愛的折磨，就多舔那兒幾次吧。據很多有此經驗的奴隸表示，登時會感到全身通電而打顫。這是一塊處女地，一定要造訪。

小 腹

夾子：小腹皮膚較細，最好選用木頭夾。比較有趣的夾法，可以沿肚臍眼夾一圈，好像一朵花。

鞭子：小腹很柔軟，底藏內臟，無法承受壓力，頂多只能拿軟鬚的多尾鞭輕拍，促進血液循環，絕不能使用一條鞭、藤條或拍板。

塗鴉羞辱文字：小腹也可塗寫羞辱文字。寫完後，主人命令奴隸低頭瞧，大聲念出來。

更好一途，主人押著奴隸去照鏡子，看自己從胸口到腹部密密麻麻的髒話，奴性很強的人反映，看了後的受辱感竟轉化到爽呢。

口舔：人體以小腹的肌肉最嫩，也因靠近性器官神經相當敏感。主人可在奴隸受綁之下，吸舔其小腹，尤其是肚臍眼、兩條股溝、近大腿處。主人又舔又愛撫，看奴隸慾望上來了，趕緊更換懲罰項目，變成鞭打、掐捏什麼都行，讓奴隸忽從天堂墜入地獄。

搔癢：小腹接近性器官部位，皮膚細薄，以毛刷、羽毛、手指都能搔到下半身軟綿綿。

背 部

背部，在SM遊戲中常挑大樑。它的面積大，是個可以表現的舞台。

鞭打：請見鞭打一章。

夾子：整個背部都用得上夾子，兩肩以下的兩條筋，從上至下沿路可夾成兩排。連結背部的兩側腰，多半有一層肉，木頭夾也很愛咬那兒。背部肌肉皮層厚，木頭夾或許「有夾等於沒夾」，可考慮使用夾力較強的塑膠夾。

舔、吸、吹氣：上背部有個龍穴，千萬別浪費。就是頸部與背部相連的部位，如果奴隸被舔那塊敏感地帶，保證興奮地渾身打顫。

除了舔，還有讓奴隸「似銷魂卻奪魂」的其他方法，主人可朝該處徐徐吹熱氣、貼住雙唇猛吸、張口以牙齒咬，也可用指甲刮，一路刮到腰部。

滴蠟燭：背部夠寬、夠大、夠厚，是滴燭油的絕佳地方。

塗鴉羞辱文字：背部面積大，容易書寫。主人命令奴隸作狗爬時，羞辱文字也會彰顯。

臀 部

臀部，是人體肌肉最綿密厚實的部位，不論以鞭子、藤條、板拍、手掌都能在這塊福地好好發揮。

鞭打：請見打屁股一章。

夾子：臀部肌肉豐盛又結實，可大量使用夾子。最容易夾的地方，集中在臀部與大腿相接處。以兩排方式，密密夾在兩邊臀部外緣，呈現孔雀開屏狀。

濕毛巾：乾毛巾輕飄飄，但一沾了水就具有重量，扭到水分剛好，捲起來可以當成打屁股的工具，比起一般刑具又多層遊戲意味。

舌舔：奴隸採趴姿，褲子褪去，兩團光裸臀肌看起來秀色可餐。若想先來一客甜點，主人不妨以舌頭舔奴隸屁股幾下。

如果主人觀念開放，作風大膽，乾脆奉送舔屁眼二十秒鐘，奴隸大概會猛夾屁股，嚶嚶求饒。

如果主人假裝一隻瘋狗，故意舔得窸簌作響，還發出野獸般啃食聲，追著欲逃脫的屁股轉，保證奴隸又驚又笑，直到肚子痛求饒，這是很好的閨房情趣。

齒咬：舌頭已出盡鋒頭，該牙齒登場了。

主人動作可誇大一點，刻意做給奴隸看，大張其口，以兩排牙齒咬住臀肉最突出的部位。人的潛意識都怕被動物咬，主人偏模仿野獸咬上來，奴隸會亟想逃避，彷彿鋒利狗牙真的近在一吋，嚇也嚇死。

搔癢：屁股不是只能打，還要善用搔癢，因為屁股肉雖多，但位於性器官背面，一旦搔在屁股皮層，癢就會像按電鈴一路傳到下腹腔內的神經，觸動知覺。

搔癢屁股，最簡單是用手。摳起指頭，以指甲模擬蜘蛛爬最癢。不然，也可運用道具，如羽毛、牙刷。

屁股幅員遼闊，不妨多嘗試幾種器材，製造不同觸覺，添加多元滋味。如乾淨的菜瓜布、細砂紙、絨布、洗澡的毛刷、絲瓜絡，甚至男主人還可用下巴鬍渣去磨，自己想一點創意吧。

男 性 陰 莖

CBT，這句話在英文術語裡很有名，務必學會。所謂「CBT」，就是cock-and ball torture，即針對陽具與睪丸所施加的折磨。

彈陰莖：就像彈耳朵的動作，不過陰莖比耳朵敏感許多，力氣要輕，玩耍的意味比懲罰濃。務必留心，別誤彈到睪丸，會痛死人。

夾陰莖：一般多使用木頭夾，仕陰莖桿上夾成一排、兩排，「夾」道歡呼。有的主人興頭高，會把奴隸的陰莖夾滿，像隻刺蝟。

另有一種夾法，以兩根竹筷夾住陰莖，再以橡皮筋纏繞竹筷，使其束緊。

拍陰莖：適合拿多尾鞭輕力拍打，不宜用一條鞭、藤條。

其實這動作稱不上「打」，應是揮舞著那串墜鬚「像水一樣潑在陰莖上」。陰莖本身承受的力道，僅像被一蓬拖把刷到而已。雖然每次拍下去，感覺不怎樣，但連續「潑」好幾下，仍有麻麻異樣感。

綁陰莖：請見綑綁一章。

打手槍：自然囉，主人不會這麼好心自願為奴隸打手槍。前半段過程，主人確實握住男奴陰莖搓弄，在幫忙自慰沒錯。但好戲在後頭，等到男奴瀕臨高潮，主人必須當下停手，讓男奴亟想射精偏偏不能，精脹一肚，哈得牙癢，也恨死了。

男 性 陰 囊

陰囊，號稱「子孫袋」，寶貴至極。陰囊稍遭外力頂撞，就可能痛到滿地打滾。在歷史上，陰囊有悠長受刑紀錄。從古代武俠的「葉下偷桃」偷襲下陰，到校園暴力遊戲「阿魯巴」，都衝著陰囊來。

當然，在尋常SM遊戲裡，以上純屬「錯誤示範」。本書介紹的陰囊體罰術都是放水後的傑作，只要照步數來，不粗心大意，陰囊還是頗有玩頭。

男人勃起後，陰囊皮層會增厚許多，有些甚至像結實的一粒小球，有操磨的本錢，適合體罰時動點手腳。

夾陰囊：以木頭曬衣夾將陰囊皮咬住，因這顆球狀體積不小，一般都使用好幾個曬衣架，分別在左右兩邊陰囊皮上，夾成雙排，如貓鬍鬚。

捏陰囊：以掌心握住陰囊，將兩粒睪丸搓一搓，輕微地施點力。留心！只能輕揉，千萬別真的用到力，壓睪丸的玩笑可開不得。

箍陰囊：主人可用棉繩、大條橡皮筋，或陰莖環（cock ring），緊束男奴陰囊根部，產生壓迫感。

主人可視情況加重處罰，如綁住奴隸陰囊根部後，再吊一個裝著少許水的保特瓶，宛如逼奴隸練吊陰功。但剛開始，保特瓶的水只能放極少，看奴隸可承受才加水；但不管如何，頂多只能加到主人理性判斷的程度。而且，吊水瓶遊戲玩一下就好，不宜過久。

陰囊 R 線

陰囊中央那條線叫「raphe線」，又稱「R區」，與女性大小陰唇一樣敏感，是陰囊最易獲快感的地方。

以R線為中心，搔到癢處有三種方式：

S字形：主人張開虎口，圈住男奴陰囊根部，緊束使皮囊呈現飽滿球狀。然後伸出舌尖，從陰囊中線底端，由下而上像繞S形爬升；當舌尖抵達陰莖根部後，再以同樣S形由上而下。舌尖以S線反覆上下，在陰囊皮來回蛇行，奴隸會癢到討饒。

放射形：主人張開虎口，以相同握姿，使陰囊像一粒鼓脹小球。主人伸出另一隻手，五指尖聚攏，做出雞喙的樣子，接觸陰囊表面；然後沿著飽滿的陰囊皮層，五指尖慢慢做放射狀，向外張開。以相同動作，重複多做幾次。

螺旋形：跟前兩種一般，主人抓牢男奴陰囊根部成球狀。然後伸出食指，以陰囊中央點為中心，接觸皮層表面，一圈一圈由內而外做螺旋狀擴大，建議塗上大量潤滑液。

施展這三種手法，別以為是恩賜男奴享受他的「蛋」丸之地，倘若他全身（起碼是下半身）已遭綑綁，而主人又只做半套，男奴本該吃爽，竟變成吃鱉。

男 性 包 皮

沒有割除包皮的男士有福了，其實是有被整的機會。

長包皮：將包皮拉長，覆蓋住整粒龜頭，以木頭夾把包皮末端那圈花蕾似的皮層夾住。

短包皮：短包皮，指包皮不夠長到蓋住龜頭，未勃起時，只能箍在龜頭一半。可以使用多個木頭夾，將包皮末端的一圈通通夾住。

綁包皮：主人以橡皮筋綁住男奴包皮，但勿綁太久，隨時注意肌膚顏色的變化，以免血液不通。

女 性 陰 核

輕捏：陰核非常纖柔細緻，可用指頭輕捏，最好配合綁縛。

搔癢：以手指、化妝的細毛刷，搔陰核癢處。

冰水：主人手握冰塊，對準陰核滴下冰水，渾身可來勁。

刺輪：以很輕的力氣，以刺輪在陰核上滾一滾。

女 性 陰 唇

區分為大陰唇、小陰唇，前者較厚接受的折磨度較

刺激滾輪

又稱「滾刺逗樂器」，外觀是一個芒刺狀的滾輪，看來很駭人，但正確使用絕沒想像中痛，只是刺刺的。

它由彈簧鋼、不銹鋼製成，那個滾刺輪是重頭戲，一看就有刑具的猙獰相。

適用於背部、胸部、腹部、腳底。但也有人小心翼翼地用於舌頭表面、陰唇、陰莖，力道抓得對，一點都無須擔心，反而刺刺的，叫人神經緊繃。

高，後者較寶貝可得小心發落。

夾子：大陰唇可使用木頭夾子，從上而下，兩排大陰唇都上了夾子，看起來會滿像一隻長睫毛的大眼睛，主人不妨向女奴點破，讓其失笑又感羞赧。有種情趣用品「陰唇夾」，一端長長的金屬夾，可置於大陰唇與小陰唇之間，有的加紅寶石綴飾，有的加鈴鐺。

滴蠟：低溫蠟燭用於滴大陰唇。

冰塊：手握冰塊，直接在陰唇上磨來滑去。

牙刷：牙刷的刷毛軟中帶硬，亦是一寶，可刷一刷陰唇肉瓣，但請用乾淨全新牙刷，留下以後專用。電動牙刷也是不錯選擇。

刺輪：大陰唇、小陰唇質地特殊，可用刺輪伺候。

毛巾：以擰乾的濕毛巾拍打陰戶，力道需適中。或者，把濕毛巾折成幾疊，放在陰道口，主人可用腳板以適當力道壓踩、滾動。

女 性 陰 道

陰道位於體內，雖無法真的動刑，還是有玩法。

窺陰器：又稱鴨嘴器，外觀是兩片咬合的長柄，伸入陰道後，以鎖轉螺絲方式，將長柄撐大，目視就可看見陰道的「幽然風光」。

有一種最新情趣品「eyeDildo」（眼睛假陽具），在一根管狀假陽具頂端裝有針孔攝影機，末端連線到螢幕，當發光假陽具伸入陰道，能清晰地在螢幕上看到「洞裡玄機」。

窺陰器基本上是使女性感到受辱，但她知道看的人是親密伴侶，情緒較複雜，除羞怯還會有異樣興奮，「分享了最深的自我」。

半套拳交：光聽拳交很嚇人，不過那要看玩到什麼程

度。整個拳頭伸進陰道、肛門都算「正港」拳交；但本書不推薦。這裡提出拳交，是言過其實，只不過沒有更好的說法，但與真正拳交差之千里。

玩法是先將手指塗抹潤滑液（KY），然後伸入陰道。從一到四根手指頭遞增（五根就太誇張啦），自行決定對方陰道能承受的數目。但記著，這玩法不是要讓她痛，而是使她脹，以及喚醒拳交的一絲驚恐（雖然實際上一點都不算）。

尿 道

男女皆有尿道，行淫作樂當然也沒放過它。但常見社會新聞版，男人（少數是女人）亂塞鐵絲、吸管、金屬棒、橡皮筋、小鋼珠等插入尿道，送急診室出了大糗。

尿道並非不能取樂，但要謹慎，別把它當成無底洞或藏寶坑，什麼玩意都往裡面放。

這裡唯一建議的是把冰過的鐵筷子，伸入尿道一小截而已（僅在尿道口附近轉一下），讓尿道口感覺涼涼怪怪的，適可而止，不要再深入。或者，主人直接手取冰塊，冰鎮奴隸尿道口。

肛 門

俗稱屁眼，日本人美其名「菊花」。很多人誤解肛門純屬排泄器官，其實肛門跟陰莖、陰道一樣，既能排泄，也能當性器官製造快感。

以肛門為中心，附近皮膚底下充滿神經末梢，加以適當刺激，不管男女，不分異性戀或同性戀，皆有性感受。人們應該重新建立觀念，不要排斥屁眼，開始學

習去欣賞，進而開發潛藏的樂趣。

如果你對屁眼不理不睬，一點也不奇怪。在一般行房樂趣上，很多伴侶確實「顧前不顧後」，錯失了屁眼能回饋給主人快感的機會。但這可以改變，首先，要面對真相，去接受「屁眼，也是一個性器官，同樣能製造快感」之觀點。

讓屁眼習慣被撫摸，跨出第二步。如沐浴時花點時間，沾沐浴乳泡沫按摩屁眼。此時，不妨閉眼，專心體會屁眼的感覺。等屁眼習慣被撫摸後，嘗試在放鬆狀態下，手指鑽進去一點點，純體驗。

有一個舉動叫做「制約行為」，可助益當事人慢慢享受肛門快感。那就是主人每次以手指、舌頭刺激肛門，同時也以手去愛撫性器官。讓當事人漸漸習慣當後面肛門被舔弄時，都會連想前面性器官被愛撫的快感，把兩種快感結合在一起，便容易盡快縮短肛門的不適感。

也有一種方法是「滲透敵營」，假藉在口交時，趁對方欲仙欲死之際，偷偷將手指「裝作不小心微微滑進肛門」，讓對方有機會體驗：肛門被刺激其實沒什麼不好。

下次親熱時，勇敢向對方提議：能不能愛撫彼此屁眼？

如這些都過關，還有舔肛、肛交的好戲在後頭等著呢。但慢慢來，不必給自己與對方壓力。

玩肛，最好事前作清理，如灌腸，有助「自己感覺良好」，遊戲時玩到肛門，才會沒心理負擔，能輕鬆玩。一般對肛門要求有所謂「五字訣」：

· 香：聞著沒有氣味，從外到裡：都要油光水滑，通體潔淨。

· 暖：就是要溫暖，摸起來很暖和，舒舒服服的。

．**緊**：就是鬆緊度很強韌，有東西塞進去則感覺緊密無縫。

．**油**：例如塗抹KY，使其滑潤。

．**活**：肛門的括約肌必須收放自如。

　「虐肛」在SM中自成一格，愛玩的很愛玩，「自我預設」不愛玩的連試都不肯試，我建議不妨偶爾開放胸襟去嘗試。SM之所以刺激，就在於它具有顛覆性，應趁此跨出新鮮情慾的第一步。

　檢驗肛門：肛門，許多人看成比性器官隱蔽，正好用來當SM最強的羞辱武器。

　玩體檢遊戲，主人扮演監獄管理人員，下令剛入獄的犯人脫光驗身。首先令奴隸彎下往前趴，雙腳叉開，並以雙手自行將屁股扳開，露出深藏屁眼，藉此使其受辱難堪。

　有人到此為止，有人嫌不夠，還會繼續進行「指驗」，即主人以指頭伸進奴隸肛門，檢驗有無藏毒物，侮辱性更強。顧慮衛生問題的主人，可購買指套。

　撫弄肛門：主人以手指沾潤滑液愛撫肛門，或以震動棒壓在肛門，令其麻癢難受。

　戳頂肛門：主人命令奴隸手腳趴地，屁股翹高，以手指、按摩棒、假陽具戳其屁眼。也可將跳蛋塞入屁眼，不准取出，直到主人同意為止。

　肛交：如果你和性對象先前已玩過肛交，在SM遊戲裡，也可搬出來玩，感覺全然不同。男主人假裝對綑綁的女奴生氣，進行肛交，抽送動作可比平常大一些，以符合裝出來的憤怒。

　女插男也一樣行得通，女王可戴上「穿戴式假陽具」，對男奴肛交。若肛交令男奴實在不適應，也可

通融，女王改將假陽具插入男奴兩腿間，假裝是插入肛門，然後以恥部奮力撞擊男奴臀部，在兩腿間抽送，裝得每次都很兇蠻，加上言語羞辱更佳。

直腸

男性才有攝護腺，位於跟直腸比鄰處，如以手指、情趣玩具、陽具插入直腸，不斷摩擦該處，理論上可引起高潮。這就是為何有些男生喜歡玩肛交，因被磨到爽點時，最終射精。

鴨嘴器：泌尿科檢查肛門的器具，可從外看到直腸內。有人愛玩體檢遊戲，包括肛檢，就因「被看透透」，令人羞恥

情趣品：將按摩棒、跳蛋等塞入直腸，震幅會波及攝護腺。

半套拳交：以幾根手指頭做出雞喙狀，造成兩三根擠進直腸括約肌，產生壓迫感就達目的了。

腳板

鞭打腳底：主人可用多尾鞭、一條鞭、藤條、板拍打奴隸腳底，力道需適中。

搔癢腳底：拿羽毛一類在腳底慢慢搔癢；或摳起五根手指，像蜘蛛爬。

捏腳趾：用力捏腳趾，一次捏一根。

腳趾夾人：反過來，腳趾頭也可當製造痛楚的工具。一般都以張開腳的大拇指、第二指，去掐別人的肌肉，有經驗的主人掐得就跟螃蟹鉗一樣。

Chapter 7

Erotic Torture

激情的處罰遊戲

SEX的玩虐手法

　　SM遊戲最該被記住的一個靈魂面向，是它充滿了性愛刺激，不是只有苦著臉的刑罰。表面上，懼怕三分；實地裡，期待五分。過程中怎麼受折騰固然搶眼，但在SM遊戲結束前，主人一定要保證奴隸或雙方都銷魂、欲仙欲死，那才是玩SM的重大使命。

　　在遊戲裡，痛與受辱只在激發生理的武裝防備，使細胞、神經、注意力不得偷懶，處於自我保護狀態。當奴隸全身自我保護，他的敏銳度就比平常高上千百倍，變成「性刺激」最佳接受器。這時，主人如深諳「性刺激、性飢渴、性騷擾、性猥褻、性滿足」那套，使出渾身解數，奴隸便有可能嘗到「打從娘胎出來都不曾有的爽快滋味」，拜謝拜謝。

刺 破 氣 球

道具：眼罩、幾個氣球、一根針

1. 戴上眼罩，或以適當東西遮住奴隸視線。

2. 拿出預藏吹好的氣球，靠近奴隸耳畔，以一根針刺破氣球，砰一聲巨響，奴隸肯定全身跳起來，女生還會尖叫。（以針刺破氣球效果最棒，若想用指甲掐破，不易一掐就破，反會發出摩擦聲，讓奴隸有警覺。）

3. 當奴隸嚇得一時呆滯，主人不妨摟著奴隸，作「別怕有我在」的安撫動作。

4. 奴隸全身剛被巨響震懾，主人趁安撫時，以濕熱的舌尖舔其脖子根背面，或以五根手指甲在奴隸背部由上而下爬行，一股電流會貫穿鼠蹊部，刺激透了。

撕裂內衣

道具：薄內衣、噴水器、美工刀片、剪刀

1. 先去市場買幾件最便宜、最薄的內衣。

2. 玩遊戲時，奴隸穿上內衣，雙手往後綁，胸部挺起。（穿上內衣前，主人必須在領口中央先刮開一個小缺口。）

3. 主人將奴隸上衣以噴水器弄濕，使其緊貼乳房、乳頭或胸肌，增添性感。隔著貼身小衣，主人可上下其手，撫弄胸部。

4. 主人以剪刀在奴隸上衣兩乳位置剪破二洞，使女奴乳房、或男奴乳頭單獨袒露，有被迫暴露的意味。

5. 接著，主人假意責罵奴隸，趁分心時，兩手迅速抓住領子缺口兩端，用力一扯，將薄內衣刷地撕開。

6. 布料在半空中一路扯裂到底，聲音清脆響亮，會使奴隸震懾。

7. 既然胸脯已露，主人可開始捏弄、吸舔乳頭，捧玩乳房，或愛撫胸肌。

8. 喜歡的話，扯下的薄內衣可塞入奴隸嘴中，做做樣子就好，不宜深入喉頭，阻礙呼吸。

滴蠟燭

　　滴蠟燭，是SM遊戲相當傳統、普遍的戲碼。看見燭火近身，每個人天生都會警覺，這是一種自我保護機制。奴隸不由自主汗毛豎立，擔心蠟油何時滴下，滴在何處？

　　玩滴蠟燭，奴隸從害怕到克服畏懼的過程，像搭乘升降梯，是SM好玩之處。

　　滴蠟遊戲，沒人真的打算燙傷對方。只因火焰本身很

有威脅效果，既然找一根烤得火紅的烙鐵太危險，持蠟燭便是第二選擇。

1. **最好用低溫蠟燭**：滴蠟燭遊戲，有專門設計的低溫蠟燭，比一般蠟燭溫度低，滴在身上也不太燙人，不必隨時擔心燙傷對方，可以到處滴，這樣玩起來放心且開心。

如手邊一時沒有低溫蠟燭，或者嫌低溫蠟燭實在很不刺激，還是可用一般的蠟燭。它們的溫度較燙，主人一定要把蠟燭盡量舉高，當落在奴隸身上才不會燙傷。用這種普通蠟燭，就不適宜去滴性器官了。

注意，蠟燭傾斜角度大，燭油融得快，滴的量也多。

2. **適合滴燭油的身體部位**：滴燭油適宜區域，是較能承受高溫的上背部、臀部、大腿、胸膛。皮膚細嫩的大腿內側、腳心、乳房、性器官就得小心。

主人要留心觀察奴隸的反應，如扭動劇烈，就可能是燭油太燙，必須調整。

若使用低溫蠟燭，可滴在性器官，看著陰莖、陰唇上沾幾滴豔紅蠟油，確實煽情。有主人會心血來潮，在奴隸小腹上滴出一顆心、「I love you」或名字，讓奴隸飽受蠟虐後，抬頭一看，陡生驚喜。

3. **不要集中滴在小區域**：滴燭油時，不要全集中在一個點，或一小片區域，那塊肌膚會因累積溫度而燙著。正確滴蠟法，落點應盡量分散開來。

4. **配合綑綁效果更佳**：正常狀態下，人體被燭油滴到，都會本能地閃躲。就算心知是玩遊戲，還是會忍

不住偷挪一下身子。滴蠟燭通常會配合綑綁，就是要
使奴隸無法掙扎，乖乖受「燙」。

5. 避開頭髮、陰毛、胸毛等處：滴燭油時，應避開頭
髮、陰毛，否則善後很麻煩。脖子、臉、頭部沒有大
塊肌肉保護，性器官皮膚細嫩又敏感，雖使用低溫蠟
燭，仍須小心。

6. 最難堪的滴蠟燭法：奴隸仰躺，雙腿抬起，讓屁股
「全都露」。主人將蠟燭插進奴隸肛門，一支聳立，
任燭油如精液流下，色情之至。這一招並不是所有愛
玩滴蠟燭的人都買帳，但在重口味的日本A片中，不
管異性戀、同性戀都見到蹤跡。

7. 保護不被燭油燙到：方法有兩招，一是剛以涼水沖
澡，身體仍有水氣；二是身體塗抹潤滑液（不能是嬰
兒油，油性太強），多一層護體。

8. 準備應急降溫救星：滴蠟燭，很難保證絕無閃失，
最好準備一些冰塊在旁，最起碼是一條浸過涼水的毛
巾。萬一真的燙到對方，趕緊抓起冰塊冷敷。
滴過蠟油的發燙皮膚，隨後又被冰塊敷過，忽熱忽
冰，神經末梢如洗三溫暖，這是SM加分小伎倆。

蠟燭營造氣氛

現代化的日光燈最沒情調，破壞SM遊戲的神祕氣質。若完全不
開燈，伸手不見五指， SM遊戲即具有潛在危險。除非，開小
燈或夜燈，讓空間「有點超現實」，玩家更能心領神會。
最有氛圍的SM光源，首推蠟燭。選購一些粗大直徑的蠟燭，重
心很穩，點燃數根，環繞在平坦的安全處，當成照明。燭火能
飄出復古氣氛，貼切地營造SM情境，遊戲者心情立即感染。

9. 小心火燭

剃陰毛

剃光陰毛源自古代風俗，專門名稱「depilation」，本指脫毛、除毛，用在性愛有幾種解釋，一為扯毛，專指拉扯陰毛。有人喜歡從陰毛被拉扯時瞬間刺痛，獲得快感。

另一種為剃陰毛，早期在中國、印度、羅馬、中東流行。這些地區早婚，性對象十分年輕，陰毛尚未生長，此一視覺與慾望結合，故終生都會鍾愛光裸私處，長大後就會以人工剃毛，讓伴侶下體保持原貌。

在SM領域裡，剃陰毛是一趟奇異之旅，首次被剃陰毛的人都會經歷一段詭異過程，好像上美容院剪髮，但剪的明明是那麼隱密的陰毛，就是說不出的怪，偏又有點難以解釋的興奮。

剃陰毛，對象多為被綁的奴隸，因無法行動，只能「刀」來順受。相對地，拿剃刀的主人感覺「我連你的陰毛都說剃就剃，其他還有什麼我奈何不了你？」那是一份權力慾的深度滿足。

剃陰毛，也是一種差辱方式。畢竟恥部經年不見天日，如今被人仔細刀刀刮除，私處被如此微觀，哪能不差？

最佳場地

浴室，幾乎所用工具都在此，還可先泡個浪漫鴛鴦浴，趁搓揉陰毛時，不忘捏玩性器官，「癱瘓全身」。除非萬不得已，才把工具移到室內，或床上刮陰毛。

準備物品

1. 準備兩把刀：剪刀、體毛刀（或刮鬍刀）。前者不
   必太大把，後者可使用「刮除體毛刀」。千萬不要用
   傳統的鋒利剃刀、隨身帶的折疊小刀。
   　電動刮鬍刀只適用於先前修剪，不能擔任刮陰毛差
   事；否則茲茲數聲就玩完了，沒有遊戲效果。為安全
   起見，一定要用全新的體毛刀或刮鬍刀。
2. 刮鬍膏或沐浴乳、洗髮精。（注意，有人皮膚可能
   對某些廠牌刮鬍膏過敏）
3. 嬰兒油、潤滑液、蘆薈膠（擇其一即可）。
4. 毛巾，或衛生紙、面紙。

剃毛步驟

1. 剪刀開路：先以剪刀、電動刮鬍刀將「鶯飛草長」
   的陰毛修短一下，剪剩約一根手指長度。若不先剪長
   毛，直接以體毛刀或刮鬍刀剃陰毛，刀口沒兩下就
   「滿嘴毛屑」，不易再往前刮了。
2. 潤濕陰毛：情況許可，剃毛前陰毛最好泡過水，如
   淋浴。泡澡尤其值得，恥部體香撲鼻，陰毛變濕軟，
   剃時非常順手。如不便泡水，可用溫毛巾熱敷幾分
   鐘。再不濟，至少以口水沾濕陰毛，使其伏貼。
3. 抹上泡沫：剃陰毛若選在浴室，便有這好處，陰毛
   可塗抹大把沐浴乳、洗髮精泡沫。不便用沐浴乳，也
   可選男人專用刮鬍膏，剃鬍刀更順暢滑行。
   　如選在床上剃毛，最好從浴室端出一盆溫水，和一
   條毛巾放置在旁。當場潤絲陰毛，清理泡沫。
4. 開始除草：拿起刮鬍刀，先從陰毛上緣開始，往下
   一路刮。每刮幾刀，刀鋒沾滿泡沫、刮鬍乳，以備妥
   在旁的毛巾、衛生紙拭去，等刀鋒乾淨繼續刮。
   　刮毛時，需順著陰毛生長方向刮。等到剩毛渣時，

才逆著毛根方向刮，就能都刮乾淨。不要一直來回刮同一區域，皮膚無休息空檔會容易發痛。刮到陰毛茂密處，用另一隻手指將皮膚撐開，使其平坦。

恥部陰毛還算好刮，刮到性器官位置，須特別小心。比方，刮陰莖根部時，一手持刮鬍刀，另一手握住陰莖桿拉直，拉平陰莖根部與陰囊相接的縐紋，才刮得順。

陰囊若非充血狀態，通常軟趴趴，很不好刮；且囊毛稀疏，新手還是勿拿陰囊開刀。

女生陰毛多長在陰戶之上，很容易刮除。至於陰唇兩邊的毛不多，不需要刮，只要以剪刀稍作修飾。

5. 護膚處理：本來被列為保護林區的陰毛，一旦剷除，就像樹幹都被拔起，滿地瘡痍；皮膚上痘痘、突起毛囊，會被刮鬍刀刮破皮、削薄。

以嬰兒油、潤滑液、蘆薈膠塗抹，能減輕皮膚泛紅的刺痛現象。

6. 情緒掌握：看以上步驟，剃陰毛似乎成了情趣而非處罰。它本來就是情趣！但也能當SM的磨人遊戲。

你如是剃陰毛的主人，固然要小心上述安全手法，勿傷了人；但也別擱置任務，將對方私處刮得清潔溜溜，露出成人後就不再出現的「沒毛」景觀，使對方又羞窘又迷惑。

剃毛完畢，逼奴隸低頭瞧自己「沒毛的德行」。主人也可出言訕笑；或故意大加讚美，但實則嘲諷。

當陰毛剃淨後，奴隸恥部光禿禿，變得相當敏感。主人還可出手愛撫、舌舔，或捏揉光滑的性器，驗收成果，也大剌剌享受「當萬能主人」的特權。

7. 安全提醒：在專家眼中，剃陰毛仍被視作一種「不安全行為」，因刮毛後，一些突出痘子可能被刮破，出現小血點。所以選擇玩剃陰毛遊戲，最好是熟悉來

路的性對象。邀陌生人玩遊戲的風險,你須自己評估。

也有人採替代方案,只用剪刀把陰毛剪得奇短,或剪得像狗啃,一樣有羞辱效果。陰毛刮盡後會長回來,恥部將發癢好一陣,需有心理準備。這段期間洗完澡,可在恥部灑爽身粉,保持乾燥。

冰 火 體 驗

溫度的冰和熱,都是SM可以運用的好題材。

薄荷牙膏、冰塊

以冰的效果,冰塊、薄荷清涼口味的牙膏,都是便利、廉價的用具。

薄荷能在皮膚上產生涼意,有時感覺辣辣的。塗抹薄荷時,用量適中,不管塗在哪裡,都能助興,如乳頭、陰莖、陰囊、龜頭、會陰。

但薄荷只適用於體外,勿塗入體內,如陰道或直腸,陰核十分敏感也不適合。

寧可剛開始時,只塗非常薄一層,不夠時再逐漸加量。如果起先就塗太多,辣過頭了,即使怎麼沖水都除不去麻辣感。過度麻辣易使人失去耐性,甚至惱怒,需謹慎。

也可用冰塊替代薄荷牙膏。例如,拿冰塊塗抹乳頭、陰囊、陰唇、陰核、肛門等敏感帶,保證涼唧唧。

保險套冰棒、玩具水槍

冰塊通常是方塊型,家用冰箱即能自製。不過加點創意更有趣,如將保險套注入水,打死結,放入冰庫結

凍。遊戲使用時，它就是一根冰棒武器。

此時，主人可下令奴隸以腋下、胯下、下巴（更狠一點是肛門）夾住那根保險套冰棒。總之，戲法人人會變，巧妙各有不同，大家不妨開發創意。如主人以玩具水槍注入冰水，冷不防地，將冰水噴在奴隸身上，保證刺激。

吹風機、熱毛巾

在熱的方面，直接方式是拿吹風機，對著身體某部位頻送熱氣。但小心不能在單一點上吹得太久，會灼痛皮膚。或者，在熱水中浸泡毛巾，擰乾水分，貼在皮膚上，也會傳熱。

剛從熱水裡撈起很燙的茶包，等涼一些，在仍有熱度前，可緊貼像乳頭、性器官等敏感處。

切記水火無情

有些老手玩得激烈，會以灼熱菸頭、打火機火焰靠近人體；但拿捏不準可能釀禍，本書不建議使用。牢記「水火無情」這句俗話，千萬不要自作聰明，玩過了頭。

打耳光

大家都對打耳光熟悉，自己就算沒體驗，也看過電視。打耳光分成兩種：一是讓奴隸很痛；一是不太痛，但被打得很輕佻而受辱。

在電視連續劇中出現打耳光，都嫌誇張。在現實生活裡，少有夫妻、情人、性伴侶那樣狠刮耳光。但在SM遊戲裡，偶爾打打耳光仍令人刺激。

SM打耳光不要追求「痛」，最忌看電視演得囂張，

提高感官知覺的眼罩

那男人與女人的軀體緊緊交纏，像兩團慾火燒起來。體熱，從毛細孔化作汗水流出，如濃香果汁般黏在肉體上。

空氣中的溫度開始升高，激情揭幕。男人拿出一條黑布，矇住女人雙眼。她頓時失去了視覺，在沒安全感的襲擊下，身體草木皆兵。

他拎起一塊晶瑩剔透的冰塊，無聲無息忽落在她的額頭，沿著臉的曲線，滑到唇間。

她陡然心驚，完全沒料到冰塊的出現，似乎興奮得被電擊了。

這是電影《愛你九週半》片段，米基洛克與金貝辛格調情的一幕，已成影史經典。

片中那條黑布，代表眼罩，是SM遊戲很普遍、受歡迎的道具，可取材自隨手取得之物，如領帶、圍巾、絲襪等。

選用身邊取得之物，不同質材能創造不同感覺，營造不同情調。如絲、尼龍、織布、絨圍巾，綁在眼睛各有觸感。每次玩都選不同物，使每次氣氛有變化。有人把整個枕頭套拆下來，當頭罩下，有如擄人，又是另一番感受。

情趣品系列有更多選擇，如迎合男性市場的黑色皮革眼罩、迎合女性市場的豹紋絨毛、粉撲型眼罩。

眼罩，為何能在SM時發揮妙用？想像你被眼罩矇住，坐在一張凳子上，若有個人拿一根輕柔羽毛，突襲你的臉，請問感覺如何？

你的全身會劇烈振動，八成從凳子上跳起來，心臟怦怦跳。就在瞬間，你的腎上腺素汨汨湧出，興奮異常。這就是許多SM癖好者「著迷於眼罩」的原因！

SM遊戲中都是由奴隸戴上眼罩，會使「完全任人擺佈」的感覺更強烈。

在SM族眼中，眼罩具創造神秘、提高感官知覺的好處。這些感官情緒像驚恐、焦慮、歇斯底里等，若在平常會很討人厭；但在玩SM時，這些反變成了情慾的催化劑。

請建立一個重要觀念，為提高前戲樂趣，勿嫌使用眼罩麻煩。也不要以為「閉上眼睛」一樣有效果，就把眼罩這事省了。「戴眼罩」和「閉上眼睛」雖都無法目視，但效果絕不一樣！

閉眼睛，雖一時看不見，但人都會對黑暗驚恐，只要稍感覺沒安全感，眼睛自動就想張開。 只有戴眼罩，才會死心接受黑暗，以及自己無助的命運。

最後提醒，假如你們穿著SM服飾，那麼眼罩戴一陣子，夠味了即可摘下。因看見彼此皮製裝扮，在視覺上很有挑逗成分，遮住眼睛反而減低了視覺刺激。

自以為也可跟著學。萬一揮力過大，恐傷耳膜，影響聽力。若用力再猛，甚至傷頸椎，不可不慎。

打耳光有技巧，主人不能把掌心整個拍在奴隸臉頰，受力太重，手指長度也剛好會打到耳朵要害，「震耳欲聾」。

正確方法應把手指併攏，形成中空狀，打臉頰不僅不那麼痛，也安全多了。打耳光，與其追求痛，不如追求羞辱。

比方，主人站在奴隸面前，或命令奴隸跪下，可不斷摑其耳光，不必用力，但可連番拍擊臉頰多次，像大哥在訓不聽話的幫派小嘍囉：「跟你講了多少次，你都聽不懂？你是豬頭啊？」每說一句「豬頭」，就揮拍一下臉頰，混合責備、質問之羞辱。

熟悉對象剛開始玩打耳光，別說真打，一想到就彆扭，「打巴掌？唉唷，好做作！」

只要不是東施效顰，打得像戲劇那種「摑掌負心漢」型，其實以輕拍臉頰表示輕蔑，或以單手捏奴隸下巴，一副「你這下跪不起來了吧」，是挺不錯的SM小動作。

這種打耳光法，較像是挑釁，又加上調情。你只要想成是調情，就不會彆扭到出不了手。

模 擬 綁 架

綁架，在現實生活中嚇壞人；但奇怪，許多玩SM的人都承認愛玩「模擬綁架」。他們知道反正這只是遊戲，可體驗被綁架的「特殊待遇」，卻不必付出真實代價。

SM奴隸若有被迫害幻想，「遭綁架」幾乎是完美劇本：突然間變成受害人，失去自由，一舉一動都被監

控，或被綑綁、矇眼、堵嘴。如此命運未卜，確有危機感，腎上腺素必然增加。奴隸預期將有「跟凌辱我身體有關」的事要發生了，身心皆處於高度期待，這是一種變相的性慾刺激。

模擬綁架的玩法，通常需有點小劇情。主人事前跟奴隸溝通，雙方心裡有譜，例如主人先藏匿門後，等奴隸假裝不知情一開門，主人便現身，用蠻力對奴隸綁縛等……一連串動作。

接下去，怎樣整奴隸就各憑功夫了。有的奴隸喜歡被全身踩躝，有的喜歡被拋棄在一間類似儲物間或浴缸，手腳受綁，眼睛被矇，嘴巴被貼膠布，奴隸獨自像一條笨重的海象無法動彈，感覺空氣凝結了，不知下一刻會發生什麼事，十分靜謐恐怖。

不過，千萬別傻到在公共場所行動，例如想說離自家大門不遠了，扮奴隸的人已走近，主人故意提早跳出來，搗住嘴，強迫拖往屋裡。鄰居也許正好瞧見，誤會報警，那就糗大了。

模 仿 強 暴

根據調查，強暴，是不少女性的性幻想。

但千萬別搞混了，「性幻想強暴」跟「想被人強暴」是兩碼子事。「性幻想強暴」，當事人自知很安全，只在腦海中虛構被人以力量壓制，遭到褻玩的情景；「想被人強暴」，則是當事人希望在現實生活裡，真的遭到暴力脅迫而被奸淫（這種情況幾乎沒有）。

沒有任何女人會想被人實際強暴，但的確有不少女人以性幻想方式，去想像被強暴會有的性快感。

《前戲：性幻想的祕密邏輯》（Arousal：The Secret Logic of Sexual Fantasies）作者麥克・拜德（Michael

Bader）指出，有過被虐經驗的兒童長大後，發展出與受到虐待相關的性幻想，是很常見的。「享受投降或屈辱性幻想的成人，實際上是對自己說『我重新創造一個糟糕的場景，但這次輪到我掌控，因為由我編劇。』」

他提及的被虐經驗，跟一般人看新聞裡的虐童事件並不一樣。他所謂的受虐，很可能來自小時被父母體罰而感到的委屈、羞恥，或被同儕欺侮時感到的無助、害怕。很多人小時都難免有這類體驗，長大後就有複製的渴望，但必須正如拜德博士所言，「這次輪到我掌控，因為由我編劇」。這才是「性幻想強暴」的重點！

SM遊戲正好提供一個安全的舞台，讓主人與奴隸演出「性幻想強暴」這齣奇特戲碼。沒有SM的主奴結構，即使平常性生活裡也不易跟伴侶啟齒，說想玩一玩被強暴。

主人對奴隸執行強暴，有兩種進行的場景：

第一，主人以下令方式，規定奴隸趴下、躺下、俯著，或做出特定姿勢，總之不能反抗，「逆來順受」主人的性侵犯。

第二，奴隸先遭綑綁，不能行動，主人才加以性侵犯。

每一對遊戲者想玩的「性侵犯」程度，可經由商量敲定，情節天馬行空自己編劇。

中國古代有一則色情笑話，說一名丫鬟放了個屁，被男主人聽見，深覺不雅，懲罰打她屁股。但當他看見丫鬟白皙肉嫩的臀部，一時起了色心，便將她強姦了。

幾天之後，丫鬟自動來找男主人。

他問道：「前來何事？」

Ｙ鬟說：「我又想放屁了。」

也許，這則笑話就可以當成「模仿強暴」的劇本。男主人與Ｙ鬟，恰恰好就是主奴角色，照這個故事搬演，很自然就能演到強暴那一幕。

還有提醒一下，「強暴遊戲」不是只能男姦女，也可女姦男。

顏 射

所謂顏射，就是射精在對方臉上。網路有人稱這動作為「淫賊的顏射」，表示色情味十足，有些男人就愛這調調。

顏射，不算體罰，而是心理羞辱，打擊自尊。有人認為顏射是對女性不尊重，非常大男人作風；但情慾遊戲只要雙方樂意，私下玩得快活，不需別人置喙。

男人喜愛顏射，得意地看著自己的精液「占領」性伴侶臉龐。但麻煩的是常誤中目標，噴到眼睛、頭髮，黏搭搭。既有此嗜好，應好好鍛鍊「噴準」技巧。

不管享受口交或性交，男主人快達高潮時，不能拖到最後一刻，需預留時間，來得及「拔槍」，移位到奴隸的頭部側邊。

此時，男主人打手槍催精，一邊記得壓低龜頭，對準奴隸的臉。想像奴隸雙頰是一面靶心，準確噴在上面。

另一個動作也有顏射的效果：男主人握住堅硬的陰莖，往奴隸臉頰上用力拍打，這是強烈的雄性攻擊行為。奴隸臉部被一根硬挺陰莖拍打，應是絕無僅有的體驗，既受辱又色情。

口 爆

所謂口爆，就是男人以陽具在性對象嘴裡抽送，最後射精在口中。這也是日本A片常見畫面，有人或不以為然，但有男人深愛此道，覺得是在對方身上最私人部位之一——嘴巴衝鋒陷陣，施展男性雄風，直到射精仍未拔出，自感身價特殊。當見到精液從奴隸嘴邊緩緩流出，男主人會有類似征服的快感。

射在口中，需取得對方意願，若貿然單方面行動，十分無禮，說不定當場鬧僵。

強 迫 取 精

講白話，就是強迫為男奴打手槍，窮追猛「打」，打到他射精方休。這聽起來不像體罰，倒似獎賞，哪個男人不愛射精啊？

但這跟平常打手槍不一樣，強迫取精是主人綑綁男奴後，在他無法動彈之際，以「榨乾人」的手段抓住陰莖不斷搓打，目的不是給他爽，而是給他難堪。

這動作毫無溫柔，與做愛、自慰相去甚遠，如要比擬，簡直跟催促一隻種豬趕緊射精了事沒兩樣。

強迫射精，讓男奴自覺羞辱：「射吧！快給我射出來！你這頭大種豬！」

射精，本是爽事，但在強迫取精中，負責射精的男奴顯得低級、低等，手腳不能動，只有一根硬邦邦的陰莖被主人掐住，宛如扭開一個水龍頭，就要有水流出來。

不過，許多嘗試過被強迫取精的男性表示，實際上他們都挺愛這滋味。雖不情願，但主人代打手槍時手勁又快又猛，咄咄逼人，他們全身都隱而不見了，只剩

下一根堅挺陰莖，身體感官都集中在那話兒上，小腹內一股精滾滾攪動，欲奪「精門」而出。

所有經歷強迫取精的男士都不願承認，他們在其中偷嘗了快感，只肯含糊帶過：「是啊，是很羞辱！」心中期待下次再多玩幾次，但起碼對外，他們都很聰明，必須假裝扮演受害人。

強迫取精，是主人與男奴合演的一齣戲，畫面很震撼，主人一直拚命搓老二，男奴唉唉叫，就算最後男奴爽到了，但畫面效果還是很像折磨。如果女王出馬，抓住男奴勃起陰莖就像在勒住敵人脖子，招招要其斃命，終於讓「它」口吐白沫，痙攣倒下了，不也深有成就感嗎？

塗鴉羞辱文字

古時犯人遊街示眾，胸前會掛牌子，寫著罪名，沿街千夫所指，辱罵聲不絕於耳。在奴隸身體塗鴉羞辱文字，也是一樣用意。

主人可用水性簽字筆，毛筆、原子筆、口紅，在奴隸身上寫侮辱字眼。臉、胸口、乳房、小腹最佳，背部次之。

每種筆寫在身上感受均不同，如毛筆癢癢的、原子筆刺刺的、口紅滑滑的，寫與被寫者都會感覺趣味。

寫文字當然越羞辱越夠看！如「豬頭」、「爛貨」、「賤」、「狗奴」、「下流」、「我欠打」等，長一點的也有其特效，如「我是一條大淫蟲」，醒目地出現在男奴胸膛。寫完後，主人記得下令奴隸好好瞧自己或照鏡子。

有的主人還直接把羞辱文字，寫在男奴陰莖桿、女奴陰唇外層。有的文字走情色路線，如男主人在女奴小

腹以口紅寫道：「fuck me」，並加幾條直指陰戶的箭頭，不言可喻。

有些女人喜歡被寫上「蕩婦」、「我好癢」、「搞我」之類的煽情字眼，或在小腹畫一根勃起陰莖，龜頭正對著陰戶；或在股溝畫出淫水從陰戶濺出的水滴狀。

換成男奴也一樣，女王可用口紅在男奴臀部寫「hole」，多加幾條箭號指向屁眼，讓其照鏡子觀賞，添其羞辱。或在陰莖上，畫著精液流下的數滴水珠。

廁所塗鴉充滿淫穢、挑逗之詞，有的還畫性器官、陰毛，就把奴隸身體當成是廁所牆，文思泉湧吧。

臉，是一個人的門面，常被視作自尊象徵。在奴隸臉龐上寫侮辱性文字或圖樣，效果較之身體部位又不同，像古時臉上刺字是一種刑罰，叫作黥刑，在昭告天下「我是罪人」。

即使在奴隸臉上亂塗亂畫，不必藉助文圖，就已是很羞辱的模樣了。還有，把奴隸整張臉塗成單一顏色，變成大花臉，也是一罰。

另外，一個類似的點子。拿出準備淘汰的舊內衣或衛生衣，以水彩或墨汁在胸前，寫著大大的「囚」或「犯人」，甚至「奸夫淫婦」，變成穿囚衣，也是羞辱一招。

坐 在 我 臉 上

這個「坐在我臉上」（sit on my face）姿勢，雖然脅迫意味很強，但其實也很色情。

主人為了處罰目的，一屁股坐在奴隸臉上，讓他呼吸感到壓迫。臉，一直被視作面子，是全身最尊貴之地，被人坐在臉上等於完全不給面子，侮辱到家。

採行這種方式多數是女王，坐在男奴臉上，彰顯女皇坐龍椅的威風。有的女王會叫男奴流露性飢渴狀，苦苦哀求：「坐在我臉上吧。」也有的覺得光坐上去還不過癮，還會指定男奴舔。

但不盡然都是女王出招，也有些是男主人，命令女奴坐在他臉上。

當底下的男人開口舔，可非普通口交能比擬。因女人這時坐姿就像在小解，剛好把下陰撐到最開，連會陰、肛門也跟著攤開，坐上男人的臉後，先被他的鼻息噴得比做Spa還舒服，隨後一條濕熱舌頭把私處舔遍又舔深，她常會爽到腿發抖。

行家才懂得這個「讓女人丟了」的姿勢，因女人被口交時，出於角度關係，任何體位的爽勁與癢勁，都遠不如坐在男人臉上。

有位受訪的男主人表示，天下最淫臭過於讓女人不穿內褲，只著絲襪坐在他臉上。他喜歡嗅女性下體的麝香，被質料纖細、很具女性象徵的絲襪磨著臉，他於是把絲襪舔濕，舌尖透過一層紗頂進陰戶，視覺、嗅覺、觸覺、味覺四大天王都到齊，讓他快活如登天堂。

他打個妙喻，當下令女奴坐在他臉上，把陰戶撐開，「就像一粒蚌，雙殼完全打開，蜆肉外吐」，他一舔，精華盡在其中。

噓 噓 樂

所謂噓噓樂，就是放尿，英文稱為「水的運動」（water sport），也有稱「黃金雨」（golden shower）。

放尿的玩法有幾種：

．下令奴隸當著主人面前，撒尿出來。

．主人撒尿在奴隸身上。

．反過來，主人下令奴隸尿到他／她身上。

很多人有「膀胱害羞症」（piss shy），若身邊有人就尿不出來。有些人一定得對著便池才能尿，在其他地方如野外、空地都尿不出來。

因他們認為小解極其私密，有旁人在，很不好意思。而我們從小到大已被訓練得宛如「第二天性」，只允許對著便池時，才敢放鬆膀胱洩尿。

如果除了便池外都不敢尿，那尿在別人身體上還得了？豈不是禁忌中的禁忌？人一旦打破禁忌，腎上腺素便自動激增，恐慌中又有異樣快感。

這就是為何有人愛玩噓噓樂，在突破心理障礙時，他們先有了內心刺激，再演變為生理刺激。當一個人面對性伴侶準備放尿了，腦子必須不斷強迫輸出指令：「別怕，不必擔心，就尿吧，這是性遊戲，我們都講好了，對方不會生氣。」

這個指令違反了他一輩子服膺的習慣，形成嚴峻挑戰，當他終於翻越了這個障礙，果真尿出來，看著對方身體被淋濕，就像犯了一個天大的規，擋不住興奮起來。

尿尿本來就是一種生理解放，從脹尿的感覺抒解開來，多爽快。這下又多了挑釁禁忌的樂趣，當然更爽。所以，主人若要玩噓噓樂，最常是下令奴隸乖乖保持姿態，讓他／她尿在身上，既讓奴隸受辱，自己也體會了跨越紅線的快感。

還有的主人要奴隸站進浴缸，但穿著內褲，下令放尿。這個命令正如前述，違反了天性，何況還穿著內褲，尿出來會重溫小時尿床，褲子濕了的惡夢，主人

便達到懲罰的目的了。

　　一般玩法都會在浴缸裡，一來尿有地方排掉，二來隨時可用水沖乾淨。而且，最重要雙方一定都得同意。

騎馬

　　騎馬打仗，很多男生小時玩過。最早，應是父兄自願當馬，手腳著地，讓小男孩騎，威風凜凜。這種遊戲叫做「騎小馬」（Pony Play），因它非模仿騎成馬狂跑，而像幼馬慢慢走。

　　「騎小馬」算不得體罰，屬於羞辱。所以，常是奴隸被當成馬兒，手腳跪地，讓主人騎在背上，四處走動。主人所有動作都當成真的在騎馬，可一邊夾緊雙腿，一邊「呼哈」模仿牛仔斥喝，還可拿馬鞭，拍打「坐騎」臀部，指揮方向。

　　但在這套遊戲裡，玩家反倒不常用馬鞭（那太像真的騎馬，而非遊戲了）。他們購買一種特別設計的（長型）條拍，方便往後拍馬屁，啪啪作響。

　　在BDSM社群裡，有一定數量「騎小馬」愛好者，也發展出獨立的特殊文化。他們發行雜誌、成立專賣馬具、組織俱樂部，投入程度超乎常人想像。

　　這類定期發行的雜誌，如《Equus Eroticus》圖文並茂，圖片尤令圈外人大開眼界。這些人不是僅騎馬作態，大手筆投資，道具一應俱全，構成搶眼的「人馬」景觀。

　　雜誌上多是女生當馬（可見男生騎馬的癖好還是遠高過女生），扮演性感的母馬。她們有的綁高聳馬尾，有的戴巨大羽毛取代，彷彿慶典馬匹的頭飾。

　　身上穿著道具服毫不含糊，以皮製為主。有的背上還安置馬鞍，嘴裡含著「塞口器」，渾似馬匹嘴裡銜著

韁繩。臀部掛著一條蓬鬆的人造馬尾，著高跟鞋，像墊高的馬蹄。

　　以上盛裝都是為了討好男人視覺情慾而表演，但在現實閨房中玩騎馬遊戲，沒必要花錢置裝，只要兩人說好，一個當馬，另一個當騎士，就開始玩吧。

騎馬要領

1. 謹記在心，脊椎不是設計來負重。騎馬遊戲不宜玩過久，騎士不能將體重完全壓在「人馬」上，兩隻腳需不時點到地面，支撐自己體重。

2. 表演時，多由女生扮馬；不過真實生活裡，男生扮馬的機會反而高。畢竟男性體格、力氣較適宜載重，能負荷女性伴侶的體重滿地爬。

　　很多女生小時沒玩過騎馬遊戲，等到成年後偶有機會把老公、男友當馬騎，居然意外喜歡。

3. 騎馬時，主人身子搖晃，兩腿需夾緊，讓大腿內部磨蹭「人馬」身軀，增進親密感。

4. 如果是女騎士，陰戶因跨騎而擴張，可喬好角度，用私處頂著「人馬」背部，頻頻製造刺激，勾引性慾。

5. 騎馬過程中，主人盡量做出歡樂狀，如舉手旋轉揮舞，高聲吆喝，使情境逼真。同時，不要忘記「拍馬屁」，多拍幾下，更煞有其事。

SM與戀物癖交叉玩

　　與SM一樣之命運，戀物癖也受盡人們有色眼光，一對難兄難弟。幸好，隨著性資訊流通，許多過去蒙上神祕面紗，幾乎被「押下去斬」的惡事，都被正確知識平反了。其中，包括戀物癖。

所謂戀物癖，就是對無生命的物品，或性對象身上非性感的部位，產生亢奮，獲得慾望滿足。

例如，有些男人對女性絲襪、內褲「寡人有癖」，以購買一途廣為收集（如果你已嚴重到行竊，請務必尋求專業人士協助），甚至穿在身上才過癮。

有些男同志對膠質雨鞋、男性黑色絲襪、軍警制服的魅力無法擋，不太在乎對象，只要這些物件出現就心動了。

戀物癖者往往沒有「性」趣在對象、性器官上，只著迷於某些特定物。這種態度跟SM癖好者有點像，SM族也常想玩愉虐戀的過程，不見得以高潮或性交收尾。

當然，不是所有玩SM的人同時具有戀物癖，但這兩樣癖好調性差不太遠，或許在進行SM遊戲中，有借用到戀物癖樂趣之處。

根據統計，戀物癖多為男性，以下僅是一例，以男奴為對象設計。

內衣褲玩法

以身穿之：命令男奴穿上女性內衣褲，不管受辱或興奮，至少他這輩子有機會（即使是被迫）試過了一次。

如果這樣穿，主人觀察男奴覺得沒什麼大不了，還可令他穿著一般外衣，但裡頭穿女性內褲（胸罩太突出就免了）去附近超商買指定的東西。

雖是穿在裡面，別人看不見，但在走路時，窄小的女內褲不時會摩擦他的股溝、屁股縫，又出現在公共場所，「心裡有鬼」，很難不激起漣漪。

以鼻嗅之：主人有兩種選擇，一是命令奴隸脫掉內褲，二是主人脫自己內褲，然後以包裹性器官氣味較濃那一面，抵住奴隸鼻子，讓他聞個夠。或者，塞進

他口裡堵起來。

戀上身體部位

除了無生命之物件，對性對象身上的非性感（性徵以外）部位滋生性慾，這也叫戀物癖。譬如戀足癖，男人有這類癖好對女足百分之百投降，夏天看滿街女生穿露腳趾涼鞋，猛盯著看，幾乎五內俱焚。

戀足癖如果跟SM結合，遊戲可朝兩條路徑發展：

第一條路，由男奴哀求女王行行好，以腳底踐踏他的身軀，特別是觸碰性器，甚至去踩他的臉。

第二條路，由戀足癖者當主子，天賜良機，還等甚麼？趕緊褻玩奴隸的腳囉，從腳心舔到腳趾，每根都舔得像棒棒糖。大啖特啖，誰還管得著吃相。

主人也可令奴隸以腳為他按摩、愛撫，甚至如果是男性主人還可令奴隸以雙足夾住陰莖，為他打手槍，最後高潮戲是把精液射在奴隸腳上。

其他身體的主要戀物癖，集中在戀乳、戀臀、戀腿。遊戲雙方如知道一方有戀物癖底細，那就好好善用，把戀物的性癖跟SM的權力關係連結起來，挑逗之，戲弄之，蹂躪之。

發 展 自 己 的 創 意

拜網路之賜，SM網站遍地開花，內容包羅萬象，有主觀經驗、客觀論述，也有文學、藝術、色情創作。

剛進入SM世界的新手，腦袋還想不出太多花樣，沒關係，常去逛些SM網站、部落格，它們是一座大課堂，資訊取之無窮。借鏡別人怎麼玩，如果你覺得有意思，不妨取其精華，炮製加工。

多看網路SM相關的經驗談、小說，多瞧人家實際經

歷、杜撰故事裡的招數。別低估，這些小伎倆可很有助興能耐！

　　例如，下面這則折磨場景，是一篇網路SM小說的片段：

　　女奴被抱到一張高腳椅子，雙腳打開，呈M字型跨上椅子的兩邊扶手，並遭細綁，下體強迫展露。

　　男主人出言羞辱道：「看妳的身材如此成熟，但下面的毛卻不太密呢。」

　　說著，他竟連拔了她三根陰毛，分別搔弄她的兩個鼻孔。

　　沒讀這則例子以前，你也許完全想不到「拔陰毛搔鼻孔」之怪招吧？這就是網路大神奇，盡量從中去找靈感，創造屬於你的遊戲。

Appendix
附錄

男同志篇

帶著你們的金龜頭銀睪丸銅屁眼鐵屌毛

我將膜拜並溫暖並鞭打你

在你稀有但高亢的高潮聲中

完成　我以痂痕與腐朽補記的青春

完成　你以快感與羞恥完成的成年禮

　　　　　　　—— 陳克華《美麗深邃的亞細亞》

這是不爭的事實，在男同志圈裡，SM比一般男女間流行率高很多。原因之一，先天上多數男體的體格、骨架就比女體耐操耐磨；很多SM動作女生不敢做、不能做、不想做，男生比較無所謂，樂於冒險。

兩個有情慾的男生玩起SM遊戲，因此空間較寬闊，主奴角色的極限較縱深，花樣也較多。一男一女習慣成性，玩SM多會進行「陽具&陰道性交」。兩個男體雖有肛門取代陰道功能，卻不見得都想肛交，於是兩男床戲就得另闢戰場，SM脫穎而出。

就精神層面而言，男同志心態上自認與傳統悖離，對身體情慾具備的顛覆性早已習慣，若因緣際會走入另一個顛覆性很強的世界——SM，從此成為過客、常客，就像大磁鐵吸上小磁鐵，不足為奇。

有些男同志深深感覺，在白先勇的《孽子》裡就看見了一幅同性戀與SM靈魂的混合素描：「這是你們血裡頭帶來的，你們這群在島上生長的野娃娃，你們的血液裡頭就帶著這股野勁兒……」。是的，就是那股野勁兒。

本書內容並不特別區分，同性戀、異性戀皆可參考。男同志還可額外參酌這份附錄，包含介紹幾個男同志偏愛的玩法。

如前述，男同志玩SM，常自詡男生什麼場面應付不來，而輕率冒險，這是最不可取的行為。新手尤其容易犯規，絕對要提醒自己，也要提醒對方：

SM固然能製造樂趣，但是當樂趣與安全有所衝突時，無論多

好玩的玩法都得放棄。切記！沒有安全，就沒有樂趣。SM的第一前提，永遠是安全，包括人身安全、安全性行為。

主奴關係

男同志SMer（SM遊戲參與者，西方很普遍的用法）所玩的主奴關係，多數是一種絕對值概念：「主人最好是100%主人樣，奴隸也是100%奴隸樣」，沒什麼打折空間。

這些男同志SMer認定調教絕不能變成調情，男主人的陽剛形象、手段，對男奴具有無比吸引力，主人稍一調情，露出些微軟化，奴隸的慾望就漏氣了。

這不像異性戀主奴較有通融可能，女生總希望好玩時候一直玩，但碰到撐不過的瓶頸，要求對方放放水沒啥大不了；男生當然也不敢狠到底，願意適時憐香惜玉。

男同志SMer對主人、奴隸角色有一個理想原型：

理想的主人——「胸有成竹、操之在我」的角色，對奴隸不會有半點猶豫或慈悲，不必流露溫柔，或施予憐憫。這樣硬裡子男主人才能讓奴隸打心底臣服。

理想的奴隸——「逆來順受、五體投地」的角色，對主人的命令如接諭旨，徹底執行主人要求，不討價、不遲疑、不反駁，即使被主人壓得趴在地了都樂意。這樣的奴隸才能讓主人完全滿意。

很多男同志SMer把主奴的對比推到極致，也因此發展出一套特殊的「主人vs.狗奴」關係。奴隸連做人都可放棄，寧願更降一級，作狗討好主人。既然是狗，就有許多原本人類作不來的羞辱動作，狗奴必須無條件接受。而主人也會比對待人還疼，去對待「愛犬」，嚴厲調教並真心疼寵。

男同志SMer如找到旗鼓相當的對手，常會固定下來成為拍檔，甚至簽「賣身契」合同，規定狗奴隸屬主人，完整記載權利、義務，認同後簽名畫押。儘管它沒有任何法律效用，但彼此心理都產生強烈歸屬感。

有些奴隸只專門給一位主人訓練，有些主人同時收下多名奴隸，有時單獨調教，有時集體調教。

很多男同志SMer表示，他們傾向把愉虐遊戲與性愛分開，兩種不同的行為找尋不一樣的對象。當玩SM時，就是純粹愉虐，不含括性在內，好處是專心投入，不會分神。

但喜歡把SM與sex綁在一起也大有人在，這類人心態是「我本來就在looking for sex，趁這過程，把SM加進來，多點刺激也很好」。

當尋覓遊戲對象時，不妨以「SM＞sex」、「SM＝sex」、「SM＜sex」三種標準判斷對方喜好SM的程度，能與自己匹配就是上選。

戀 物 癖 來 湊 熱 鬧

男同志SMer兼玩戀物癖，比例大於異性戀SMer。

在西方，皮革擁有最多數支持者；在台灣則因文化不同，未必獨受青睞。本地的男同志戀物癖較集中在日常生活輕易找得到、看得見的東西。

制服癖

上班族打扮：上班族，在男同志圈頗有市場。襯衫打領帶，一條西褲和皮帶，一雙絲質的透明黑襪，襯出濃密腿毛，這幾樣東西不知迷倒多少男同志。

有上班族制服癖者，分成兩種行為，第一種是施虐，希冀折磨上班男子，例如綑綁之後上下其手，辱玩一番。第二種是受虐，渴望被上班族男性褻玩，例如被穿黑襪、猶帶鞋味的腳抵住口鼻羞辱，或被迫吸舔。

日本G片界看準這個市場，大量出產以上班族為主角的影片，如「淫行」、「Wild Biz Dept」系列都大受歡迎。喜歡西方上班族的人，可參考「Men At Play」網站。

想會這樣玩的男同志，也許在辦公室有暗戀的男同事、部屬或上司，平常僅把對方當性幻想對象。但遇到機會跟人玩SM遊戲，就會希望玩伴穿著上班服裝，助其性幻想成真。

完成綑綁動作後，G片中最著名的「甜蜜凌遲」於焉開展：
1. 將受綁奴隸的陽具從拉鍊裡掏出，為其打手槍直到勃起。

2. 解開襯衫，用力揉捏或吸舔乳頭。

3. 如捨得報銷一條褲子，更煽情的玩法——在西褲挖破個洞，剛好只露出肛門。然後，舔其屁眼，或摳其屁眼，癢得他無處可逃，呻吟不停。

4. 建議過程中不要將奴隸脫光，最性感的裸露程度是下半身全裸，上半身的襯衫仍穿著，只是扣子幾乎全開，露出大部分胸膛，領帶還留著也無妨。這樣子，視覺上仍有制服蠱惑力。

軍警制服：對男同志來說，軍憲警代表「陽剛中的陽剛」，充滿男人雄性魅力。原本軍憲警在同志圈就有一大票粉絲，愛屋及烏，粉絲們也甘於傾倒在筆挺帥氣的制服下。

台灣第一齣SM舞台劇有一單元「草綠色的青春夢」，把這份慾望描寫很生動。主角家住澎湖，從小一聞到草綠的男香就異常興奮。他在劇中說不管軍服有多髒，軍人體味有多臭，位階有多低，他都相信士兵是美麗的。他會穿著軍服自慰、自虐，或扮演士兵、戰俘接受蹂躪，而達到高潮。

台灣多數男生都有服役經驗，以及軍人蹤影四處可見，本地男同志在玩SM時，經常會扮演軍官與士兵角色。

當過兵的現役、退伍者，或上過成功嶺的大學生，對被班長以上長官修理、羞辱再熟悉不過，從中觀摩和經歷了許多，自然就成了SM遊戲的最佳情境。

男同志SMer很多有「軍人情結」，有的希望被軍警人士羞辱體罰，也有的偏愛凌辱穿軍憲警制服的人。

玩軍警制服遊戲，有兩大花招：

1. 主人五花大綁軍奴，享受地看著很男性特質的軍警遭綁的模樣，一邊還可利用權力大肆凌辱、玩弄。

2. 主人採取「強迫取精」，代軍奴打手槍，直到射精繳械。

不過，也有的主人認為這動作等於為奴隸服務，沒有威嚴，所以會換方式，下令軍奴自打手槍，但不准射精，直到一再苦苦哀求，主人最後才恩准。

其他心愛之物

男同志SMer的戀物癖以制服奪冠，其餘還有內褲、皮鞋、運動

鞋、膠鞋、白襪子等，也包括戀男人的腳、屁眼等身體部位。

　　例如，在Yahoo家族裡，有個提供「男人戀白襪癖好者」聯誼的部落，據他們解釋，白襪戀還可再細分：學生長統襪（尚有細紋和粗紋之分）、一般休閒襪、棒球襪、韻律舞專用褲襪。一篇「白襪心情」文章，描寫細節竟深入到哪些地方購買、如何避免付錢時尷尬、台灣與大陸哪些工廠在製造（或接不接受小額訂單），不禁令人驚嘆戀物癖者的痴迷程度。

ＳＭ插畫作者

　　以表現男同志SM特色的畫家，東西方各有一個寶。東方是日本畫家田龜源五郎，西方是芬蘭畫家湯姆‧芬蘭（Tom of Finland）。

　　他們的作品主題神似，筆下男性都一副陽剛氣質、體魄，兩位畫家也都常拿非常有男人味、稱作極品的主角大開色戒，施以虐辱藝玩。

田龜源五郎

　　田龜源五郎的名言是「折磨最色情」，在其作品中百分之百實踐。

　　他的愉虐哲學是「硬著陸」，宛如劈哩啪啦從天上重重摔下一隻熊，讓奴隸角色災情慘重。他喜愛在漫畫中安排雄赳赳的男性（肌肉男、小鬍子、平頭、多體毛、穿日本和服）全身被玩透透，「連骨頭都像被啃光了」。這種又腥又辣的口感，風靡無數日本、台灣、國際男同志讀者。

　　田龜源五郎不僅人物畫得逼真，纖毛畢露到叫人垂涎，他也極會說故事，筆下剛硬的鐵漢「總會有事發生」，命運不濟，淪落到被一群男性以暴挾制、吃遍豆腐。這些「轉角遇到熊，追打」的勾引情節，是田龜源五郎的招牌菜，滿足了SM男同志的挑嘴食慾。

　　他想出的體罰方式極盡色情，已臻化境，可說畫進了SM靈魂深處，蔚成奇觀。目前，台灣可見田龜源五郎中譯作品有《銀之華》、《Pride》、《獵物》、《嬲之者》、《柔術教師》等。

湯姆‧芬蘭

　　湯姆‧芬蘭的男主角們真的活在現實生活中，因為他常精挑細選真人模特兒，複製樣貌、身材，當然有些美化，但大體上風味不變，難怪成為西方男同志SM圈的最愛畫家。

　　這些男主角有一貫特色：帥氣方正的臉龐輪廓，平坦下巴，濃眉，眼神銳利，面頰到唇下透出一夜未刮的鬍青，肩膀寬闊，胸膛厚實，四肢強壯，虎背熊腰，最重要是褲子緊得幾乎貼腿，褲底始終腫腫一大包，沒有人能捨得把眼光移開。

　　他偏愛的男主角集中於軍警、重機車騎士、勞工、皮革族，將男色情慾完美結合制服癖、戀物癖。（Tom of Finland的網站：www.tomoffinland.com）

網 路 找 伴 的 安 全 守 則

1. 挑選對象

　　男同志很多是單身，玩SM不可避免多透過網路找上初識者，無法完全掌握對方來歷。安全至上，挑對象是個必須慎重的顧慮。

　　當然，最好的選擇是挑熟識者，或向圈內朋友打聽，如有可牽線的對象最安全。若實在不得不從初識者裡挑選，盡量在網路交談時多了解對方，並把遊戲的底線、禁忌說清楚。如對方支吾或不太情願配合，可能這人就有問題。扮演奴隸那一方更需留意，因在遊戲時他將把控制權交到對方手中。

　　奴隸角色在網路交談時，可要求對方提供以前虐玩的（不露臉）照片，多一層證實。如有可能，出發見面前，將去處告知圈內信賴的友人，並讓相約對象知曉你已告知友人一事。

　　當見了面，仔細觀察對方言行舉止，判斷安全後，才開始遊戲。但如見面時感覺不太對勁，就迅速離開。

　　男同志的SM網路佈點常有固定同好流動，若有相約對象，可以先到佈點網站，向一些人面較廣的資深者打聽一下這位對象。

　　牢記，只要是初次相約的對象，過程中不要嫌辛苦，隨時都提高警覺。直到多約會幾次後，認為可信任了，才不妨放鬆。

2. 遊戲禁忌

・絕不玩窒息遊戲外，堅拒對方有任何類似的提議，即使連假裝
  掐脖子的戲耍動作都該避免，以防擦槍走火。

・避免玩吊刑，這是高危險動作，你不清楚對方有沒有如此功
  力。

・很多新手都從歐美、日本G片裡的SM故事學習玩法，其中雖有
  參考價值，但不要照單全收。片中許多虐玩行為是專業表演，
  不要輕舉妄動模仿，如拳交、穿刺、導尿、浣腸、吊刑。

・除非你很信賴對方，不然事前一定要約好，不准拍照。就算拍
  重點，也不許露臉，拍完後，雙方必須共同檢查拍照內容。這
  年頭，多一份小心還是好，免得X級照片被惡意散播或勒索。

3. 身體安全：

・絕不服用藥物、rush，也絕不跟嗑藥、吸rush的人玩SM。

・玩SM以外，如有性行為，應採取安全防護，戴上保險套。

・近來美國G片有一新趨勢，不少色情影片為了製造商業賣點，
  標榜不戴保險套，進行肉搏性交（bareback），這是不正確示
  範，別誤會「現今已警報解除」就不戴套了。

推 薦 讀 物

《鐵軍的野蠻性史—我們的SM真實故事》，作者：黃鐵軍

　　作者是台灣第一位以劇場形式呈現SM情慾的表演者，在本書
中，他收錄了35位男同志SMer的經驗，作者以第一人稱自述方式
演繹。

　　全書區分十類：軍隊、學校、監獄、民族（含國家、領袖）、
宗教、家庭、性別、醫院、電影、戀物。最可貴的一面是揭露了
許多男同志SMer從如何初次接觸愉虐起，一路追蹤愉虐在其生命
中的發展意義。

　　這是可貴的台灣本土愉虐文學，也是男同志情慾的寶貴記錄。

《Mr. Benson》，作者：約翰・布列頓（John Preston）

　　男同志SM小說的先鋒作家，也是男同志圈的偶像。著有30餘

冊作品，首部小說《Mr. Benson》即引起極大轟動，全美男同志讀者穿著印有「looking for Mr. Benson」T恤趴趴走，找尋主人蔚成風氣。

《Mr. Benson》敘述一名青年尋覓主人的歷程，他在皮革酒吧認識一位富有、高質感的男子，帶領他一路走向洋溢熱情、色慾的奴隸之路。

當初這本書出版，為很多在SM情慾世界裡茫茫尋求自我認同的年輕男同志帶來力量，使日後的SM文化奠定厚實基礎，具有歷史價值。

推 薦 網 站

網站：Club 1069
網址：www.club1069.com

全國最大規模的男同志入口網站，提供同志焦點頭條新聞，以及各種相關資訊非常豐富。這裡的一般聊天室、SM聊天室、交友布告欄，都深受歡迎。

網站：UT網際空間聊天室
網址：chat.f1.com.tw

進入UT聊天室，點擊「男同志聊天室」，裡面雖是一般男同志上網談天說地，但不時會出現SM意味的代號。

網站G-man論壇
網址：discuz.club1069.com/

請點選「激戰調教房」。

網站：同志色教館
網址：www.g8y.com/index.php

羅列目前人氣最旺的男同志英文網站，把你該作的功課全部代勞，體貼又方便。還設有貼圖區、情趣用品區，後者完全針對男同志需求去物色產品，有不少SM用具，不是蓋的，連一般情趣網站沒供應的吊床這裡都有。

網站：情色典獄長

網址：www.g8y.com/main.asp

以文字故事為主，在內容上分成七個區塊：校園感化院、迷彩看守所、青壯外役監、SM面接官、武俠男舍監、肌男調教房、火爆軍械室。文章可讀性很高，質感不輸國外專業網站。

網站：新軍人同志

網址：www.81gay.com/

簡體字版，保證喜歡軍人型的男同志一進來，就賴著不走了。

網站：Spank This.com

網址：www.spankthis.com/

男人打男人屁股，總計五十部自製影片，封面上每個屁股都紅通通。男同志拍A片比較不忌諱，辛酸苦辣樣樣都加點料。在所有打屁股影片裡，男同志版本煽情許多，一定讓胯下那兩粒蛋蛋東搖西擺，有時還故意把老二折到後邊，春光全露；或者，故意撐大屁眼給鏡頭拍攝。

挑選的受罰對象很寬廣，有街頭混混、電腦書呆子、不上道的學弟、罪犯、兄弟會的新生、單純受騙的陌生人，甚至還會應景，在飄雪季節請出聖誕公公打大男孩的屁股。

網站：Tokyo Gay Porn Museum

網址：japanesegayvideos.blogspot.com

喜歡日本SM題材的G片迷，這是你的24小時不打烊樂園。內有影片、圖片、漫畫、真人示範，熱鬧喧嘩。

網站：Gay BDSM Movie

網址：fetishcharm.com/gay

網羅許多男同志的愉虐影片。

網站：Gay Foot Fetish

網址：fetishcharm.com/gay

BDSM常伴隨戀物癖而來，在男同志圈有許多玩家多少有其戀物的玩意，名列前茅就是戀足。

網站：asiatied

網址：www.wretch.cc/mypagei/asiatied

　　站長是男同志，本身就喜歡穿一身雄赳赳的軍人制服，也偏愛綑綁短髮、黝黑、結實的陽剛男人。他親自示範如何綑綁軍人、憲兵、警察，對同好來說，絕對如獲至寶。在這裡，象徵公權力的陽剛軍警反遭綑綁，自成奇觀，不論有無制服癖好都該進來開眼界。

名稱：Gay BDSM Place

網址：gaybdsmplace.com/

　　提供男同志SM網站、部落格之每週精華摘要。

名稱：皮革leathergay

網址：hi.baidu.com/sdccds

　　中文內容，格主把皮革性癖表現得很有特色、品味。

名稱：Bound God

網址：bound-gods-blog.thumbblogger.com/

　　名稱叫做「被綑綁的神」並不誇張，裡頭遭綁縛的雖不是神，但對SM癖的男同志而言，男主角們個個性感如天神。節錄許多SM主題的精彩片段，小心流太多口水。

名稱：MasterDRO

網址：masterdro.thumblogger.com/

　　格主是阿根廷男子，從13歲起就知道自己喜歡男人的屁股。這個部落格是他以主人的觀點，來鑑賞男奴的屁股和屁眼。

名稱：Sportifs

網址：thesportifs.blogsport.com/

　　運動員是你的戀物對象嗎？如果say YES，這裡便是你的天堂。

名稱：Bondage Hunks

網址：bondagehunks.sensualwriter.com/

　　出乎意外，格主竟是一位異性戀女作家，她宣稱沒甚麼比看兩個壯漢綑來綁去更性感了。男同志搭一下順風車吧，部落格裡的文圖讓人大呼過癮。

推 薦 G 片

片名：Fallen Angle系列（1—5）

公司：Titan Media

　　這一系列是男同志SM情慾、皮革戀物癖的經典五部曲，在G史上樹立新的里程碑，地位屹立不搖。首集於1997年推出，立即風靡影迷。演員清一色肌肉男、刺青、穿環、鬍扎（很多光頭），流露十足的陽剛美。當年一出江湖，其他類別的G片登時黯然失色，果然神勇一舉奪下GayVN「最佳特殊片獎」、Gay Video Guide「最佳特殊嗜好獎」。

　　五部片都有超強卡司，愉虐氛圍逼人，乃GAY SM的經典範例，不宜錯過。（詳細介紹參考：hi.baidu.com/sdccds）

推 薦 活 動

名稱：「Folsom Street Fair」

地點：舊金山市Folsom Street

日期：每年九月最後一個週末（第26屆日期2009/9/27）

網址：folsomstreetfair.org

　　「Folsom Street Fair」是一場全球最大的露天SM族大會師，愛玩這把戲的我輩中人從各地趕來朝聖。主辦單位封起六條街，有上百個攤位提供與SM相關的服務，如販賣皮鞭、板拍、夾乳器等，還有A片明星站台，四處都是刑具，當場真人示範打給你看，公開地大玩SM時，還真是奇觀。

　　雖然宣稱歡迎各種人，但參與者三分之二來自同志圈，多以皮革造型出場。有主人當街帶著「人犬」，有一年我初次看見還有「人豬」，一個肥胖的白人男子，戴著頭套，光身子，只剩一條

皮製的護陰三角褲，屁股居然真的翹出一條捲曲的豬尾巴（應該是一種模型玩具，給夾在肛門）。牠在雄赳赳的主人身旁，徹底是隻寵物豬。

　　這個舉辦25屆的活動實在太出色了，後來其他大都市也推出當地的版本，方便SM族就近共襄盛舉：

名稱：「Folsom Street East」
地點：紐約市
日期：每年六月底

名稱：「Folsom Europ」
地點：德國柏林
日期：每年九月

名稱：「Folsom Street North」
地點：加拿大多倫多市
日期：每年七月底

推 薦 組 織

GMSMA（Gay Male S/M Activists）
　　成立25年，位於紐約，GMSMA是一個致力提供有興趣於SM的男同志包括社交、政治、教育、娛樂功能的團體。

　　GMSMA經常性舉辦討論、團體聚會，各類工作坊如「從乳頭到睪丸」、「蠟燭與燙油」、「鞭打藝術」、「怎樣扮演好奴隸」（2008-2009），實用又好玩。

國 外 情 趣 書 單

- Alan G. Goes（2007），《Copslaves》，Nazca Plain Corp
- Alan Holloway（2006），《Daddy's Little Boy》，Lulu.com
- Alex Ironrod（2007），《Submission：Leather Masters and Slaves（A Boner Book）》，Nazca Plain Corp

- Christopher Trevor（2008），《Humiliation（A Boner Book）》，Nazca Plain Corp
- Christopher Trevor（2007），《Love, Torture and Redemptiob（A Boner Book）》，Nazca Plain Corp
- Christopher Trevor（2008），《Revenge》，Nazca Plain Corp
- Christopher Trevor（2007），《Terry's Appointment and Other Spanking Tales（A Boner Book）》，Nazca Plain Corp
- Christopher Trevor（2007），《The Abuse Wager（A Boner Book）》，Nazca Plain Corp
- Christopher Trevor（2007），《The Gym Instructor（A Boner Book）》，Nazca Plain Corp
- Dutch Roberts（2007），《Blackmail（A Boner Book）》，Nazca Plain Corp
- Eddie Knapps（2006），《Incident at Brownsfield Academy（A Boner Book）》，Nazca Plain Corp
- Eric Summers（2008），《Don't Ask, Don't Tie Me Up : Military BDSM Fantasies》，Star Books Press
- Eric Summers（2007），《Love in a Lock-Up》，Star Books Press
- J. L. Langley（2008），《My Fair Captain》，Samhain Publishing
- John Butler（2007），《Teacher Is the Best Experience》，Star Books Press
- Josh Lanvon（2008），《Hostage》，MLRP Press
- Kyle Cicero（2007），《Masters of Asia》，Nazca Plain Corp
- Kyle Cicero（2007），《Masterful Men of Color（A Boner Book）》，Nazca Plain Corp
- Luc Milne（2001），《The S/M Ranch : An Erotic Novel（A Pleasure Book）》，Leyland Publications
- Richard Labonte（2008），《Best Bondage Erotica》，Cleis Press
- Will Scott（2007），《Strip Him!》，Nazca Plain Corp

推薦電影

ＳＭ經典推薦電影

《O孃的故事》（Story of O）

導演：賈斯特‧傑克金（Just Jaeckin）

年份：1975

特色：現代SM最著名作品是法文《O孃的故事》，後來也拍成電影，無論書或電影都相當受歡迎。

述巴黎一位美麗女時尚攝影師O，被愛人帶往巴黎郊區魯瓦西城堡，訓練成為伺候所有男士的愛奴。

她被迫戴上眼罩與面具，在陌生環境中歷經了鍊鎖、挨鞭子、烙印、穿刺等號稱「訓練」的折磨，學習「全面三通」——怎樣以嘴巴、陰戶、肛門來滿足換過一個又一個的主子的需求，提供性服務。

書和電影都成SM代名詞

這部異色小說1954年出版，即被法國當局查禁，在文學界引起軒然大波，但仍於翌年獲得知名的「雙叟文學獎」，顯示這部小說不光以駭異內容取悅讀者，它本身的文學成績不容忽視。

至今，《O孃的故事》還是法國歷來情色小說的暢銷榜首，乃實踐愉虐人士入門必讀，也是研究愉虐學者引用最頻繁的一本書。對不少讀者而言，它幾乎成了SM代名詞。

作者何方神聖？

很少人知曉《O孃的故事》作者，筆名為「寶琳娜‧雅吉」（Pauline Reage）是何方神聖？相距初版40年後答案始揭曉——女作家安‧黛絲可拉絲。

據說她寫作的動機，係因男友法蘭西院士尚‧包爾漢（Jean Paulhan）自信滿滿地說「沒有女人能夠寫出情色小說」，為了證實這項對女性的歧視，她完成了被稱作近代愉虐經典的小說。

女作家寫女人接受所謂性虐待故事，想洗刷女人無法寫情色小

說的偏見；但很諷刺的是，這部小說依舊被很多人視作「對女性物化」。

雖然書名《O孃的故事》那個「O」字母，是女主角名字縮寫，但批評者仍認定是「object」，即視女性為物品，沒有自主性，是別人的玩物。同時，也有人把O解讀為「hole」，更是對女性身體的侮辱。

兩派女性主義拔河

《O孃的故事》面對並非一面倒的貶抑聲浪，雖有激進派女性主義者批判這本小說貶抑了女性價值，讓女人成為理所當然的性奴隸；相對地，也有自由派女權主義者宣揚這本小說，認為它解放了女性情慾。

《O孃的故事》寫序者，正是與女友打賭輸了的包爾漢（Jean Paulhan），選用了斗大標題「處於奴隸狀態的快樂」。可以想見，他這個論點引起了極大爭議。

一個人真的會因為失去自由，身為被監控的奴隸而感到快樂？一個人真有奴性，而且還是那麼強的奴性？

包爾漢曾編輯《索多瑪120天》，熱愛薩德伯爵的情色小說，他舉出三〇年代的舊例，兩百名奴隸被釋放了，卻要求重歸束縛；主人不願，他們竟將主人殺了。這種例子在一般看來實在過於偏頗，能否就此能反映人性是個大問號！

顯然，包爾漢的理論必須通過很多心理學家同意。但我們不知道結果，也不必去知道。

因為，在SM玩樂裏，最迷人之處，本來就在於它是雙方同意下，設定好了的「一個局」、「一場情慾遊戲」，其中有遊戲規則、有互動模式、有所為亦有所不為，就算擔任「奴隸」那一方角色，也是只有在遊戲這段時間內才成立這個身分。

鋼琴教師（La Pianiste）

導演：麥克‧漢尼克（Michael Haneke）

年份：2001

特色：愛莉卡是四十餘歲的鋼琴教師，未婚，沒交過男友。她總以冷峻的晚娘面孔示人，對學生也一向以嚴厲出名。

從小到大，她都與具高度支配欲的母親同住，擺脫不了母女間緊張的巨大陰影。在母親監管下，她甚至不能化妝，性格壓抑已達頂點，導致了性方面以施虐作為發洩出口。

平淡尋常的男歡女愛對她毫無吸引力，口味一定要辛辣，如蹲在車旁偷窺人家在車內做愛、看色情片、自殘身體才能引發快感。

當一位金髮俊美的男學生甘華德闖進愛莉卡的生活，她並未因他的愛慕而軟化，反在他身上發揮虐待慾望，例如向他展示收藏的刑具與繩索。他本來嚇跑了，後來也被激發強烈愛慾，形成互相折磨的性愛關係。

她對性十分吃重鹹，即使在為對方口交，語氣仍充滿命令式，沒有撤守一絲控制癖。

電影的呈現又比原作小說（作者為艾芙烈‧葉利尼克〔Elfriede Jelinek〕，1983年出版）更具視覺震撼，愛莉卡與甘華德在廁所裏，主動為他口交、手淫，當精關將崩之際，她立即收手，既不願代勞到底，也不許甘華德接手自慰，更不准摸她，似乎要讓他被精蟲啃進骨頭裏。他接二連三受創，「險成內傷」。最後愛莉卡在央求不能出聲下，兩人才鬼鬼祟祟地完事，簡直虐待透了。

色戒（Lust Caution）

導演：李安

年份：2007

特色：光看梁朝偉與湯唯那一幕華語片空前的SM床戲，已值回票價。有趣的是，觀眾討論男女主角如何能辦到片中高難度體位，比討論劇情多。

鵝毛筆（Quills）

導演：菲力普‧考夫曼（Philip Kaufman）

年份：2001

特色：本片將SM祖師爺薩德爵士生平搬上銀幕，呈現其放浪形骸的人格特質。當他被囚在瘋人院時，靠著洗衣女僕偷渡作品，才得以在市面出版，引起世人震驚。

薩德曾說過：「我沒有創造世界，只是記錄它」，言下之意，SM本來就是伴隨人性之產物，但世人皆畏懼他筆下披露的淫穢，甚至以為拿走他創作的鵝毛筆，就能扼殺他那套施虐的放肆言論，殊不知這是人生真相的一部分，人們無可逃避必須面對。

不貞的季節（I Am an SM Writer）

導演：廣木隆一

年份：2000

特色：一位SM作家的妻子不堪受冷落，便與丈夫助手通姦，要求對方施虐，以滿足她的性慾。丈夫知情後，竟激發了創作靈感，一面固然惱怒，另一方面又唆使助手繼續引誘妻子。

漂流浴室（The Isle）

導演：金基德

年份：2000

特色：一位警員因謀殺不貞女友逃亡，逃到一座湖畔，本欲自殺，被湖的女主人攔阻相救，瘋狂地愛上他，當成是她的禁臠。

乾柴烈火（Cottes d'eau sur pierres brulantes）

導演：弗朗蘇瓦‧歐容（Francois Ozon）

年份：2000

特色：企業家男子充當房東，誘拐正在找房子的單純少年，慢慢吃到口之後，變成他的小愛奴。兩人最常玩角色扮演，直到少年的原女友、變性的前女友雙雙出現，關係大亂。

切膚之痛（Audition）

導演：三池崇史

年份：1999

特色：改編自村上龍小說《試鏡》。一名鰥夫在為電影試鏡女主角時，被年輕的女孩吸引。當他許諾一生只愛她一人，女孩警告不能輕然諾。二人背後，正悄悄醞釀著一場對不忠男人的女性復仇記。

謊言（Gojitmal）

導演：張善存

年份：1999

特色：韓國片，年輕女學生與一名男人透過電話交談，喜歡他的聲音。趕在畢業前，兩人約見面。從此，幽會變成各種SM性遊戲如鞭條、鐵絲抽打的交歡。

花與蛇

導演：石井隆

年份：1998

特色：團鬼六的小說被搬上銀幕超過五十次，以《花與蛇》最具代表。描述一位青年實業家之妻，是出色的社交舞蹈家，在一次表演舞姿時，被有錢有勢的老人看上，遂設陷阱讓實業家破產。在老人脅迫下，實業家痛苦地將妻子送給對方當作償還。

實業家之妻進入老人掌控的地下世界，被一群派來的支使者加以緊縛調教，漸漸釋放了她壓抑的性慾。

本片情節十分重鹹，安排了各式SM激情畫面，有滴蠟燭、噴尿、騎馬等，尤其花大量鏡頭演出緊縛的細節，行家以快狠準的手法，綁出令觀眾瞠目的優美繩藝，如一支歌頌捆綁之美的情色圓舞曲。

《花與蛇》有很多電影版本，其中由石井隆執導、杉本彩主演的這一部很值得推薦。

滿清十大酷刑

導演：林慶隆

年份：1994

特色：滿清四大奇案楊乃武與小白菜故事的三級片版，片中一幕騎木馬的酷刑令人倒吸口氣。後來還拍出系列如《滿清十大酷刑之赤裸凌遲》（兩片膽小者勿看）。

墮落東京（Tokyo Decadance）

導演：村上龍

年份：1992

特色：改編自村上龍小說《黃玉》，呈現日本富裕階層如何流行SM遊戲，例如一位黑社會老大在酒店大廈裏狎妓，要她趴在落地窗前扭動屁股，一直到扭濕為止。

苦月亮（Bitter Moon）

導演：羅曼波蘭斯基（Roman Polanski）

年份：1992

特色：一對夫妻找不到正確的相處方式，而互相折磨。

綑著你，綁著我（Tie Me Up! Tie Me Down!）

導演：阿莫多瓦（Pedro Almodovar）

年份：1990

特色：一位剛從精神療養院逃出的男子，愛上了一位色情片女優，強迫對方愛上他。

愛你九週半（Nine 1/2 Weeks）

導演：亞德里安‧林恩（Adrian Lyne）

年份：1986

特色：一位華爾街經理人勾搭上畫廊女經理，在短短九周半內，兩人慾火熊熊燃燒，玩盡SM的激情遊戲。

箱中女

導演：小澤勝

年份：1985

特色：一對性慾強旺的夫妻誘拐了一名純潔的女學生，囚禁在地下室，當成兩人性奴隸，進行各類調教。

上海異人娼館（The Story of O Continued）

導演：寺山修司

年份：1981

特色：本片被稱作《O孃的故事》亞洲版，O被主人帶到上海一間軟禁妓女的春桃樓，受訓後提供客人SM服務。主人也留在妓院，以偷窺O與嫖客做愛為樂。

感官世界

導演：大島渚

年份：1976

特色：改編自轟動全日本的「阿部定殺人事件」，她曾是當紅藝妓，在一家料理店當女服務生，愛上年輕老闆，發展不倫之戀。

　　兩人終日沉浸性愛裏，具有情虐傾向的阿部定不願情人回到妻子身邊，將他勒死，並把陽具割下塞入腰帶裡，占為己有，仍無法抹去那股濃得化不開的愛慾。本片推出時，性器官裸露、血腥虐殺，尺度驚世駭俗，震驚影壇。

索多瑪的120天（Salo o le 120 giornate di Sodoma）

導演：皮爾帕索裏尼（Pier Paolo Pasolini）

年份：1976

特色：根據薩德最令人膽戰心驚的同名小說改編，片中將十八世紀的瑞士山中城堡，換成二十世紀二次大戰末期出現在義大利北部的薩羅共和國。

四大敗德者：總統、法官、公爵、主教派人到各地綁架俊美少男與清純少女，送往古堡進行各項姦淫。每天必須由中年妓女講述一則猥褻故事，而由少男少女親自實踐演出。

午夜守門人（The Night Porter）

導演：莉莉安娜・卡瓦尼（Liliana Cavani）

年份：1974

特色：前納粹軍官藏匿身分，變成酒店門房，巧遇他以前在集中營的性玩伴，舊情復發。其實，軍官對她一直是占有慾很強，讓她誤解這是愛情。

受辱妻子

導演：小澤勝

年份：1974

特色：丈夫將欲離婚的妻子劫持到山中，加以性虐，沒想到鞭打居然激發她的快感，而挽回了婚姻。

情婦（**Mistress**）

導演：貝特・施羅德（Barbet Schoeder）

年份：1973

特色：一位竊賊潛入有SM癖好的女主角家裏，兩人一見鍾情。透過他的眼睛，讓觀眾見識了女主角令人驚異的情慾世界。

披皮草的維納斯（**Venus in Furs**）

導演：傑斯・法藍哥（Jess Francoo）

年份：1969

特色：根據薩榭・馬克索小說改編，男主角有嚴重的自虐，常赤身裸體要求妻子穿上獸皮大衣，拿著鞭子恣意體罰。1995年，荷蘭也拍出另一個新版本。

癡人之愛（**Love for an Idiot**）

導演：谷崎潤一郎

年份：1967

特色：這位日本唯美派大師曾導過《細雪》一片，作品中常反對封建式性愛壓抑，忠於官能美，甚至不惜自虐，有「惡魔主義者」稱號。早期影片如「刺青」、「麒麟」主題便是禮贊強者。

　　本片是日本首開愉虐先河之作，講述男主角愛上一名餐廳女侍，計畫將她培養成未來妻子，自願為她洗澡，供她騎馬作樂，默默忍受少女荒淫無度的生活。

呼嘯山莊（舊譯：**魂歸離恨天**，**Wuthering Heights**）

導演：威廉・威爾（William Wyler）

年份：1939

特色：表現精神虐戀最早的經典之作。

娛 樂 類 型 的 S M 電 影

SM女王（**Walk All Over Me**）

導演：羅伯特・卡佛利（Robert Cuffley）

年份：2007

劇情：愛柏塔因欠債，逃家投靠朋友席琳，意外發現席琳是應召女郎，並以時薪三百美元擔任女王角色。她在誘惑下，假冒席琳之名下海交易，竟捲入一場追殺中。

怪ㄎㄚ情緣（Secretary）

導演：史蒂芬‧薛伯格（Steven Shainberg）

年份：2004

劇情：女主角因童年飽受壓抑，有點自虐傾向，後從事秘書一職，與個性自大的律師老闆似乎絕配，發展出一段詭異的虐愉關係。有一幕戲，就是男主角打女主角屁股，這一打不得了，打出兩人天雷勾動地火。

情色總動員（Preaching to the Perverted）

導演：史都特‧奧班（Stuart Urban）

年份：1998

特色：難得的一部SM幽默喜劇。國會議員派出一名涉世未深的青年，到一處SM俱樂部臥底，蒐集介法情資。篤信基督教的青年誤闖禁地，處處充滿驚奇，最後愛上了女負責人。

勇闖快活島（Exit To Eden）

導演：加里‧馬歇爾（Garry Marshall）

年份：1994

劇情：改編自安‧萊絲的SM羅曼史小說，敘述一對洛杉磯男女警探進入一座SM樂園探案，歷經各形各色的主奴奇觀，例如公開拍賣男奴，有如劉姥姥逛大觀園，凡夫俗子大開眼界。

教 學 影 碟

- Nina Hartley's Guide to Sensual Domination No 1 — How to Dominate a Man（2006），Adam & Eve
- Nina Hartley's Guide to Sensual Domination No 2 — How to Dominate a Woman（2006），Adam & Eve
- Nina Hartley's Guide to Sensual Submission No 2 — How to

Submit to a Woman（2006），Adam & Eve

· Nina Hartley's Guide to Strap on Sex（2006），Adam & Eve

· Nina Hartley's Guide to Erotic Bandage，Adam & Eve

· Nina Hartley's Guide to Spanking （2004），Adam & Eve

2008年度AVN最佳成人影片

　　Adult Videos News主辦，簡稱AVN，美國最大規模的成人影片競賽，有「AV界奧斯卡頒獎」之稱。

BDSM類

片名：Bondage Thoughts（2007）

公司：Daring Media Group

片名：Jenna Loves Pain（2006）

公司：Club Jenna /Vivid

片名：Nina Hartley's Private Sessions 13（2005）

公司：Bizarre Video

打屁股類

片名：Baltimore Brat 2（2007）

公司：Killy Payne Prodionsuct

片名：A Submissive Mind（2006）

公司：Realspanking.com

片名：Nina Hartley's Guide to Spanking（2005）

公司：Adam & Eve

推薦網站

　　為了幫助讀者旁徵博引，深入認識BDSM，在附錄裡特列出相關主題的推薦網站、部落格，可以在對照下，更加掌握本書內容。

　　在這些網站、部落格中，有些處理得很平民化，大眾標準皆能接受。對於SM新手，它們提供了多元化的教材，不管學習或啟發，都饒富裨益。

　　我已經盡可能挑選這類的好例子，讓大家安全又有趣地閱覽。

　　但不可否認，仍有些可能為了商業考量，以勾引觀者情慾，達到刺激點閱意願的目的，常會強化視覺，出現誇大的體罰動作，使折磨本身看起來比實際還震撼。這類網站之所以會被放入，完全為了娛樂效果，而非讓大家依樣畫葫蘆。

　　例如，畫面上打出來的屁股，就是比一般慘兮兮，那些紅都是化妝特效，用顏料塗成的「美術作品」，千萬別誤會每回打屁股都要打要這個地步。

　　所以，這裡條列的參考網址，不見得適合每個人。看見你不喜歡的東西就跳開，直到發現你覺得有意思的地方才駐足。

　　再度提醒：以上的分析，適用於幾乎所有出現在網路的情色素材，大多有「視覺誇耀化」傾向。讀者在接收網路訊息時，務必明白這點，需要逐一分辨過濾。

　　你是成人了，請為自己負責，莫分不開遊戲與現實、或無法分辨娛樂效果與學習教材之異，而胡亂模仿。

BDSM 總 類

網站：皮繩愉虐邦

網址：www.bdsm.com.tw

　　「皮繩愉虐邦」是台灣唯一公開的大型SM社團，成立於2004年，時常舉行活動、課程講座，歡迎舊雨新知的成年人，不拘性別、性傾向、有無經驗，對教育與提升國內SM文化功不可沒。

　　網站時常更新，看得出成員都把這裡當自己的家，分享經驗、

技巧、文學創作、藝術創作、主題討論、人物專訪。

　　它是新手的入門捷徑，也是行家溫暖的窩。如果你真的對BDSM好奇、有興趣，或想更深入學習，加入皮繩愉虐邦絕對是最實際一途。

網站：BDSM虐戀網站
網址：www.nuelian.net
　　簡體字版，資源豐盛有文化理論、經典網站、SM文學、聊天、下載、論壇交友、緊縛視頻、圖組、虐戀用具、博客、男M展示、女M展示、人體欣賞、絲襪美腿等諸多類別。最實用的一項功能是「虐戀百科辭典」。

網站：Jollyroper.com: Bondage Links And Resources
網址：www.jollyroper.com
　　這是一個部落格總站，涵蓋鞭打、綁縛、打屁股各種主要體罰，可讀性與可看性都高。不同一般商業表現，這裡傾向呈現BDSM的情慾文化，是值得細細品味的愉虐圖書室與遊樂間。

　　版主會瀏覽眾多BDSM部落格，並摘錄精華轉貼在這裡，只要固定到此一遊，每週會觀賞到高品質的愉虐作品，自己花功夫找還未必找得到。

　　在裡面，會看到不少黑色幽默，例如機器人扮演主人角色，正拿鞭子處罰被綁女奴，機器人的手指又剛好是一根會旋轉的器具，對著女奴下體節節逼近，預言了未來人類慾望的革命景象。

網站：Bizarre Drawings
網址： www.bizarredrawings.com
　　如字面所講，這個網站都是以繪畫方式表現BDSM主題，對看多真實人體的觀者可換換口味。

網站：Best BDSM Free
網址：bestbdsmfree.com

網站：PornBlog Rabbit
網址：www.pornblograbbit.com/bdsm/9/

從入口網站進入

這一招不必多解釋了吧？利用Google 、Yahoo搜尋功能，鍵入關鍵字，資源像掘到油田冒不完哩。

還有一種是間接途徑，但不難找，稍懂門路的人都能發現「主人／奴隸在燈火闌珊處」。路線是先從大型總站進入，在頁面上點擊關鍵字，也許一下登堂入室，也許要通過幾道關卡，但有點耐心，循線終會走入了心中的桃花源。

網站：百度（中國大陸最大搜尋引擎）
網址：www.baidu.com/

進入首頁後，在搜尋欄中填入「痛快天空」，你就立即飛入SM叢林區了。

從影片總站進入

喜歡SM的人常愛看影片，網路上不乏專業表演，也有業餘同好客串，花樣繽紛。進入「YouTube」介面，鍵入任何你有興趣的關鍵字，背往後一靠，等著好好欣賞吧。

另一個屬於限制級「X Tube」，口味吃鹹吃辣的人請進。這個總站很貼心，一點進來後，頁面立即問你是「Straight」、「Gay」、「Both」，各有歸途，不必怕當闖錯森林的小白兔。

從論壇進入

論壇，是網路同好社群討論共同關心議題的「大會議室」，在這裡也可找到教學相長的好伙伴，或借鏡觀摩的好題材。

網站：痴線論壇
網址：siuyau.com/discuz/

首先，在首頁裡上方欄目裡點擊「資源搜索」，跳出搜尋引擎後，再鍵入「SM」關鍵字。

以下這個論壇也具有同樣功能、使用方法：

網站：LaluLalu

網址：www.alulalu.com

女 王 篇

網站：Sado Beauties

網址：www.sadobeauties.com

這裡眾家女王以百變造型出現，一看都是天生女王胚子。裡面什麼整男奴的點子都有，例如穿黑絲襪的女王，正優雅地彈鋼琴，但她的屁股竟坐在男奴的頭顱上。或者，把男奴當作書桌下的踏腳墊。

網站：Mistress Antonia Reich's Slave Club

網址：www.slaveclub.com

這是個人網站一例，在她的簡介中，第一項就是腳的大小：7吋，然後胸圍36B，她的意思是說：「男奴們，你看著辦好了！」

這位來自歐洲在洛杉磯候教的女王，金髮秀氣，但扮起女王派頭十足，她的一句招牌廣告：「你會上了我的癮！」看她把男奴當一頭拳師狗奮力地牽著，力與美的對抗，很有看頭。

男 主 人 篇

你猜怎麼著？我試圖搜尋了很久，幾乎都找不著以男主人為主的網站、部落格。當然不可能都沒有，但也顯示它們的數量比起其他SM主題少。

這現象挺有趣，是否代表傳統上在性愛的任何遊戲裡，男人本來就都扮演主人角色，所以不必多推廣，喜歡玩男主子角色暗地玩玩就好，無須大張旗鼓？

不論是什麼原因，我最後決定這一項目留白，不給任何參考樣本，當作是測驗，讓大家不要落於窠臼，更有自由地去發揮創意！

男 奴 篇

網站：CFNM Idol
網址：www.cfnmidol.com

網站：Pure CFNM
網址：www.purecfnm.com

以前，男人的性花樣沒這麼多刺激，鮮少靈感，也不知怎麼變通。如今，網路的性愛資訊大開方便之門，他們以往心頭囚禁的情慾野獸出閘了。

男人在性愛上當老大、享受權威感，這些都落伍了。今日新趨勢，男人熱中反其道而行，幻想自己變成性奴隸，被折磨得越慘越爽。

以上兩個網站，男性網友幻想自己被女性凌虐，爽在其中。有興趣的男女可在其中學幾招。

「CFNM Idol」與「Pure CFNM」都是「Clothed Female Naked Male」縮寫，過去一直裸體且被觀看的女性現在一副衣裝整整，反而慣於當觀眾的男人淪為被剝光、調戲、吃豆腐的對象。女人變為穿制服的警察、醫生、主管、老師、學姐，以權威象徵施加羞辱，受害的男人似乎都有快感。

女 奴 篇

網站：The Training of O
網址：thetrainingofo.free-bdsm-video.com/
看網站名稱就知底細，挑明了在向著名的《O孃的故事》致敬。這裡網羅了眾多女奴網站的精華摘要，簡直是女奴集中營。

網站：Velvetslave.net
網址：www.velvetslave.net
本網站由絲絨男主子、絲絨女奴隸共同經營，女模特兒都非想像的那種時尚人物。不如說家庭主婦比較多，肉肉的、臀部大

大、小腹多了一點肉，不僅不令人反感，還可能有人想捏一把。

　　這個網站成功塑造了女奴形象，不再是早期那種從俄國進口的瘦巴巴女傭，而是腰肉好似管不住的春風，一吹起衣角，便讓人有想夾一塊肉吃的幸福感。屁股給插了幾支裝飾物，為了襯托白淨膚色，飾物還得挑明豔光彩的顏色。

　　最值得推薦是長達五年的日誌，記錄男主、女奴的心路歷程，仍可嗅出過往的纏綿體香。首頁的「電影」欄也有看頭，是一本五花八門的女奴「施虐百科全書」。

打 屁 股 類

網站：「藤條與屁股」
網址：tw.myblog.yahoo.com/otklily/

　　這個部落格在國內誠屬稀有，開場白說得很清楚：「屁股與藤條之間存在微妙的關係，如果你也曾對此感到悸動，歡迎你來到這裡。」

　　版主琥兒自稱小時家教實施打屁股，長大了不知不覺喜歡上打屁股的感覺。她把個人挨打的經歷寫成小史，分享喜歡的姿勢、工具和情境。

　　其中有一篇長篇創作小說「杖臀全刑」頗值一讀，琥兒自己化身女主角在公堂上，被縣令大審杖打，其心情轉折起伏描寫細膩。

網站：Saxon Spanking Web
網址：www.saxon-web.co.uk/

　　這個設置於英國的網站，受罰者均為女性，除了成年女子外，還設計一個「女學生」（由成年人裝扮）類別。

　　網站內提供故事、圖片、討論區、書籍資料等。比較有趣的是，在其中可找到不少新詩創作，如這一首〈告白〉：

　　我有一個可愛的臀部
　　白皙，渾圓，肥大
　　但擱在你的腿上就會變得平坦

打它，打它，打它吧

打到我泛紅為止

繼續打，一直打

然後命令我上床去

直到你發現騙局

原來我其實愛這調調兒

你只好重新再打我一遍

網站：Aunty Agony

網址：www.auntyagony.net/

以姑媽自居的版主很稱職，那種「老娘跟你說」的口吻，說起打屁股老氣橫秋，顯得經驗老道，令人甘心討教。

這個部落格有三年，累積很多精彩講解、心得、短評，也收集不少影片段落。

部落格右列一串推薦的打屁股相關網址，各具特色。

網站：Spank Blog

網址：www.thespankingblog.com/

版主麥克經營已有三年，1996年時他創立最早的一個打屁股網站「Realspankings.com」，堪稱此道老手。然後，他開始以老婆為第一女主角拍攝發行打屁股影片，大受歡迎。

網站：Women Who Spank Men

網址：www.womenwhospankmen.com

一群專業女士號稱她們對於男人的懶、粗魯、壞勾當了然於心，所以頑皮男孩都交給她們端正行為。

網站：Retro Spank

網址：www.retrospank.com/index.html

這個網站像一座「打屁股博物館」，收藏古典的打屁股小說、圖片、插畫。

網站：Spanking Life

網址：www.spankinglife.com/

喜歡讀故事的人，可以點進。連用什麼東西打屁股都可分類，尋找起來很方便。

網站：Cutie Spankee

網址：www.cutiespankee.com

強調是第一個收費的打日本女生屁股網站，再也沒有別的民族能以大姊姊年紀扮小女生那麼像了。

鞭 打 類

鞭打這一項目，也不易找到專門的網站、部落格，大家可參考總類中的推薦，裡面包含一些鞭打內容。

另一個途徑是進入雅虎家族，有興趣者不妨加入鞭打聚落，如「The Bullwhip Experts Club」。

網站：The Bridgeman Art Library

網址：www.bridgemanartondemand.com/tag/whipping

這個網站雖是藝術圖書館，但收集了不少以鞭打為主題的藝術作品，包括油畫、粉彩畫、素描，甚至硬幣，年代從好幾世紀前到現代，雖不是情慾之作，但瞧一瞧很有意思。

網站：Heart Wood Whips

網址：www.heartwoodwhips.com

讀者可以參考這家成軍17年的老字號，產品標榜皮質的多樣變化，從感覺不失浪漫的鹿皮、麋鹿皮、小山羊皮，到粗獷許多的公牛皮、乳牛皮、野牛皮。其他材質還包括繩索、橡膠、羽毛。

網站：Quality Whips by Victor Tella

網址：www.snakewhip.com

這家產品全由藝術家利用皮質編結顏色交錯的鞭子，正如網站以「蛇」為名稱，每根鞭都像極了鮮豔瑰麗的蛇皮。可以想像就算新手握著這種特殊花色的鞭子，也甚有架勢。

這些鞭子在視覺上先聲奪人，看它外表，遊戲雙方很難不心生

凜然，「哇，這下非得進入狀況」。這樣一來，即使價格不斐的
投資也值得了。

綁 縛 類

網站：龍蛇客棧SM虐戀綑綁網
網址：www.kezhan.net/

　　簡體字版，這個繽紛熱鬧的綑綁主題網站，除了提供豐富的綑
綁的圖文資訊，最大特色是挖出一座大寶藏：成立號稱超過一千
部綑綁堵嘴的影視資料庫。對具有綑綁癖好，又剛好是明星粉絲
的人來說，這個網站真作了大功德。

　　資料庫內區分兩大類：虐戀綑綁影視、明星綑綁堵嘴。例如，
「影視緊縛堵嘴的大陸女優排行榜」、「中國電影被綑綁的俠
女」等分類，羅列一堆有綑綁情節的片名、參與的明星名單，包
你眼睛大啖冰淇淋。

　　網站中，另有一項內容值得大力推薦「BDSM虐戀術語英文大
全」，密如牛毛，保證實用。

網站：唯美電影大全（Chinese Beauty KB Movie）
網址：67.159.8.60/index.asp

　　與上個網站像姊妹站，大量提供東、西方影視女星綑綁鏡頭。

網站：BDSM China Chinese Style Bondage
網址：laozhu.org/bdsmchina/

　　強調這是突顯中國特色的綑綁法，東方模特兒穿著旗袍、肚兜
亮相，造型走傳統美人路線。這大概是把「中國結」色情化的示
範吧。

　　看慣了網路上多是金髮藍眼美女，改而見識黑髮黃皮膚的東方
女性擔綱演出，眼光也許一亮。

網站：Bondage
網址：www.bondage .com

這個網站應該是「綑綁族」的頭家，有幾個特色：

1. 提供歷史最久、規模最大的網路聊天室。

2. 免費註冊，你可PO自製個人簡介，叫做「matchmaker」（尋伴）簡歷，讓同好們發現你是怎樣的傢伙、所在地、偏愛扮演的角色、癖好等，「眾裡尋他千百度」，你可能發現喜歡綑綁的伙伴比你想像中多。

3. 綑綁專家專欄、相關文章、圖片、影片。

4. 目前羅列的「綑綁部落格」就有2270個，值得一訪。

網站：Best Bondage Links

網址：www.bestbondagelinks.com

這個網站提供「一拖拉庫」的綑綁網站連結清單，可謂綑綁大觀園入口。

網站：Darker Pleasures

網址：www.darkerpleasures.com

這是一個專門折磨女性乳房、乳頭的網站，歡迎有綁縛與戀物雙重癖好者。

延伸閱讀

中文書

- 李銀河著，《虐戀亞文化》（Subculture of Sadomasockism），
  1998，今日中國出版。
- 淫姐三代、端爺、洪凌等著，《皮繩愉虐邦—BDSM
  Company》，2006，性林文化出版。
- 黃鐵軍著，《鐵軍的野蠻性史—我們的SM真實故事》，
  2006，八方出版。
- 哈夫洛克靄理士／潘光旦譯，《性心理學》（Psychology of
  Sex），2002，左岸文化出版。

插畫集

- 矢澤俊吾著，矢澤俊吾性感人形作品集：繩豔妖花（2006），
  慕客館出版。
- 空山基繪，空山基原寸畫作集：超感官（2007），慕客館出
  版。

SM相關讀物

- 沼正三，《家畜人鴨俘》，2006，新雨出版。
- 白石一文，《我心中尚未崩壞的部分》，2006，麥田出版。

《Skin Two》雜誌

　　1984年在英國出版，是全球最大的愉虐、戀物癖主題雜誌，
包含相關新聞、攝影、時尚、活動訊息。整本雜誌充滿時尚風
格，打破讀者對SM與戀物癖的偏見，原來這兩種癖好可以如此
時髦、搶眼，從模特兒的造型到服飾、配件，簡直跟觀賞名牌設
計師的服裝秀一般，令人不可置信地驚豔，連沒有戀物癖的人看
了，都快變成戀物癖。

　　這個獨此一家的特色打響了《Skin Two》名號，不僅雜誌賞心
悅目（沒錯，我自己也很意外，一本報導SM的雜誌竟讓我情不
自禁使用「賞心悅目」四字），它還以舉辦「橡皮舞會」（Skin

Two Rubber Ball）著稱，吸引來自全世界的時尚菁英。你會懷疑，SM何時變成全民運動了？

SM作家小素描

村上龍

　　當代最受歡迎的日本男作家，24歲即以《接近無限透明的藍》奠立大師地位，尺度引起社會騷動，從此被歸類於異色作家。他雖與主流價值妥協，但也不完全割讓，仍保有相當程度的反叛性格，積極描寫現代社會人們不想面對的另一面。

　　國內有很多村上龍譯本，不少以充滿色欲激情著稱，其中《Line》還無所不包如3P、SM、口交、援交、亂倫。它是由多短篇結集成一長篇故事，譬如失意的攝影師在女孩身體尋找壓抑的出口、男子要求撲克牌臉的女人將他關在狗屋裡、酒家女在路上撿回逃家少女、一位酷愛SM的侏儒，自認不受人愛，在一次性交易中透過SM互動，才發現了自己的存在。

推薦閱讀：《異色嘉年華》

谷崎潤一郎

　　日本唯美派文學大師，作品反映了精神上的虐戀，讓人深刻感受到愛慾帶來毀滅的力量。

　　《鍵》是日文的鑰匙，在書中指一對夫妻打開彼此的日記偷窺。丈夫為了刺激閨房樂趣，安排女兒男友誘惑妻子，並將此寫入日記，故意讓妻子偷看到，以激發自己的嫉妒，轉化為性慾。整本書雖無肉體SM，但充滿了精神的SM，夫妻、女兒及其男友四角關係，互相拉扯折磨。

　　《痴人之愛》也是如此，亦無身體的凌辱，但男主角極端依戀女主角的挖心剖肝付出，不可自拔，正是精神上的虐戀。

推薦閱讀：《春琴抄》

山田詠美

　　她是所謂的女王作家，在成名前確曾在SM店裡當過女王。在她的半自傳小說《跪下來舔我的腳》，彰顯典型的女王行徑，光

聽這書名讓人無限想像,有受虐癖好的男性早已流口水。

　　書中角色有脫衣舞孃、在酒吧追逐黑人的美眉、表面與暗地慾望不一的高級知識分子,表現出山田詠美擅長於描摹都會人官能慾望的長處。

推薦閱讀:《愛慾的顏色》

團鬼六

　　日本老牌SM作家,號稱日本官能第一人,有「日本薩德侯爵」之稱,首創在小說中表現繩索愛慾。

　　作品屢被改編成電影,以七〇年代的緊縛系列風靡一時,代表作為《花與蛇》。喜歡綑綁繩藝的人絕勿錯過這一系列,被譽為「在女體上繩化妝」的極致美學作品。

　　團鬼六作品似乎還沒有中譯本,但不妨看看他的改編電影:團鬼六監製的《SM大全集》,收錄諸多電影中SM場景,如情色電影里程碑之作《供品夫人》、《蒼白的女人》、《OL繩奴隸》、《奴隸妻》等。

　　影片尾聲也極具巧思,女性放映員禁不住放映室的燥熱,脫卸衣衫,不覺進入夢鄉。一條條電影膠片蜿蜒在女體上,如同美麗的緊縛,與團鬼六的繩欲美學前後呼應,令人讚嘆。

安・萊絲(Anne Rice)

　　美國當代最暢銷的作家之一,以吸血鬼系列小說聞名,電影《夜訪吸血鬼》(1976)即改編其作品。書中的吸血鬼黎斯特(由湯姆・克魯斯主演)被稱為「最天譴小子」,就非常熱愛各種SM遊戲。

　　她以筆名發表了《睡美人三部曲》:The Claiming of Sleeping Beauty、Beauty's Punishment、Beauty's Release,具有相當濃厚的SM色彩。這系列小說以睡美人傳說為主軸,但睡美人並非靠王子的一吻而甦醒,原因竟是處女膜破功,從此展開了被當成奴隸與性玩物的冒險之旅。

英文工具書類

總類

- Jay Wiseman（1996），《SM 101》，Greenery Press
- Trevor Jacques，Michael Hamilton，Dr. Dale（1993），《On the Safe Edge : A Manual for SM Play》，Alte, Nate Sources
- William Henkin Sybil Holiday（1996），《Consensual Sadomasochism, How to talk about it & How to do it safely》，Daedalus Publishing Company

主奴類

- Claudia Varrin（2000），《The Art of Sensual Female Dominance : A Guide for Women》，Citadel
- Dossie Easton，Catherine A. Lizst（1995），《The Bottoming Book, Or How To Get Terrible Things Done To You By Wonderful People 》，Greenery Press
- Dossie Easton，Catherine A. Lizst（1995），《The Topping Book, or Getting Good At Being Bad 》，Greenery Press
- Elise Sutton（2003），《Female Domination》，LULU
- Emily Debberley（2006），《Whip Your Life into Shape: The Dominatrix Principle》，Andrews McMeel Publishing
- Georgia Payne（2005），《How to Be a Dominant Diva》，Avalon Press
- Jack Rinella（2002），《The Compleat Slave》，Daedalus Publishing Company
- Karen Martin（2006），《How to Capture a Mistress》，Nazcal
- Lady Green（1998），《The Sexually Dominant Women : A Workbook for Nervous Beginners》，Greenery Press
- Patricia Payne（1999），《Sex Tips from a Dominatrix》，Harper Entertainment

綁縛類

- Guy Baldwin（1993），《Ties the Bind, The SM/Leather Fetish

Erotic Style, Issues, Commentaries and Advice》，Daedalus
Publishing Company

· Jay Wiseman（2000），《Erotic Bondage Handbook》，
Greenery Press

· John Warren （2000），《The Loving Dominant》，Greenery
Press

· Lee "Bridgett" Harrington（2007），《Shibari You Can
Use：Japanese Rope Bondage and Erotic Macrame》，Mystic
Productions

· Philip Miller，Molluy Devon（1995），《Screw the Roses,
Send Me the Thorns, The Romance and Sexual Sorcery of
Sadomasochism》，Mystic Rose Books

· Two Knotty Boys（2008），《Two Knotty Boys Back on the
Ropes》，Green Candy Press

打屁股類

· Jean-Pierre Enard（1993），《The Art of Spanking》，Nantier
Beall Minoustchine Publishing

· Jules Markham（2005），《Consensual Spanking》，Adlibbed
Ltd

· Lady Green（1998），《Compleat Spanker》，Greenery Press

情 趣 讀 物

主奴類

· Bonnie Hamre（2005），《Sweet Discipline》，Ellora's Cave

· Claudia Varrin（2006），《Female Submission：The Journal of
Madelain》，Citadel

· Christina Shelly（2004），《Company of Slave》，Virgin
Nexus

· Christina Shelly（2007），《Silken Embrace》，Virgin Nexus

· Constance Pennington Smythe（2008），《The Breaking
Cage》，loveyoudivin

- Dollie Llama（2006）,《Diary of an S&M Romance》,PEEP! Press
- Joan Kelly（2006）,《The Pleasure's All Mine : Memoir of a Professional Submissive》,Da Capo Press
- J. W. McKenna（2005）,《Office Slave》,BookSurge Publishing
- Maria Isabel Pita（2004）,《Beauty & Submission》,Magic Carpet Books
- Molly Weatherfield（2002）,《Carrie's Stories : An Erotic S/M Novel》,Cleis Press
- Molly Weatherfield（2003,《Safe Word : An Erotic S/M Novel》,Cleis Press
- Pat Califia（1994）,《Doing It For Daddy: Short and sexy fiction about a very forbidden fantasy》,Alyson
- Mistress Nan（1995）,《My Private Life : Real Experiences of a Dominant Woman》,Daedalus Publishing Company
- Rachel Kramer Bussel（2008）,《Yes Ma'am : Erotic Stories of Male Submission》,Cleis Press

綁縛類
- Jasper McCutcheon（2007）,《Go Ahead, Woman. Do Yours Worst : Erotic Tales of Heroes Chained 》,Nazca Plains Corp

打屁股類
- Fiona Locke（2006）,《Over the Knee》,Virgin Nexus
- Philip Kemp（2008）,《Blushing at Both Ends》,Virgin Nexus
- Rachel Kramer Bussel（2004）,《Naughty Spanking Stories from A to Z vol 1,2》,Pretty Things Press
- Rachel Kramer Bussel（2002）,《Spanked : Red-Cheeked Erotic》,Cleis Press
- Robert Coover（1997）,《Spanking the Maid》,Grove Press

SM愛愛-The Joy of SM / 許佑生 作；--初版. --臺北市：大辣出版：大塊文化發行, 2008.11　面；　公分.-- (dala sex；24) ISBN　978-986-6634-06-2　（平裝）　　1.性關係　　　2.性知識　　　544.7　　　97017121

not only passion

not only passion